新建本科高校职称晋升聘任新探

基于办学定位与条件匹配视角

陈杰斌　著

厦门大学出版社　国家一级出版社
XIAMEN UNIVERSITY PRESS　全国百佳图书出版单位

图书在版编目（CIP）数据

新建本科高校职称晋升聘任新探：基于办学定位与条件匹配视角 / 陈杰斌著. -- 厦门：厦门大学出版社，2023.12

ISBN 978-7-5615-9167-3

Ⅰ．①新⋯ Ⅱ．①陈⋯ Ⅲ．①高等学校-教师-职称-聘用-研究 Ⅳ．①G645.11

中国版本图书馆CIP数据核字(2023)第210390号

责任编辑　李峰伟
美术编辑　张雨秋
技术编辑　许克华

出版发行　厦门大学出版社
社　　址　厦门市软件园二期望海路39号
邮政编码　361008
总　　机　0592-2181111　0592-2181406(传真)
营销中心　0592-2184458　0592-2181365
网　　址　http://www.xmupress.com
邮　　箱　xmup@xmupress.com
印　　刷　厦门市金凯龙包装科技有限公司

开　本　787 mm×1 092 mm　1/16
印　张　11.75
字　数　308 千字
版　次　2023 年 12 月第 1 版
印　次　2023 年 12 月第 1 次印刷
定　价　45.00 元

厦门大学出版社
微信二维码

厦门大学出版社
微博二维码

在"放管服""新时代教育评价改革"等政策主导下,高校自主制定或修订职称聘任制度势必在全国全面铺开,因此亟须开展职称聘任制度研究。通过深入研究高校分类发展、战略人力资源管理和制度改革等基础理论,结合高校职称聘任的现状,揭示职称聘任制度是高校战略人力资源管理的核心制度;职称晋升聘任条件具有有效引导教师明确工作方向的功能;现有许多新建本科高校的职称聘任制定与其定位匹配度不高,难以引导教师朝着新建本科高校办学定位目标努力工作,是导致出现新建本科高校不能满足社会需求现象的主要因素之一。

本书主要探讨新建本科高校职称聘任制度相关问题,将职称晋升聘任条件与新建本科高校办学定位相匹配作为基本框架,分别对新建本科高校办学定位和职称晋升聘任条件这两个匹配的双边进行梳理,以社会需求为导向梳理新建本科高校办学定位,细化办学定位内容和特征,在此基础上,梳理新建本科高校教师岗位要求,探讨教师需求;调研、收集和整理率先下放职称聘任自主权省份——福建省7所新建本科高校的职称晋升聘任条件,对照新建本科高校定位进行匹配分析,在案例高校进行改革实践,对职称晋升聘任条件进行匹配分析,并总结分析在文件制定方面的实践经验;通过研究职称晋升聘任相关理论基础和调研、实践,探索职称晋升聘任条件内容的理论,构建新建本科高校职称晋升聘任条件体系的方案设计策略,并整理出晋升聘任条件框架样本供参考。

本书提出了从职称晋升聘任条件与办学定位相匹配角度编制职称晋升聘任制度的思路;根据新建本科高校的特征,梳理了职称晋升聘任条件的内容;针对新建本科高校教师岗位多样化的特点,提出了新建本科高校应为教师晋升设计多个渠道的实现匹配的方法。从率先下放职称聘任自主权到高校的省份研究新建本科高校自主聘任教师职称存在的问题,目的是理论紧密联系实际,并总结经验教训为今后实行自主聘任的同类高校提供参考借鉴,使得新建本科高校制定的职称晋升聘任条件能引导教师朝着办学定位目标努力工作,从而提升新建本科高校办学满足社会需求的能力。

陈杰斌

2023 年 6 月

目录

第一章 绪 论

"高等教育结构性矛盾更加突出,同质化倾向严重……人才培养结构和质量尚不适应经济结构调整和产业升级的要求。"[①]这与许多高等教育研究者归纳的:新建本科高校存在特色流失,千校一面;培养的人才不符合社会需求;服务社会能力不强3个现象一致。根据教育要适应经济社会发展的高等教育外部关系规律,这3个现象可以归纳为新建本科高校办学不能满足社会需求。虽然造成新建本科高校办学不能满足社会需求问题的原因有很多,从政府到新建本科高校也努力从规模、结构等各方面解决这个问题,但是,问题没有得到根本性解决。学校的发展改革最终的执行者是教师,只有打通教师这最后一公里,才能使新建本科高校向应用型转变真正落地。"教育评价事关教育发展方向,有什么样的评价指挥棒,就有什么样的办学导向。"[②]新建本科高校向应用型转变的关键是教师,科学合理的评价可以将教师引导到应用型转变的正确轨道上来。绩效评价、职称聘任、选人用人等是学校对教师评价的重要体制机制。专业技术职务既反映了教师的学术水平,成为他们事业发展的阶段性标志,也反映了他们的工资水平,成为他们收入的重要来源。职称晋升聘任条件是教师努力工作的"指挥棒"。无疑,职称晋升聘任条件是新建本科高校教师关注的热点。

第一节 新建本科高校职称聘任概述

一、新建本科高校职称聘任问题

(一)职称聘任改革概述

21世纪以来,上海(沪教委〔2011〕94号)、江西(赣人社发〔2011〕47号)、福建(闽人发〔2012〕206号)、湖北(鄂职改办〔2013〕119号)、浙江(浙教高科〔2014〕28号)等省市先后将高

[①] 教育部,国家发展改革委,财政部.关于引导部分地方普通本科高校向应用型转变的指导意见(教发〔2015〕7号)[EB/OL].(2015-10-21)[2023-02-03]. http://www.moe.gov.cn/srcsite/A03/moe_1892/moe_630/201511/t20151113_218942.html.

[②] 中共中央,国务院.深化新时代教育评价改革总体方案[EB/OL].(2020-10-13)[2023-02-03]. https://www.360kuai.com/pc/97f205e8807ce35ab? cota=3&kuai_so=1&sign=360_57c3bbd1&refer_scene=so_1.

校教师职称聘任自主权下放到各高校,这种做法必定给高校带来机遇和挑战,这些高校将面临职称自主聘任带来的新问题。2017年,教育部等部门出台的"放管服"政策,下放教师职称评审自主权给高校是政策的主要内容之一。将职称聘任及条件制定的自主权下放高校,为各高校根据自身特点"量身定制"职称晋升聘任条件扫除了体制机制障碍;政策要求的强制性,势必要求各地均应根据文件组织实施,高校自主聘任教师职称工作势必大面积铺开。

福建省自2012年将专业技术职务聘任条件制定和专业技术职务聘任自主权下放各高校,各高校基本上从2013年开始实施。本书选择福建工程学院(GC)、厦门理工学院(LG)、闽江学院(MJ)、莆田学院(PT)、泉州师范学院(QZ)、三明学院(SM)、武夷学院(WY)、龙岩学院(LY)8所新建本科高校作为研究样本,其中LY作为开展行动研究的案例高校。这些高校在向应用型转变中有一定的特色,所在地涵盖了其他7个设区市,其中省会城市高校2所。这些高校有自主制定专业技术职务聘任条件的经验,也有对存在问题的反思,还有不少高校对专业技术职务聘任条件进行了修订,因此对这些高校的职称聘任条件进行匹配分析非常有必要。这些高校的类型定位明确为"应用型",办学层次是以本科教育为主的公办高校,自主制定的专业技术职务聘任条件已经开始实施较长的时间,而专业技术职务聘任条件与办学定位还存在不匹配的情况。

(二)新建本科高校职称聘任现象和问题

新建本科高校在升本之后大部分向综合类院校发展,造成不同高校之间本科专业布点重合现象明显。2016年,福建省有10个专业超过21所高校都有布点,至少占56.8%,有3个专业布点达到75%。这些专业主要分布在财会金融类、语言类、计算机类和建筑类4类专业,在校生规模超过40%。培养的本科生专业过度集中,既造成特色流失,千校一面,又造成人才供给结构性失衡。新建本科高校在升本之初,大多数专业的人才培养方案借鉴老本科高校,各校之间的人才培养方案没有太大的差异,基本上是沿袭以往学术人才培养的方案,而不是根据社会需求制订人才培养方案。这样既造成特色流失,千校一面,又造成培养的人才不符合社会需求。近几年,随着新建本科高校向应用型转变的进程不断深入,各校已经开始根据社会需求优化专业结构,修订培养方案,以上现象开始逐步减少。

首先,以中国知网1986—2015年期间收录的相关期刊论文作为对象,检索条件为"篇名"="专业技术职务"并且"摘要"="大学"或"高校",主题词要求"精确",来源类别为"全部期刊",选择所有学科领域进行搜索。"专业技术职务"通常也有用"职称""教师职务""学衔"等代替,再检索"篇名"分别为"职称""教师职务""学衔"等按上述条件搜索。筛选、删除"篇名"和"作者"均相同的重复论文。其次,根据论文摘要的研究对象,删除不是研究高校"专业技术职务"的相关论文。最后,下载根据前述条件筛选出来的论文,筛选、删除非研究论文。经筛选后,共629篇论文作为研究对象。浏览所有论文,摘录论文中存在的所有问题。论文指出的问题至少40种,但出现的频率和时间有所不同。"重科研轻教学"问题出现在103篇论文中,是反映最集中的问题。在与许多高校教师交流时,他们经常谈道,现在高校里真正认真做好教学工作的人不多了,教师花在科研上的精力远远比花在教学上的精力多得多。这些话不仅是研究型大学的教师的话题,也是1999年之后升格为本科的新建本科高校教师的话题。"重科研轻教学"问题,既反映专业技术职务评聘制度存在不能满足教师需求的现象的因,又反映现实教师工作的实际状态的果;既表达对提高高等教育质量的愿望,又表达对教学质量评价束手无策的无奈。

服务社会能力不强与新建本科高校在办学过程中与企业深入交流少,特别是教师走向企业频率低,自身实践能力不足有关。笔者亲身观察学校(LY),升本之初,尽管学校为了提升教师的实践能力要求教师到企业实践、挂职,但是教师服务社会能力不足现象还是比较明显,主要表现在教师无法解决企业提出的问题;随着引进人才力度的加大,引进高水平的教授和大量博士,初步建成学科团队,在解决企业问题方面的能力大幅提升。这一事例说明,服务社会能力需要科研基础,教师的科研能力是服务社会的必备基础。如果新建本科高校"重科研",则不应该出现教师服务社会能力不强的现象,最大的可能应该是对教师的考核与科研支撑教师服务社会能力的要求不匹配,就像现在存在的众多的"论文教授"一样,其研究的内容和成果与应用型人才培养和服务社会关联度不高。

以上现象反映了新建本科高校缺乏整体谋划和顶层设计,具体表现为绩效评价、职称聘任、选人用人、学校投入等重要的体制机制与新建本科高校办学定位不匹配,导致教师队伍无法从根本上向应用型转变。职称晋升是所有高校专任教师必然的经历,对高校教师而言具有普遍性;职称晋升聘任制度事关教师的名和利,能够对教师的工作热情和积极性的心理动机产生重要影响,发挥其工作能动性和主动性,对教师而言具有极强的导向性。职称晋升聘任条件引导教师工作努力的目标和产出的成果,是高校教师的"指挥棒",对新建本科高校教师的工作起着导向作用。

职称晋升聘任为什么会导致新建本科高校产生以上现象? 在 2015 年之前,将职称晋升聘任办法和条件的制定、职称晋升聘任的组织等职称晋升聘任自主权真正全面下放给新建本科高校的省份,只有福建省和浙江省。上海市对聘任基本条件有相对细化标准,江西省、湖北省制定了统一的职称任职条件,由各高校自主聘任。也就是说,2015 年之前,除了福建省、浙江省,其他省市不论是自主聘任,还是本省统一评审,新建本科高校都是本省的统一标准,职称晋升聘任条件是一样的。可以依此推论,对所有类型高校的教师而言,他们产出的成果从类别上讲基本相同,不同类型高校教师产出的成果没有明显的差异化,职称晋升聘任条件不是根据不同类型高校发展定位所赋予的任务和目标制定的,而是部分高校类型统一的条件要求,极为容易导致高校的同质化。

因此,许多学者提出的职称聘任中存在的"重科研轻教学"等问题只是反映职称聘任的局部问题,并不是产生新建本科高校不能满足社会需求问题的根源。从新建本科高校教师职称聘任的角度,教师职称晋升聘任条件不能匹配新建本科高校办学定位可以很好地解释新建本科高校不能满足社会需求的现象。新建本科高校教师职称晋升聘任条件如何与办学定位匹配的问题,是教师职称晋升聘任条件成为新建本科高校教师努力工作的"指挥棒"需要解决的最主要的问题。

(三)相关概念及范围界定

厘清新建本科高校教师职称晋升聘任条件如何与办学定位匹配的研究问题,需要明确新建本科高校、职称、职称晋升聘任、职称晋升聘任条件、教师需求、匹配等的内涵。

1. 新建本科高校

高校的分类方法有很多种,从高校的隶属关系分,可以分为部属高校和地方高校;在地方高校中根据省级政府建设的侧重又可以分为重点建设本科高校和一般本科高校。大多数在1999 年之前就已经升格为本科,具有较长本科办学历史的,也经常被称为老本科高校,基本上是省级重点建设高校,具有硕士学位授予权,硕士点较多,研究生成为其人才培养的重要组成部分。而在 1999 年之后升本的高校,也被称为新建本科高校,大部分为一般本科高校,也有部分为省级重点建设高校,以培养本科生为主,部分高校有培养少量的研究生。新建本科高校在 1999 年之后很长的一段时间内研究者将它命名为"新建本科高校""新建地方本科院校","新建本科高校"这一称谓至今仍有研究者在使用。新建本科高校作为 1999 年本科高等教育规模扩张的主力军,大多数是以"地方性、应用型"为定位,以培养本科生为主,具有较多的共同点。本书中新建本科高校指的是 1999 年之后升格为本科,以培养本科生为主的公办高校。

2. 职称

关于专业技术职务的名称,1960 年之前中国高校采用的是"学衔"一词,1960 年之后改称为"教师职称"。1986 年,对所有类型专业技术人员管理进行重大改革,采用"专业技术职务"的名称并沿用至今。高校教师的学衔改为专业技术职务,其内涵也发生了变化,从代表一定学术水平和教学、科研能力的终身拥有的学术称号变为有明确职责、任职条件、业务知识和技术水平的有一定任期的职务。高等学校教师专业技术职务也有称为教师职务、职称、学衔的,但在高校教师的日常交流中普遍习惯使用"职称"一词。因此,采用教师中常用的"职称"作为本书用词。

3. 职称晋升聘任

自 1986 年以来,职称聘任从申请聘任的人员所具备的条件来看,大致可以分为两类:一是已经过聘任某一级职称人员的同级聘任,通常称之为续聘;二是聘任高于之前职称的人员聘任,即通常所说的"职称晋升聘任"。本书主要讨论的是职称晋升聘任。职称晋升聘任存在的模式可以分为两类:一类是通过职称评审取得资格后,由学校根据岗位情况、聘任条件进行聘任,也就是评聘分开模式的聘任;另一类是由学校根据岗位情况、聘任条件将评审和聘任合并为一个事物,也就是通常所说的"评聘合一""直接聘任"。高校职称自主聘任的说法包含以上两种模式,本书不再阐述省级统一评审情形下大多数采用评聘分开的新建本科高校职称晋升聘任,而是探讨高校职称自主聘任,指的是在政府下放高校职称晋升聘任自主权的评聘合一模式。

4. 职称晋升聘任条件

职称聘任条件是高校为聘任教师某一级职称而设定的标准。根据《高等学校教师职务试行条例》的任职条件,其包含对所有教师职务的遵纪守法、职业道德等基本条件;对不同教师职务有不同要求的学历、资历、知识、技能、能力等能力资历条件;教育教学工作要求的教育教学条件;论文、著作、教材、创造发明等教学科研业绩条件。高校职称自主聘任只是自主权的下放,有关高校教师职务的要求的本质并没有改变。在评聘合一的模式下,职称晋升聘任条件是为教师晋升职称专门设定的标准,其内容基本上也是参考《高等学校教师职务试行条例》的任职条件进行编制的,变化的是各高校根据自身定位目标制定相应的聘任条件内容。本书着重探讨职称晋升聘任条件的范围是在评聘合一模式下的新建本科高校专任教师晋升聘任教授、副教授的条件。

5. 教师需求

本书所述的教师需求是指在职称聘任制定过程中,特别是职称晋升聘任条件制定过程中,教师对编制的职称晋升聘任条件的期望与要求,这些需求通常是在制度文件征求意见时教师表达出来的。这些教师的期望与要求反映了教师的偏好,教师的合理化意见被采纳,就是满足教师需求的一个过程。当教师的含义代表的是所有专任教师时,满足教师需求表现为被教师"广为接受"。

6. 匹配

晋升政策是组织战略人力资源规划的内容,高校职称晋升聘任制度是高校战略人力资源规划的内容,因此职称晋升聘任制度必定要服务于高校战略目标。组织的战略目标源于新建本科高校的定位,职称晋升聘任制度是高校定位目标与教师、高校定位目标与环境、教师与环境之间匹配形成的媒介,理想状态下是高校职称晋升聘任制度与定位目标、环境、教师多边匹配,但是,在操作层面多边匹配难以达成,可以在整体上考虑高校职称晋升聘任制度与定位、教师双边匹配,在个别与相关内容增加重要环境因素的匹配。然而从内容上看,组织目标与教师偏好是基本一致的,组织目标包含了教师的偏好。因此,本书所述的匹配是指职称晋升聘任条件与新建本科高校办学定位之间的匹配,通过既定程序后最终形成制度文件的职称晋升聘任条件既是新建本科高校办学定位目标的"指挥棒",也是被教师广为接受、满足教师需求、激励教师努力工作的动因。

二、新建本科高校职称聘任研究的意义与价值

职称晋升聘任自主权的下放,以高校分类评价引导不同类型高校科学定位的外部政策推动,为新建本科高校量身定制职称聘任条件扫除了政策障碍,使职称聘任条件与新建本科高校定位相匹配成为可能。

从 2020 年中共中央、国务院出台的《深化新时代教育评价改革总体方案》的开篇引言可以看出,总体方案是要利用教育评价的指挥棒作用,引导高校全面贯彻落实党的教育方针,通过体制机制的完善,达到推动高校落实立德树人根本任务的目的;遵循教育规律,破除"五唯"(唯分数、唯升学、唯文凭、唯论文、唯帽子),系统推进教育评价改革是改革的核心内容;对于高校评价,总体方案指出以高校分类评价引导不同类型高校科学定位,从而办出特色和水平,不同类型的高校职称晋升聘任条件应匹配自身的定位目标是高校教育评价改革的路径。新建本科高校职称自主聘任是一个"破而后立"的过程,"破"易"立"难,破"五唯"是要破的核心内容,立与匹配办学定位目标和教师需求的职称晋升聘任制度是要立的评价机制。

从率先下放职称聘任自主权到高校的省份研究新建本科高校自主聘任教师职称存在的问题,目的是理论紧密联系实际,并总结经验教训为今后自主聘任的同类高校提供参考借鉴,使新建本科高校制定的职称晋升聘任条件能引导教师朝着办学定位目标努力工作,从而提升新建本科高校办学满足社会需求的能力。

1999 年以来大量的专科高校升格为本科,本科高校规模扩张迅速,有关新建本科高校办学定位与发展的问题经历了长时间的研究探讨。国家出台了引导部分地方普通本科高校向应用型转变的指导意见,在政策层面明确了新建本科高校应用型的类型定位,以及应用型、技术技能型的人才培养定位;就"融入区域经济社会发展""人才培养模式"等任务提出原则性的意见。这些意见虽然汇集了前期许多学者的研究成果,但是对新建本科高校定位和教师的工作而言还是相对宏观,办学定位和教师职务岗位要求还需要进一步细化;梳理相关的研究成果,整理出细化的应用型本科高校定位和教师职务岗位要求。现有的文献以职称聘任条件为对象的研究成果很少,尚未发现有职称晋升聘任条件与办学定位匹配方面直接相关的研究成果。因此,本书的成果可以丰富新建本科高校办学定位与发展、高校教师职务分析、教师评价等理论,具有较大的理论意义。

从职称晋升聘任条件与办学定位匹配的视角研究新建本科高校的职称制度,就是对新建本科高校职称晋升聘任工作实践的研究,是实践性很强的研究课题。新建本科高校在高校的分类中属于应用型本科高校,既有与传统的学术型大学不同的发展目标和任务,也有与发展水

平较高、定位为应用型的老本科高校不同的发展目标和任务。由于所承担的任务不同，教师的工作自然存在较大的区别，照搬照抄传统的学术型大学和老本科高校的职称晋升聘任条件会产生错误的导向。因此，需要对新建本科高校的办学定位、目标任务深入研究，梳理研究新建本科高校教师职务岗位要求，对照教师职务岗位要求查找教师职称晋升聘任条件存在的问题，分析产生问题的原因，构建符合新建本科高校需要的教师职称晋升聘任条件体系。利用职称晋升聘任这个"指挥棒"引导教师朝着新建本科高校目标任务努力工作，形成合力共同完成学校向应用型转变这一根本任务。研究的成果对有类似情况的新建本科高校在制定职称晋升聘任条件实践时有参考、借鉴价值，有助于新建本科高校科学定位，并对推动新建本科高校更好地落实国家政策的政治要求，具有重要的实践意义。

三、相关文献综述

本书从"新建本科高校职称晋升聘任条件如何与办学定位匹配"出发，侧重于职称晋升聘任条件的研究，主要从学术界所做的职称聘任制度、职称晋升聘任条件这两个方面研究进行文献综述，以期厘清研究的现状，描述研究的脉络和特征。

（一）职称聘任制度研究

1.职称制度历史阶段研究

李杲(2006)[1]、王建军(2006)[2]、胡庆庆(2008)[3]、毛亚庆和蔡宗模(2010)[4]、郭明维和何新征(2011)[5]等学者对我国职称制度的历史沿革进行梳理，分成若干个阶段，并说明了每个阶段的特点，虽然各阶段分法略有差异，但是引用的主要文件依据相同。毛亚庆和蔡宗模(2010)[6]认为职称聘任可以依据国家政策文件划分：1949—1966年的职称任命制、1978—1985年的职称评定制和1986年至今专业技术职务聘任制3个阶段。依据这3个阶段的主要文件进行划分，比较清晰地反映了高校职称制度的历史及特点。

对于1986年至今的专业技术职务聘任制阶段，较多的学者将其分为不同的时期，如方华和陈祖平(2014)[7]、王笑晨(2018)[8]等部分学者将21世纪初以来与岗位聘任结合分为一个独立的阶段。田子俊(2006)[9]、蒋蕾(2008)[10]、孙建忠(2011)[11]等以1991年《关于高等学校继续做好教师职务评聘工作的意见》为专业技术职务聘任改革的分界点，将专业技术职务聘任分成1986—1990年的改革初始阶段和1991—1999年的改革正常化阶段，以及21世纪初至今的改革全面推进阶段，从职称制度改革的进程对专业技术职务聘任分不同时期，这种分法相对比较模糊。

从职称晋升聘任中高校的自主权视角，以国家相关部委印发的文件为依据划分不同的时

① 李杲.中美大学教师聘用制度的比较研究[D].上海：上海师范大学,2006.
② 王建军.我国高校实行教师聘任制的制度环境研究[D].北京：中国地质大学,2006.
③ 胡庆庆.中国大学教师聘任制度改革的历史与问题分析[D].福州：福建师范大学,2008.
④⑥ 毛亚庆,蔡宗模.建国以来高校教师专业发展的制度审视[J].清华教育研究,2010(6)：27-34.
⑤ 郭明维,何新征.地方高校职称评聘管理的历史沿革及特点[J].西北成人教育,2011(2)：44-46.
⑦ 方华,陈祖平.高校教师职称评审制度的发展历程及体系构建[J].教育探索,2014(3)：83-84.
⑧ 王笑晨.我国高校教师岗位聘任制研究：以A高校为例[D].武汉：中南民族大学,2018.
⑨ 田子俊.中国高校教师职称评聘制度历史沿革[J].湖南科技学院学报,2006(3)：265-268.
⑩ 蒋蕾.高等学校教师职务评聘制度若干问题研究[D].上海：复旦大学,2008.
⑪ 孙建忠.中国高校教师职称评聘制改革的历史沿革与实践困惑[J].长江师范学院学报,2011(6)：38-43.

期更加准确清晰。1986—1990 年为职称晋升聘任第一阶段,以《高等学校教师职务试行条例》为划分依据,在此期间,职称晋升聘任实施"评聘合一",评审主体为各省区市教育主管部门,评审即聘任,高校只有一定的推荐权,高校没有多少自主权;1991—2016 年为职称晋升聘任第二阶段,以《关于高等学校继续做好教师职务评聘工作的意见》为划分依据,职称晋升聘任采用"评聘分开"模式,评审主体为各省区市教育主管部门,聘任主体为高校,高校有聘任的自主权但没有评审自主权,高校没有足够自主权;2017 年至今为职称晋升聘任第三阶段,以《关于深化高等教育领域简政放权放管结合优化服务改革的若干意见》为划分依据,教师职称晋升聘任方案由高校自主制订,由高校自主组织职称晋升聘任,从这一时期开始,高校真正意义上拥有职称晋升聘任的自主权。在 2017 年之前,实际上许多部属等高水平的高校已经拥有职称晋升聘任自主权,福建省、浙江省等也在此之前先行先试。

2.职称聘任综述研究

在中国知网进行搜索,可以作为本书研究对象的论文共 629 篇。研究主题主要集中在对我国职称制度的历史研究;对职称改革模式、教师职务管理的内在逻辑等理论研究;针对职称聘任条件研究;介绍我国职称改革借鉴国外先进经验的比较研究;运用数学、管理学等理论技术在职称聘任实践上应用的研究;等等。虽然论文的研究主题多样,但有相对集中的研究主题,那就是研究职称改革中存在的问题,仅含有"问题"的"篇名"就有 95 篇,占论文总数的 15.1%,浏览全部文章后有关研究"职称问题"远远超过这个比例。

研究对象主要集中在我国高校专任教师,地方高校、高职院校等不同类型高校,图书馆、辅导员等高校中不同系列的人员等。虽然研究对象比较全面,但是大部分研究是以专任教师为对象。

研究学者的作者单位主要是高校工作人员,也有政府教育管理人员。所有作者中以高校人事管理干部为主,仅作者单位有明确"人事"的文章就有 182 篇,占论文总数的 28.9%;还有各高校研究所等专业研究人员,仅作者单位有明确是教育研究单位的文章就有 21 篇,占论文总数的 3.3%。作者单位以从事人事管理工作的人员为主,人事管理工作的人员在职称评聘过程中遇到实际问题需要面对、解决,必然出现研究的主题为职称聘任存在的问题占相对较大的比重,有关职称问题相对真实,是职称改革中需要解决的问题。因此,对有关研究论文的职称问题主题进行研究的成果可以为今后高校职称晋升聘任改革提供指导和借鉴。

黄志丽和刘晓敏(2016)[①]的《我国高校评聘政策研究的发展与现状》一文是近几年少有的有关职称聘任研究的综述类文章,她们认为"多元的政策标准和政策手段将因为适用于不同人才类型而长期并存,评聘研究面临着更为严峻的挑战,'岗位设置''评聘模式''评审标准''评审办法'四个基本问题仍然是评聘政策研究绕不过去的话题"。

福建省、浙江省等省份职称聘任自主权下放之后,具有职称晋升聘任第三阶段特征的相关研究主要有林志华(2014)[②]、方卫华(2016)[③]、冯诗根(2017)[④]等,他们主要从介绍高校自主聘任教师职称特点出发,针对实践中遇到的问题,提出对策建议;李泽彧和陈杰斌(2015)[⑤]、孙德

---

① 黄志丽,刘晓敏.我国高校评聘政策研究的发展与现状[J].高校教育管理,2016(4):98-104.

② 林志华.高校自主聘任教师专业技术职务的认识与思考[J].福建医科大学学报(社会科学版),2014(2):34-38.

③ 方卫华.高校自主聘任教师专业技术职务促进作用的思考[J].南京广播电视大学学报,2016(4):60-62.

④ 冯诗根.广西高校职称评审权下放存在的问题及对策[J].中国市场,2017(16):159-161.

⑤ 李泽彧,陈杰斌.论学校教师专业技术职务聘任条件:基于地方本科院校制度文本分析[J].国家教育行政学院学报,2015(9):64-69.

芬(2012)①等从分析部分高校自主聘任职称的条件出发,为今后高校自主制定教师职称晋升聘任条件提供借鉴;蔡倩倩和侯宝锁(2017)②以不同发展阶段和办学性质的浙江省高校教师职称晋升聘任改革的现状为研究的切入点,重点探讨了职称晋升聘任的标准制定、程序规范和结果运用等方面内容,从中发现职称晋升聘任存在的问题,并提出解决问题的对策。由于进入第三阶段各省职称晋升聘任自主权下放给高校的时间很短,相应的文章也较少,在核心期刊、CSSCI收录等层次较高的文章极少,研究成果基本上发表在层次相对较低的刊物。

3. 聘任制度问题研究

浏览搜索的所有论文,摘录论文中存在的所有问题。相关期刊论文指出的职称聘任问题至少40种,但出现的频率和时间有所不同。相关论文提出存在的问题很多,有的针对性强、直接、明确,有的比较模糊、宏观。笔者通过阅读收集的论文和多年的工作实践归纳出相关问题,并进行统计。收集的论文中存在的常见问题详见表1-1。重科研轻教学这一反映最集中的问题,既反映评聘制度条件导向错误这个因,又反映教师工作的实际状态这个果;既表达众多研究者对提高高等教育质量的愿望,又表达对教学质量评价束手无策的无奈。教师职务终身制这是在大多数高校中存在的问题,职称聘任的制度基本上都有教师职务"能上能下"的基本原则,但是最终的结果基本上是"能上不能下"。许多研究者会把重评审轻聘任当成一个问题,主要是让人感觉只要通过评审就不用再付出任何努力就可以得到聘任,聘任只是一个必要的程序而已,聘任以后合同的规定要进行考核基本上没人真正去考核,有的甚至连合同都没有签订,没有真正执行聘任所有流程,让人感觉对聘任不重视。考核制度不科学、不严格现象在高校中普遍存在,有的高校考核基本上是走过场,即使有考核制度也没有严格执行;有的高校考核采用本单位投票、领导投票,基本上是凭个人的感觉和喜好。2006年之前一种职务对应一个等级的岗位,2006年之后一个职务可能对应多个岗位,在这里所说的岗位设置不合理其实可以认为是职务数量(以下简称"职数")分配不合理,主要表现在学校内部不同的院系、学科或者诸如基础课与专业课教师岗位等不同类型教师之间分配的不合理。评聘过程人为因素的影响既有学术观点不同的影响,也有不正当的人情关系的影响。重数量轻质量一方面表现为用论文、论著、项目经费、项目等的数量作为评聘的核心依据,另一方面表现为只对教学工作量而没有对教学质量做硬性要求。聘后管理不善主要表现在没有完善的聘后管理制度,没有严格执行考核,没有实行合同管理,没有按合同实施奖惩。

表1-1 职称聘任制度存在的常见问题统计

存在的常见问题	篇 数	占比例/%
重科研轻教学	103	16.4
教师职务终身制	66	10.5
重评审轻聘任	52	8.3
考核制度不科学、不严格	49	7.8
岗位设置不合理	49	7.8
评聘过程人为因素的影响	47	7.5

① 孙德芬.教师专业技术职务聘任条件:高校师资队伍内涵建设的风向标[J].中国成人教育,2012(21):45-48.
② 蔡倩倩,侯宝锁.教师专业技术职务自主评聘现状研究:以浙江省部分高校为例[J].三峡大学学报(人文社会科学版),2017(6):209-211.

续表

存在的常见问题	篇 数	占比例/%
重数量轻质量	46	7.3
聘后管理不善	40	6.4
论资排辈	40	6.4
职务与职责分离	34	5.4

资料来源:根据在中国知网收录的1986—2015年期间搜索的相关期刊论文整理。

不同历史时期的常见问题略有差异。以10年为一个统计的历史时期,对每个时期出现频率靠前的问题进行统计,详见表1-2。总体来说,第一阶段(1986—1995)的常见问题与第二阶段(1996—2005)、第三阶段(2006—2015)的常见问题差异较大,第二阶段和第三阶段常见问题重复的有一半以上。教师职务终身制是这3个阶段都讨论较多的问题,理论上许多研究者都已经提出诸如引入竞争机制、教师职务能上能下等解决问题的办法,但在操作上这个问题30年来没有根本解决,是职称聘任最大的难题。教师职务终身制这一"世纪难题",从技术层面学者已经提出了可行的解决办法,关键在于决策层的选择,是否能够真正打破"铁饭碗",并承受得了因此带来的不稳定因素的后果;这个问题通常是研究岗位设置、聘后管理等制度的内容,不是本书职称晋升聘任条件研究的主要问题。从各阶段统计数量来看,重科研轻教学问题增幅较大,是职称聘任越来越突出的问题,也是现阶段存在的最普遍的问题。

表1-2 不同历史时期职称聘任制度常见问题统计

历史时期	论文总数	存在的常见问题	篇 数	占比例%
1986—1995年	75	论资排辈	11	14.7
		职务与职责分离	10	13.3
		职数不足限制人才发展	7	9.3
		评审标准不一	6	8.0
		轻能力水平	6	8.0
		评聘过程人为因素的影响	6	8.0
		考核制度不科学、不严格	6	8.0
1996—2005年	210	岗位设置不合理	25	11.9
		重评审轻聘任	23	11.0
		重科研轻教学	21	10.0
		教师职务终身制	21	10.0
		聘后管理不善	21	10.0
2006—2015年	344	重科研轻教学	81	23.5
		教师职务终身制	43	12.5
		重数量轻质量	36	10.5
		评聘过程人为因素的影响	27	7.8
		重评审轻聘任	25	7.3
		考核制度不科学、不严格	25	7.3

资料来源:根据在中国知网收录的1986—2015年间搜索的相关期刊论文整理而得。

第一阶段,由于职称评审政策相对不完善,各地各校经验相对欠缺,而学历、资历和年龄等相对容易判断,出现论资排辈、轻能力水平、评聘过程人为因素的影响等问题;由于大多数高校是省级政府职能部门评审,他们认为所有教师评审应有统一标准,不应该有不同学科、不同类型高校的区别对待;很多教师认为达到评审条件就应该晋升职称,但是高级职数的限定,不足以满足教师的需求,给各高校从事评审工作的人员带来很大的压力和不稳定因素,所以被认为是个问题;可喜的是也有部分研究者提出了教师的职称评审条件与职责关联度不大的职务与职责分离问题,以及考核评价制度不科学、不严格问题,从本质上指出职称评审必定产生不良的后果。第二阶段,较普遍地出现了重科研轻教学、重评审轻聘任、聘后管理不善等问题;在基本上接受了政府核定职数难以改变的事实,职数不足是必然存在的事实后,校内各单位、各学科之间职数不平衡,职数分配得不到认可,把它归结为岗位设置不合理;由于大部分教师通过评审后基本上可以得到聘任,还有当有职数时先通过评审的比后通过的有优势,评审受到的关注度高,出现重评审轻聘任情况理所当然。第三阶段,由于前两个阶段评审条件没有发生质的改变,重科研轻教学问题越来越严重;要改变前期固定性的评价带来的职称的评聘结果不容易被接受,部分高校更多地用业绩、成果的数量或采用定量评分的办法进行评聘或推荐,还有学术和教学质量的评价本身就很困难,出现了较普遍的重数量轻质量的问题;职数不足存在竞争、高校自主权逐步扩大以及监督管理不到位,评聘过程人为因素的影响问题再次受到较大的关注。

重科研轻教学是近20年来越来越受关注的问题。有研究者认为,科研条件比较硬,容易评判,教学质量条件比较软,不易评判;教学质量评价制度缺失,很多学校没有对教师的教学质量进行评价等问题,造成制定的职称聘任制度本身和聘任结果重科研轻教学。为什么很多高校教学质量评价工作未实质性开展,怎样才能制定"较硬"的教学评价条件等是高校构建职称聘任指标体系必须进一步深入研究并解决的问题。

重数量轻质量是近20年来较广泛受关注的问题。有研究者认为,主要是为了矫正条件的数量比较"硬"容易评判而质量比较"软"不易评判,质量评价体系不完善,定性评价的结果不易让教师接受等问题对聘任条件进行"量化"而产生的新问题。量化在评判的过程中的确能够解决很多问题和矛盾,但是职称晋升聘任是对教师的综合评价,教师的工作"业绩"是非常复杂的,单纯的定量满足不了职称聘任评价的要求。因此,如何将定性结合定量的办法应用到职称聘任的评价中的问题是高校构建职称评价指标体系必须进一步深入研究并解决的问题。评聘过程人为因素的影响是对评聘工作和教师造成伤害最大的问题。有研究者认为,监督机制不健全、监督不到位、外行评内行、学术观点和学派不同、评委组成不科学、行政权力过于强势、教师在评聘过程中投机取巧、评聘过程不透明等问题导致评聘过程人为因素的影响。如何最大限度避免评聘过程人为因素的影响,在评聘的程序设计上保证评聘过程的公平、公正,以提高教师对学校的认同和学校的凝聚力,值得进一步深入研究。

导致出现重科研轻教学、重数量轻质量和评聘过程人为因素的影响等常见又至今未解决的问题,虽然它们的成因包含现有研究者提出的大部分问题,但是并不能代表近几年职称聘任工作研究的趋势。近几年受高校分类理论和教师分类管理理论研究进展的影响,越来越多的研究者提出高校教师职称聘任条件未分类和高校职称聘任缺乏自主权的问题;受高校深入讨论和研究去行政化的影响,职称聘任的行政权力过强、权力分配不合理问题受到更多的关注;受新建本科高校向应用型转型的影响,职称晋升聘任条件轻应用型的问题也得到更多的关注。

职称晋升聘任进入第三阶段,学者认为存在的主要问题可以归纳为 5 类,分别是职称的评聘办法问题、评聘标准问题、评聘过程问题、评聘结果问题和其他问题。有 7 位学者提出评聘办法存在相关问题,其中 4 位学者从科学合理的角度认为自主评聘高校的评审办法有待完善,3 位学者认为评聘办法在解决专业技术岗位数量不足方面存在问题;有 7 位学者提出评聘标准存在相关问题,其中 4 位学者从学校标准的完善与否的角度认为自主评聘高校的评审标准和配套政策有待完善,2 位学者认为各校之间评聘标准的统一性存在问题,1 位学者认为学校内部评聘标准的统一性存在问题;有 5 位学者提出评聘过程存在相关问题,其中 2 位学者认为评委把握评审标准不统一的问题,3 位学者认为评聘过程存在对非正常的人为因素影响控制不到位的问题;有 6 位学者提出评聘结果存在相关问题,其中 2 位学者认为不同高校之间职务衔接困难的问题,2 位学者担心评聘结果的“含金量”问题,2 位学者担心不能有效推动学校师资队伍发展问题;其他问题包含了职称与职务易混淆,自主开展高级评审经验不足,信息化评审开展困难重重,职称达到理想状态下就失去进取的动力和活力等。这些问题从组织的角度可以分为,学校内部问题和与其他学校之间关系的问题,学校内部问题是必须正视的问题,与其他学校之间关系的问题在高校评聘职称自主权背景下可以借鉴但是不用“看齐”。这些研究成果反映的只是高校自主评聘职称一部分问题,在实践中还有许多问题没有在研究成果呈现。

4.职称评审的程序研究

职称评审的程序主要讨论的话题有以下几点:一是职称评聘程序设计规范,研究成果多从法律角度讨论程序设计的合法性,也有进一步讨论各个流程的具体要求的合理规范,目的都是完善职称评聘程序,减少评聘的结果引发争议。二是职称评聘程序权力分配,大多数研究成果认为职称评聘过程中行政权力“泛化”,职称评聘重点是衡量教师的学术水平,学术权力应起主导作用。三是职称评聘公平性,主要从评聘条件的公平和评聘过程中人为因素的影响导致不公平两个方面展开讨论,条件的公平有两种主要观点:一种观点认为条件要一样以示公平,另一种观点认为承担不同任务或者学科不同具有不同的特点,采用统一的条件有失公平。四是完善监督体系,大多数研究成果认为,评聘过程中多个环节采用评委评价产生最终结果,存在人为因素影响的可能性较大,完善监督体系能够尽最大可能避免此类因素的影响。五是评聘工作效率,研究成果主要从评聘过程信息化角度讨论提高评聘工作效率。六是国际经验比较,大多数研究成果通过介绍美国等西方发达国家的评审程序,并与我国高校进行比较后提出相关的建议。七是以制度理论为基础,对制度环境进行研究。

研究成果虽然只是讨论职称评聘程序某些方面研究比较深入,没有对职称聘任程序如何做到公平、公正进行系统讨论,但较多的是从实践中总结凝练,对于操作性极强的职称聘任制度的程序设计具有借鉴意义。

(二)职称聘任条件研究

职称聘任条件研究的综述主要从分类制定聘任条件、指标体系、国内外高校条件,以及条件与办学定位、发展目标、岗位等匹配 4 个方面展开。

1.分类制定聘任条件研究

吴松元(1993)[①]、何建坤(2005)[②]、郭海红(2008)[③]、张其志等(2017)[④]、黄菲等(2018)[⑤]认为以侧重高校职能为依据,将教师的职称分为教学型、教学研究型和研究型进行分类评审,并列举了通过实践的各类型教师职称评审条件。杨胜(2007)[⑥]从教学型高校的定位出发,提出设置少量的科研型比例。李泽彧和陈杰斌(2015)[⑦]梳理了江西省、湖北省教师分类评价体系,在教学为主、科研为主、教学科研并重3种类型的基础上,湖北省还增加了"社会服务与推广"类型。徐晓红和郭婧(2014)[⑧]通过梳理澳大利亚各大学的岗位分类,发现澳大利亚各大学设置有教学型、教学研究型和研究型3类教师岗位。

苏义彬(2015)[⑨]认为,应对高校思想政治理论课教师专业技术职务评审办法及其标准进行研究。曾婧婧和邱梦真(2016)[⑩]认为"高校的教师职称评聘标准有两种分类方式:一类是依照岗位类型划分,设置教学为主型、科研为主型和教学科研并重型三类岗位;另一种分类法是依照学科(专业)划分,按理工学科、人文社科分类为主"。陈永煌和黄奕红(2016)[⑪]认为要重视学科差异,解决高校艺术类教师职称聘任工作存在的主要问题。

杨莹(2014)[⑫]认为"研究型以学术著作为主,技术型则为技术报告,教学型则以如教案分析等结果呈现"。施维属和林庆藩(2019)[⑬]认为高校教师职称聘任应根据不同学科、岗位和职责分别设置各类教师岗位的聘任条件,提出了分为教学型、科研型、教学科研型和社会服务型4类岗位分别制定条件的观点。

大部分研究成果显示高校教师职称评聘分为教学为主、科研为主和教学科研并重3类,也有的认为随着对应用型高校研究的深入,从实践的角度还可以增加社会服务与推广类型。这些类别将高校教师在人才培养、科学研究和社会服务三大职能的侧重点作为分类的依据。也有部分学者认为不同学科之间存在差异,要根据不同学科特点、不同岗位、不同职责进行分类,比如理工学科类、人文社科类、艺术类等。从研究的成果来看,分类的依据主要从教师工作的侧重点和学科特性这两个维度出发。

① 吴松元.高校教师职务分类评审的构思与实践[J].辽宁高等教育研究,1993(3):48-50.
② 何建坤.实施岗位分类管理促进人才科学聘用[J].中国高等教育,2005(8):16-18.
③ 郭海红."剪刀差"在高校教师评价中的影响及对策[J].高等农业教育,2008(4):38-40.
④ 张其志,刘范美,赖永凯,等.教学型教授评聘调查研究[J].高教发展与评估,2017(4):91-101.
⑤ 黄菲,高乐,王慧锋,等.华东理工大学专业技术职务聘任分类评价机制分析[J].化工高等教育,2018(2):100-104.
⑥ 杨胜.教学型高校教师职务岗位设置探讨[J].黑龙江高教研究,2007(9):35-36.
⑦ 李泽彧,陈杰斌.论学校教师专业技术职务聘任条件:基于地方本科院校制度文本分析[J].国家教育行政学院学报,2015(9):64-69.
⑧ 徐晓红,郭婧.澳大利亚大学教师职称晋升政策的历史变迁与最新改革[J].复旦教育论坛,2014(3):103-108.
⑨ 苏义彬.高校思政课教师专业技术职务评审办法及标准研究[J].文教资料,2015(8):98-99.
⑩ 曾婧婧,邱梦真.当前我国高校教师职称评聘的特点:基于20所"985工程"高校的职称评聘细则[J].现代教育管理,2016(10):73-80.
⑪ 陈永煌,黄奕红.岗位设置管理背景下高校艺术类教师专业技术职务评聘研究[J].艺术教育,2016(8):287-288.
⑫ 杨莹.台湾的大学教师分流与多元升等:从大学教师评鉴机制分析[J].苏州大学学报(教育科学版),2014(1):115-120.
⑬ 施维属,林庆藩.新时代高校教师职称评聘改革路径探析:基于清理"四唯"专项行动的思考[J].中国高校科技,2019(5):38-40.

2.职称聘任条件的指标体系研究

(1)期刊论文。董藩(2004)[1][2]从现行职称评审制度存在的问题出发,较系统地研究了职称评审制度和指标体系,并产出系列相关研究论文,认为职称聘任应采用贡献排序法量化考评体系,主要从思想政治表现、教学业绩、科研业绩、荣誉称号和其他项目5个方面进行考评,并对考评的5个方面进行细化。臧振春(2010)[3]将评审条件分成职业道德、基本素质、科研能力和教学能力四大类14项指标,根据指标的重要程度不同,赋予每项指标一定的权重。李泽彧和陈杰斌(2015)[4]在分析福建省部分地方本科高校职称聘任条件文本的基础上,提出教师能力、教学工作、教学科研业绩等条件要更适应地方本科院校发展的需要。曾婧婧和邱梦真(2016)[5]在分析了20所"985工程"高校教师职称聘任细则的基础上,得出我国高校职称聘任条件的现状和趋势。蔡倩倩和侯宝锁(2017)[6]对不同发展阶段和办学性质的9所浙江省高校的教师职称评聘制度进行研究,发现存在评聘标准制定不统一、学科评议中自主评议和委托评议有差异等问题。杨兴林(2017)[7]对职称聘任课题和经费等具体条件进行研究,认为课题和经费不是学术成果,会影响高校学术活动的健康开展,不能直接用于高校教师职称聘任条件。施维属和林庆藩(2019)[8]认为以"四唯"为导向的高校教师职称评聘制度面对新时代要求弊端日渐凸显,高校教师职称聘任改革势在必行,可以根据学位点和学科之间的学术水平差距,分层分级制定职称聘任条件的标准,在制定同类教师时还要根据不同研究方向制定职称评聘条件。

(2)学位论文。徐璟(2009)[9]以某医科大学职称指标体系为个案开展研究,他认为"职称量化评估对高校科研绩效总体具有正向影响。职称量化测评制度内部存在着不均衡性"。聂晨姝(2015)[10]研究了辽宁省统一标准的教授聘任条件,"发现现阶段辽宁省普通高等学校教授职称评定标准相关政策存在的问题及提出完善的对策建议"。李哲毅(2016)[11]对我国高校教师职称聘任制度内容进行分析,"总结制度制定依据、制定目标、制度具体内容以及操作过程四个方面,并详细论述制度内容在基本素质、科研成果、教学成绩等方面的具体要求"。黄奉毅(2016)[12]对选择一所大学的职称聘任分类评价指标体系进行研究,总结出3个特点:"一是体现分类发展,用不同职称评价指标体系去评价不同类型的教师。二是体现自主发展,同一系列

① 董藩.建立以贡献排序法为基本内容的职称评审制度:高校教师职称评审中实行贡献排序法的研究(二)[J].郑州航空工业管理学院学报,2004(2):110-112.
② 董藩.建立以贡献排序法为基本内容的职称评审制度:高校教师职称评审中实行贡献排序法的研究(三)[J].郑州航空工业管理学院学报,2004(3):89-97.
③ 臧振春.高校教师职称评定的系统分析[J].南阳理工学院学报,2010(3):80-83.
④ 李泽彧,陈杰斌.论学校教师专业技术职务聘任条件:基于地方本科院校制度文本分析[J].国家教育行政学院学报,2015(9):64-69.
⑤ 曾婧婧,邱梦真.当前我国高校教师职称评聘的特点:基于20所"985工程"高校的职称评聘细则[J].现代教育管理,2016(10):73-80.
⑥ 蔡倩倩,侯宝锁.教师专业技术职务自主评聘现状研究:以浙江省部分高校为例[J].三峡大学学报(人文社会科学版),2017(6):209-211.
⑦ 杨兴林.高校教师职务晋升科研评价条件探析[J].江苏高教,2017(1):33-36.
⑧ 施维属,林庆藩.新时代高校教师职称评聘改革路径探析:基于清理"四唯"专项行动的思考[J].中国高校科技,2019(5):38-40.
⑨ 徐璟.高校教师职称聘任制度中引入量化方法的实证研究:以某医科大学为例[D].重庆:重庆医科大学,2009.
⑩ 聂晨姝.辽宁省普通高等学校教授职称评定标准研究:一种政策内容分析的视角[D].沈阳:沈阳师范大学,2015.
⑪ 李哲毅.我国高校教师职称评定制度研究:以21所高校教师职称评定办法为例[D].开封:河南大学,2016.
⑫ 黄奉毅.基于自主发展的高校教师职称分类评价研究:以A大学为例[D].重庆:重庆医科大学,2016.

教师,选择的业绩条件渠道更加多样化。教师有了更大空间的自主选择和自由发挥。三是以人为本,教师可以根据自己兴趣、爱好、特长选择有利于自主发展的职称评价体系,以体现个性差异。"

期刊论文和学位论文研究成果相似,较早时期在研究职称的指标体系时比较集中对指标量化的研究;最近几年较多研究分类制定职称指标体系,有部分学者甚至认为指标体系量化容易导致一系列消极的影响。职称指标体系的研究从更有利于评审转向更有利于满足不同群体教师需求、推进师资队伍建设上。

3. 国内外高校职称聘任条件研究

(1)期刊论文。曹雯雯(2006)[1]在研究美国教师职称晋升制度后认为,职称晋升评审权主要在系一级,批准权在学校;职称晋升聘任条件强调科研成果,轻视教学业绩。高文豪和陈超(2013)[2]对美国研究型大学教师职称晋升的指标体系进行研究,分析了教学、科研和服务3个一级指标体系和部分二级衡量指标,针对我国高校教师晋升现状,提出了建立科学的晋升指标体系。刘传熙(2018)[3]介绍了德国应用科学大学应聘教授席位者的条件,"一是必须拥有博士学位且通过高等学校教授资格考试;二是有在本专业从业5年以上的实际工作经历,其中3年要在高等学校外(外语和数学专业除外)"。由于德国的教授不在本校内晋升,采用招聘的形式,招聘的条件不仅对学术水平要求很高,而且要求有很强的实践能力。

(2)学位论文。崔春霞(2008)[4]介绍了美国两所州立大学的职务晋升的条件,"职务晋升的条件主要从教学、科研和服务三个方面衡量,教学考核取决于学生对教师教学质量的评估,科研考核主要看教师发表的论文、著作的情况,以及教师争取到的科研经费,服务指教师为本校和学校所在社区提供服务的情况"。胡慧迪(2017)[5]通过比较南昌大学和伯明翰大学的职称制度文本,重点对比了两校职称评审的条件、程序和评审主体,"期望使教师发展理念融入我国对高校人事制度的创新中,营造良好的教师发展大环境"。蔡宁波(2018)[6]对中美高水平大学教师聘任条件的具体内容进行比较,"发现二者的相同点有:基本条件要求高、重视教学效果考核、科研条件更重质量。二者的不同点有:科研条件评价标准差别大、定量与定性两种评价形式、聘任结果对教师影响差别大"。

期刊论文和学位论文研究成果相似,研究国内外高校职称聘任条件大多数通过中外高校的职称聘任条件文本进行比较和借鉴,比较的对象基本上是美国等西方发达国家的高水平大学,国内研究对象基本上是"双一流"大学。近几年,开始出现与德国应用科学大学比较的研究成果,让新建本科高校借鉴更"精准"。

4. 职称聘任条件与办学定位、发展目标、岗位等匹配研究

(1)期刊论文。张晓杰和孙晓颖(2007)[7]认为教师职务聘任应根据市属地方高校教学型

① 曹雯雯.从人力资源管理理论看中美教师聘任制度[J].长沙铁道学院学报(社会科学版),2006(3):230-231.
② 高文豪,陈超.美国研究型大学教师职称晋升权力分治现象:以哈佛大学文理学院终身教职晋升为例[J].教师教育研究,2013(6):85-90.
③ 刘传熙.德国科技大学教师职称顶层设计研究[J].中国职业技术教育,2018(18):73-76.
④ 崔春霞.中美高校教师职务聘任制度比较研究[D].南京:南京师范大学,2008.
⑤ 胡慧迪.教师发展视角下中英两所高校教师聘任评审文本比较研究[D].南昌:南昌大学,2017.
⑥ 蔡宁波.中美高水平大学教师聘任条件的比较研究[D].长沙:湖南大学,2018.
⑦ 张晓杰,孙晓颖.地方高校教师职务聘任的探索和实践[J].通化师范学院学报,2007(3):93-94,97.

或教学科研型定位,充分考虑教学因素,制定科学合理的标准等观点。罗润锋和叶芳芳(2011)[①]认为,要为专职辅导员职务评聘制定专门的职称聘任条件,实现高校"专职辅导员"岗位与专业技术职务匹配。杨留栓和舒雪冬(2014)[②]认为解决当前职称工作的问题核心是把握新建本科高校学科及专业建设的导向,采用需求导向型职称聘任和学科化定岗的模式,促进学校办学目标的实现。李泽彧和陈杰斌(2015)[③]指出,"职务聘任条件作为教师的重要评价具有导向功能,同时地方本科院校聘任条件应与其学校定位相匹配"。施维属和林庆藩(2019)[④]认为高校教师职称聘任改革"应明确改革方向和功能定位,把师德师风表现作为首要标准,把育人作为核心指标,切实做到聘任条件精准"。关于职称聘任条件与办学定位匹配研究的期刊论文,在早期更多研究的对象主要是具有职称评聘自主权的高水平大学,研究的方法主要采用中外大学职称评聘指标体系的比较。最近几年,随着各省区市职称评聘自主权逐步下放给高校,开始较多地研究新建本科高校职称评聘指标体系如何与办学定位匹配的问题。

(2)学位论文。王慧(2007)[⑤]从人力资源管理视角认为"合理配置高校人力资源结构,使高校教师与岗位相互匹配"。虽然没有专门对新建本科高校教师职务进行分析,但是新建本科高校教师职责的分析、推导可以借鉴其成果。蔡宁波(2018)[⑥]以"双一流"高校为主要对象,通过中美高水平大学的比较,认为"一方面可以为高校完善教师聘任机制提供微观层面的对比视角;另一方面也可以为政府优化教师职务聘任制提供参考"。关于职称聘任条件与办学定位匹配研究的学位论文,更多研究的对象主要是具有职称评聘自主权的高水平大学,研究的方法主要采用中外大学职称评聘条件的比较。在职称评聘自主权下放背景下,还没有以新建本科高校为对象对职称晋升聘任条件进行深入系统研究的学位论文。

(3)专著。牛风蕊(2019)[⑦]在高校自主制定职称评聘制度和指标体系的背景下,以地方高校为研究对象,"通过分类晋升,构建多途径互通的职称晋升制度体系,实现对教师的激励,已经促进地方高校聘任中学术评价的社会化构想,同时地方高校要进一步完善教师职称制度的配套机制,强化学术质量要素,创新评价手段,完善评审环节和监督机制建设,提高学生职务的配置效率和有效度"。该书侧重从权力等推进地方高校教师职称制度改革的理论研究,对本书有重要的借鉴意义。该书案例分析的 A、B 两所高校均为有博士学位授予权的高校,而本书研究的对象和采用的案例均为新建本科高校,与它们相比办学层次上有较大差距。

总之,期刊论文针对职称晋升聘任条件研究不多,但由于篇幅限制研究不够深入;硕博士论文、著作对职称制度的研究集中在制度和理论层面,对职称晋升聘任条件进行深入研究的较少。研究大部分没有对高校进行分类,部分以早期取得职称评聘自主权的高水平高校为研究对象,针对新建本科高校职称晋升聘任条件研究凤毛麟角。没有从新建本科高校办学定位与职称晋升聘任条件匹配视角进行深入研究的成果。根据高校分类发展理论,不同类型高校的

① 罗润锋,叶芳芳.对高校"专职辅导员"岗位与专业技术职务匹配问题的思考[G].国际会议 2011 International Conference on Social Sciences and Society(ICSSS 2011),2011,1014(3):434-438.

② 杨留栓,舒雪冬.新建本科高校职称工作若干问题的思考[J].河南城建学院学报,2014(5):85-92.

③ 李泽彧,陈杰斌.论学校教师专业技术职务聘任条件:基于地方本科院校制度文本分析[J].国家教育行政学院学报,2015(9):64-69.

④ 施维属,林庆藩.新时代高校教师职称评聘改革路径探析:基于清理"四唯"专项行动的思考[J].中国高校科技,2019(5):38-40.

⑤ 王慧.高校教师职务聘任制改革研究[D].南京:河海大学,2007.

⑥ 蔡宁波.中美高水平大学教师聘任条件的比较研究[D].长沙:湖南大学,2018.

⑦ 牛风蕊.地方高校教师职称制度改革研究[M].北京:九州出版社,2019:3.

职能、定位必然出现差别。虽然很多研究型高校很早就实行高校自主聘任职称，也有相当完善的职称制度和晋升聘任条件，但是由于不同类型、不同办学层次高校的定位目标任务存在较大的差别，很多学术性大学、老本科高校的职称制度对新建本科高校编制职称晋升聘任条件的借鉴意义有限。

（三）已有研究的述评与本书的切入点

1.研究对象的变化

从已有职称聘任研究成果来看，政府对高校职称政策的影响很大。在自主权下放之前，高校是职称聘任研究的主要对象，职称晋升条件和人为因素的影响是职称评审研究的主要内容。2017年，职称聘任进入自主制定条件、自主聘任的第三阶段，在此之前，一些高水平大学已经实现职称自主聘任，省城的职称自主聘任改革福建省、浙江省等已经开始先行先试，研究主要针对职称评聘自主权下放给高校的实然状态开展，在各省份还未下放之前，研究的对象基本上是高水平大学，在各省份陆续下放之后，研究对象开始丰富，新建本科高校也成为重要的研究对象。

2.研究问题的变化

自主权下放之前，主要研究的是职称聘任存在的重科研轻教学、重数量轻质量、评聘过程人为因素的影响和教师职务终身制等问题；自主权下放之后，更多关注评聘办法不完善、评审标准和配套政策不完善、评聘过程人为因素的影响和评聘结果的质量等问题。由于大部分高校自主评聘职称的时间较短，经历实践检验的时间不长，研究还不够深入，许多问题还未真正暴露出来。

3.观点的变化

有关职称晋升聘任条件的研究，前期主要从量化的视角研究如何有利于评聘的操作和避免人为因素的影响；后期更多从科学合理的角度研究如何更适合某个或某类高校或某一类教师的发展，以期做到"精准"。

有关职称的研究成果将帮助我们进一步了解前人研究的主题和进展、自己研究所处的位置和研究成果有什么贡献，也可以借鉴前人的分析方法和理论。从目前研究的成果来看，对于新建本科高校教师职称聘任研究不够系统深入，学位论文、专著还没有从职称聘任条件入手，发挥职称聘任条件的指挥棒作用，促进新建本科高校发展的研究。本书将从职称晋升聘任条件要匹配新建本科高校定位目标入手，创新编制职称晋升聘任条件的理论，聚焦新建本科高校这一教育评价有待进一步探索的研究对象，充分借鉴前人研究成果，实现构建与新建本科高校定位目标相匹配的职称晋升聘任条件体系。

第二节　职称制度改革理论基础与研究设计

新建本科高校职称制度是人力资源管理的重要制度，职称制度改革需要有战略人力资源管理、制度改革等理论的指导。

一、理论基础

制度是为了保证组织实现目标，制度因规范引导组织个体、团体的行为而生。职称晋升聘任制度是高校制度体系的重要内容，也是高校人力资源管理核心制度之一，对教师的工作具有很强的导向作用,是教师努力工作的"指挥棒"。

(一)战略人力资源管理理论与高校职称晋升聘任制度

战略人力资源管理(strategic human resource management,SHRM)是组织为了达到目标而进行有计划的人力资源配置与活动的模式。"所谓的 SHRM,不同于传统 HRM 所扮演的单一的职能性角色,而是以系统整合为导向的方式,将 HRM 与组织目标联系起来,与组织战略管理过程联系起来,强调 HRM 实践间、HRM 实践和组织其他管理间的协调与契合,以及对外部动态环境下不断调整的组织战略的灵活应对,以形成各职能的协同并作用于员工来推动组织提升绩效,实现组织战略目标。从上述定义可以看出,SHRM 强调匹配与柔性的重要作用,两者共同作用对于提升组织绩效至关重要。"①战略人力资源管理含义具有战略性和目标导向性的特征,"战略性"也就是"匹配性",包含了人力资源管理必须与组织的发展战略匹配的纵向匹配,以及整个人力资源管理系统各组成部分或要素之间的匹配;"目标导向性"是人力资源管理通过组织建构,将人力资源管理置于组织的经验系统中,促进组织绩效的最大化。

1.高校职称晋升聘任制度与组织目标

教育发展战略是"政府或学校对未来一段时间教育事业发展中重大的、带有全局性的、实践跨度较大的发展目标、任务、策略所进行的谋划"②。从战略人力资源管理是组织中一系列与其战略目标相一致和匹配的人力资源管理实践、项目和政策的理念出发,高校的人力资源战略要与学校战略相匹配。不同类型高校有着不同的特征,其发展战略有着较大的差异;同一类型的高校由于定位差别不大,其发展战略具有较高的相似度,可以反映其发展水平的具有显示度的成果、项目的种类基本相同。大多数新建本科高校是应用型高校,基本上是技术服务型高校,但是,由于学校发展阶段、校园文化和外部环境等差异,其发展战略存在差别。

许多学者认为战略匹配应贯穿于高校战略人力资源管理全过程。"战略匹配又分外部匹配和内部匹配。外部匹配指的是组织人力资源战略和经济发展战略完全一致,和组织的发展阶段完全一致,同时考虑组织的动态性并与组织的特点相符;内部匹配则是指发展和强化组织人力资源管理的各种政策的实践之间的内在一致性。这可以通过将若干互补的人力资源活动一起开发和执行,保持内部一致性,并达到相辅相成来实现。"③对于内部匹配,"应用型大学教师人力资源具有较高知识水平、较为丰富的实践经验、注重产研结合、承担大量教书育人任务等特点,他们工作繁重,有的工作难以衡量、考核,对物质激励有较大的兴趣,存在逆向选择和道德风险。因此,笔者认为应用型大学适用刚—柔混合型激励模式,坚持刚性激励以保证各项工作正常有序地开展,同时用柔性激励激发教师的自我实现需要、成就感、价值追求等,达到激励模式与人的最佳匹配,往往有利于教师提高人力资源效率"④。

晋升政策是组织战略人力资源规划的内容,"对企业来说,要尽量使人与事达到最佳匹配,即尽量把有能力的员工配置到能够发挥最大作用的岗位上去,这对于调动员工的积极性和提高人力资源利用率是非常重要的"⑤。高校现有管理教职员工的校内管理机构的名称大多数是类似"人事处"的名称,主要是"组织、配置、调节工作过程中人与人、人与任务之间相互关系

①　刑会,高素芬,张金,等.战略人力资源管理研究:一个整合的视角[J].科技管理研究,2010(24):157-161.
②　教育学名词审定委员会.教育学名词:2013[M].北京:高等教育出版社,2013:244.
③　邵守先,山鸣峰.高等学校战略人力资源管理[J].江苏高教,2004(2):58-60.
④　沈仲丹.高校激励模式有效性的权变分析[D].南京:南京师范大学,2007:76.
⑤　杨百寅,韩翼.战略人力资源管理[M].北京:清华大学出版社,2012:129.

的管理活动"①的人事管理,看待人的观点相对静态,没有体现人力资源为了实现组织的根本使命、理想和长远目标,往往会忽略教职员工与组织目标的联系。动机是员工行为的先导和动力,动机理论是关于动机的产生、机制、动机与需要、行为和目标关系的理论,相关理论有期望理论、目标确立理论、理性行动理论。维克托·弗鲁姆(Victor H. Vroom)的期望理论认为认定动机是一个有意识的选择过程,人们会将其努力放在产生最大效果的活动中。目标确立理论认为绩效目标能够激励员工持续努力并影响他们完成工作任务。理性行动理论认为个人的行为是由其某个行为的态度和社会行为规范所决定的,而态度取决于行为后果的期望值。高校职称晋升聘任制度能够对教师的工作热情和积极性的心理动机产生重要影响,发挥其工作能动性和主动性,对于调动教师的积极性和提高人力资源利用率具有非常重要的促进作用,是高校战略人力资源规划的内容。职称晋升聘任制度必然要服务于高校的定位和战略目标,从而成为约束、指导和调控教师的教育活动、教育行为的制度。

2.组织目标、教师和环境

教师作为学校的成员,从职业的角度,教师必须为学校服务,其活动和行为只有与组织目标相一致才有可能被认可,从这个角度看,组织目标是所有教师偏好的集合;从内容上看,组织目标与教师偏好之间是一致的,但是,教师个体毕竟精力有限,其工作不可能涵盖学校的所有目标任务,将教师作为个体看时,教师偏好只是组织目标的部分内容,组织目标包含了所有教师的偏好。任何组织都不可能在社会中孤立存在,它的发展必定受到外部环境的影响。根据教育系统与社会系统及社会子系统之间教育外部关系规律,教育必定受政治、经济、社会文化和科学技术等环境因素的影响,高校作为高等教育的组织,其战略人力资源管理同样受到这些外部环境的影响。这些环境因素均会对组织获取人力资源、开发人力资源、评估人力资源等方面产生影响,相同的环境因素对不同的组织可能产生不同的影响。根据人性假设理论,大部分教师不会主动提出适应环境的要求,教师是被动去适应环境的,如果学校没有相应的要求,教师就不会去做,而且还不会对教师产生负面影响。组织只有适应环境才能更好更快地发展。从这个角度看,组织也是被动去适应环境的,但是组织为了发展必须适应环境。"人力资源管理与组织战略以及战略基本需要相一致,以实现组织的高绩效;人力资源政策中包含着各方面政策和各层次人员;人力资源规则被业务管理人员以及员工所适应、接受和应用。因此,我们认为战略人力资源管理有多种组成部分,包括组织政策、组织文化、价值观、使命、理想、相应的规章制度,这即是理想与价值观、战略与制度以及实践与执行。"②从匹配的角度看,员工与组织的"双边匹配"是最稳定、最协调的匹配,战略人力资源管理是促进员工和组织双边的学习、成长和发展。高校的组织绩效主要来自教师的贡献。高校的人力资源战略要与学校战略相匹配,必须考虑高校类型、环境因素和教师的偏好。从与高校目标、教师和环境匹配的角度,高校构建职称聘任制度,应整体上考虑高校职称晋升聘任制度与定位目标、教师双边匹配,在个别相关内容增加重要环境因素的匹配。由于组织目标与教师群体偏好是一致的,因此编制职称聘任制度首先要考虑与新建本科高校的定位目标匹配,其次考虑与个别重要环境因素匹配。

(二)高校制度改革理论与职称晋升聘任制度改革

"大学制度指大学的组织及其规范与这一组织相关的人们之活动的规则、规范,或者可以

---

① 教育学名词审定委员会.教育学名词:2013[M].北京:高等教育出版社,2013:242.
② 杨百寅,韩翼.战略人力资源管理[M].北京:清华大学出版社,2012:74.

说大学制度是关于大学的组织、规则、规范的集合体。"[①]高校制度研究的重点在大学组织、人员、活动等微观制度层面。政府将职称聘任自主权下放给高校,高校势必进行职称聘任制度改革。了解大学制度改革的目的、动因、模式、价值以认识大学制度改革的规律,有利于开展对高校职称聘任制度改革的深入研究。

1.高校自主权的扩大与职称晋升聘任制度改革

在"放管服"的政策背景下,高校办学自主权逐步扩大,"大学办学自主权的这种增量式扩大具有明显的建构性,而在这一建构过程中办学需求是第一位的"[②]。职称晋升聘任制度作为高校战略人力资源管理的核心制度,政府将这一高校战略人力资源管理制度的自主权下放给高校,为高校构建满足办学定位目标相匹配的职称晋升聘任制度扫除了政策障碍。职称晋升聘任制度改革当以有利于实现学校办学定位目标需求为出发点,充分认识大学制度改革的规律,以利于高校职称晋升聘任制度改革的深入开展。

2.高校制度改革的倾向性

高校制度改革存在学术、政治、社会3种主要倾向性。一是高校以发展学术为基本取向,以学术提升为改革的主要目的的学术倾向性改革;二是高校以国家利益和政府目标为基本取向,改革后形成的高校制度表现为与政府政策目标高度一致的政治倾向性改革,一般是由政府主导的高校改革;三是高校以适应与促进经济社会发展为基本取向,许多学者认为反映着经济社会发展的需求和经济因素内容的经济倾向性改革,但是就高校的职能而言还不够贴切,应是既包含经济发展又包含社会事业发展的社会倾向性改革更为贴切。学术、政治和社会这3种倾向性只是代表制度改革的基本取向,并不一定是唯一取向,在制度改革中还必须兼顾倾向性之外的其他两个取向。

(1)高校的目的与政府的目的。从宏观的高校制度改革来看,就这一对目的而言,政府的目的更多地起主导作用;从微观的高校制度改革来看,高校的目的更多地起主导作用。现代的高校在促进社会发展中的作用日益明显,政府日益密切关注高校的服务成效,以期高校能为经济社会发展提供更好的服务,达到政府的目标。新建本科高校的定位决定了它的办学以社会需求为导向,大多数情况下,高校与政府的目的是一致的,高校的目的是在政府的目的基础上结合本校实际进一步深化、细化。构建更加适合新建本科高校定位的教师和学生发展制度,达到学校的办学目标是新建本科高校制度改革的目的。

(2)社会性目的与学术性目的。从高校制度改革的倾向性角度看,社会性目的和学术性目的分别对应社会性倾向和学术性倾向;从目的的贡献角度看,社会性目的主要以社会贡献作为体现的主要形式,学术性目的主要以学术贡献作为体现的主要形式。不同类型的高校会有不同的目的,学术型高校的制度改革总体来说会更偏向学术性目的,对于教师的要求侧重学术贡献;应用型高校的制度改革总体来说会更偏向社会性目的,对于教师的要求侧重社会贡献。高校内部不同的制度改革偏向的目的也会不同,不能一概而定,要因具体制度而论。

(3)高校内部目的与外部目的。这对目的是高校制度改革的动因,分别对应高校制度改革的内因和外因。推动改革由内因引发的由内部目的主导;推动改革由外因引发时,如果外部动因源于政府,那么政府的目的往往是决定性的,如果外部动因不是源于政府,那么有可能学校的目的还是占主导地位。高校职称聘任制度改革是由政府推动的,从制度的整体框架上和程

---

① 胡建华,王建华,王全林,等.大学制度改革论[M].南京:南京师范大学出版社,2006:5.
② 卢晓中.国家基础权力视域下的我国大学办学自主权[J].大学教育科学,2020(4):41-47.

序要求上必须满足政府的目的，但是，从职称晋升聘任条件改革的角度看，更多的是高校内部目的起作用，职称晋升聘任条件要匹配学校的定位目标。

因此，新建本科高校职称制度改革在达到政府目的的同时还要达到高校的目的；社会性目的起主导作用，兼顾学术性目的；制度的目标、程序由高校外部目的主导，职称晋升聘任的条件由学校内部目的主导。无论哪个目的主导，都不能绝对化，必须兼顾非主导地位的目的。

3.高校制度改革动因

高校制度改革的外因与战略人力资源管理的环境相似，包含了政治、经济、科技和社会文化等因素；高校制度改革的内因是决策机构、办学理念以及办学定位目标和制度变迁。高校职称制度改革是大学制度微观层面的改革，可以将外因归结到制度变迁的制度环境。

（1）决策机构。建立现代大学制度，"核心的问题就是解决大学内外部权力的产生、授予、行使和制约的问题"[①]。高校的权力结构表现为行政和学术二元权力结构，行使这两种权力的最高机构就是高校的决策机构。当前，党委会、校长办公会和教职工代表大会是高校行政权力决策机构，前两者更多体现行政权力的集中，后者重在体现行政权力的民主；学术委员会、教学委员会是高校的最高学术权力机构，学术委员会是高校学术咨询、学术评价的学术机构，教学委员会是高校教学工作方面的咨询和审议机构。这些决策机构是大学制度改革的核心角色，是大学制度改革的具体决策者、策划人和执行者。

（2）办学理念以及办学定位目标。"在大学里是价值决定理念，理念决定制度"[②]，高校制度改革首先必须明确价值观，确定相应的理念，并以理念指导制度改革才可能获得成功。高校办学理念是"人们在对大学发展规律认识的基础上所形成的关于大学本质、使命、目标、职能及大学与社会、政府关系等一系列基本问题的理性认识"。[③] 许多高校在此基础上，根据本校的实际，提出学校的办学理念，并以此确定学校的使命、定位和目标。从高校的分类来看，新建本科高校基本上是应用型高校，而非学术型高校。在应用型高校的分类中，新建本科高校与老本科高校在办学层次、定位方面有所不同，人才培养、科学研究和社会服务目标任务必然有着明显的差别，新建本科高校在履行高校的职能中必定有其独有的特点。高校职称制度改革是大学制度改革的一部分，新建本科高校的办学目标必须根据其定位进行确定，办学目标必须与定位相匹配，职称制度改革必然要匹配高校的办学理念、使命、定位和目标，并以此为基础凝练职称制度改革的理念，用于职称制度改革的实践。学校的办学总体目标通常采用类似"高水平应用型大学"比较宏观的表述，在编制相关制度时无法直接作为匹配的目标，学校办学的具体目标通常在学校的发展规划中体现，并将目标分解到校内各单位，明确各单位年度任务。虽然各高校的办学具体目标存在不同，各校的产出具体内容也不同，但是，作为办学层次、定位和职能基本相同的新建本科高校产出的种类基本相同，产出的差别主要表现在数量和水平上。就教师的岗位而言，不同职称等级的岗位所要履行的岗位职责不同，因此应当根据新建本科高校的产出目标编制教师相应职称等级的聘任条件。

（3）制度变迁与职称晋升聘任制度改革的路径。"制度的变迁是一个复杂的过程，理性选择学派认为制度的创新源于人的理性构建，自然演进学派认为制度的创新是一个自发的过程。

---

① 周川."现代大学制度"及其改革路径问题[J].江苏高教,2014(6):22-26.
② 龚怡祖.现代大学治理结构:真实命题及中国语境[J].公共管理学报,2008(4):70-76.
③ 教育学名词审定委员会.教育学名词:2013[M].北京:高等教育出版社,2013:189.

大学制度的改革同样是一个复杂的过程,对于如何改革大学制度同样众说纷纭。在具体实践中,大学制度的改革既有自然演进的成分,也有理性设计的因素。但无论如何这两种变化的产生都会受到一个共同因素的影响,即制度环境与路径依赖。某种意义上,正是现有的制度环境与路径依赖决定了当前大学制度变革的可能性和改革方向。"①新制度主义理论将组织环境分为技术环境和制度环境,"技术环境以效率为目标,而制度环境则要求组织要服务'合法性'机制,采用那些在制度环境下的'广为接受'的组织形式和做法,而不管这些形式和做法对组织内部运作是否有效率"②。在现实中,对于涉及高校教职工切身利益的制度,政府的政策要求这一类制度需要通过教职工代表大会审议,表现为被广大教职工"广为接受",只有审议通过才可能形成正式实施的制度。如果职称晋升聘任条件标准高,对完成办学目标有促进作用,但教职工的接受程度可能更低。因此,职称晋升聘任制度改革必须同时处理好技术环境和制度环境的关系,在解决组织期望和教师接受之间存在的矛盾中寻找一个兼顾两方的方法或者平衡点。

路径依赖是制度改革重要的分析方法,揭示了制度变迁过程中的规律。制度合法性危机的来源可以是制度选择过程中的初始选择,这种初始选择在制度改革的过程中不断强化,从而将制度变迁导向预定的轨道。高校作为培养人才为主的公益性组织,具有强烈的教育和学术特性,与企业等经济组织强调经济效益有着明显的组织特性差异,更加适合社会学理论的指导。与经济学视角下制度产生的效率逻辑不同,新制度主义理论引进了社会学理论的合法性机制这一核心概念。社会学新制度主义认为,"行动层面是就组织的行为方式而言的,如果组织的行为方式不为社会中的法律法规、社会规范和文化期待所接受,便可能带来合法性的危机,甚至产生制度瓦解和颠覆"③。"把强化顶层设计与尊重基层首创精神协调起来,坚持'自上而下'的改革与'自下而上'的改革相结合。"④

4.高校制度改革的价值

从价值决定理念、理念决定制度的制度改革逻辑,价值无疑是制度改革的先导。

(1)高校制度改革的价值观。支配高校制度改革的价值观大致有:源于高校制度改革的现实动力和外在压力,具有较强的功利导向,根据社会政治经济的发展需求来建构与调整的社会本位价值观;高校制度改革对人的主体价值的关怀与尊重,根据师生自身主体完善与发展内在精神的需求,改革中体现"以师为本、以生为本",把师生发展价值作为制度变革的首要价值与优先价值的个人本位价值观;将有利于学术自由与高深学问知识的构建,促进高校学术发展与繁荣,作为高校制度变革的知识本位价值观;根据学校的基础与特色,以学校自身的利益作为中心的学校本位价值观,它是高校制度改革的直接动力与内化影响力。高校制度改革过程是社会本位价值观、个人本位价值观、知识本位价值观和学校本位价值观这4种价值观念相互博弈的结果。制度改革"应该考虑如何从管理者出发,把同行评议作为优化学校管理、保证学校可持续发展的重要手段;如何从大学教师立场出发,把同行评议作为推动教师专业发展的重要途径;如何从学生立场出发,把同行评议作为推动学校人才培养工作的有效举措"⑤。高校在制度改革中,只有综合考虑各种价值观念,才有可能把制度改革的目标落到实处。需要特别

①② 胡建华,王建华,王全林,等.大学制度改革论[M].南京:南京师范大学出版社,2006:63.
③ 朱其训,缪榕楠.高等教育研究的新制度主义视角[J].高教探索,2007(4):33-37.
④ 周光礼.从管理到治理:大学章程再定位[J].湖南师范大学教育科学学报,2014(2):71-77.
⑤ 李泽彧,等.学术守门人探论:高校学术同行评议与利益冲突[M].北京:科学出版社,2018:78.

指出的是,无论选择哪种本位价值观,如果不能结合学校本位价值观并将其有机地体现出来,制度就不可能融入学校,不能真正成为学校组织的组成部分,这样的制度只能是一个"文本",不具有可操作性,无法体现它的价值。

(2)高校制度改革的权力配置。高校既是学术性组织,也是科层化组织。高校的主要权力为学术和行政二元权力结构,高校制度改革必然带来两种权力的结构与配置中的利益调整问题。高校制度改革主要针对的是需要解决的具体问题,应该根据需要解决问题的特点,属于学术的问题交给学术权力,属于行政的问题交给行政权力,具有两种属性的共同协商、共同决策。因此,高校制度改革应从微观层面根据需要解决问题的特点选择采用哪种权力,实现学术自由与行政效率共赢,促进学校朝着既定的目标发展。

(3)高校制度改革的利益冲突。不可否认"追求利益是人类一切行为的动因,利益主导了人类的冲突行为。而是否产生冲突、冲突的性质与程度,以及冲突的解决与否都是由人类主观上的利益观决定的"①。利益冲突是个人需求与其他利益主体之间产生不协调的关系。制度改革的过程也是利益重新分配的过程,利益冲突既可能推动改革朝着有利于目标的方向发展,也可能产生阻碍作用,是一把双刃剑。根据马斯洛的需要层次理论,不同时期的人都有一种需要占主导地位。要利用利益冲突促使利益关系优化,就必须充分分析不同群体在改革中的诉求,恰当地运用均势治理理论,尽可能保证多数人的需要,促进教职工凝聚共识、明确方向,减少改革可能引发的震荡,减轻改革前进步伐中的阻碍力量。

5.高校制度改革的模式

高校制度改革的模式可以从多个视角进行分类,通常从变革主体、深度和广度、比较、改革走向等视角进行分类。

(1)从变革主体视角。在高校,教师是教学、科研和服务社会的主力。"教师与'行政化管理模式'的矛盾和冲突,也最容易首先在学院层面上发生和激化。"②高校的二级学院拥有自己的教师、学生和相对独立的资源,直接承担高校各项主要职能,组织开展教学、科研和服务社会工作,是一个实体性组织,同时具有学术性和行政性,在建立现代大学制度的改革中,在路径上可以作为起点和突破口,实现校院两级管理是必然的选择。

(2)从深度和广度视角。

① 深度。高校制度改革的深度往往是就改革要达到目标和高校现有价值观念与传统模式的比较而言的。如果二者之间有着较大的差别,那么可以认为是激进模式的改革;反之,如果差别不大,那么可以认为是渐进模式的改革。从高校已有的改革情况来看,大部分制度改革是渐进模式的改革。

② 广度。高校制度改革的广度主要是根据改革涉及的范围和领域的宽或者窄来界定的。如果制度改革涉及的范围和领域主要集中在某一个群体或高校职能的某一些方面,那么属于窄广度改革;如果制度改革涉及的范围和领域涉及全局性的、整体性的,那么属于宽广度改革。职称聘任制度改革涉及所有教师、高校所有职能,对高校发展能够产生全局性的影响,是宽广度改革。

(3)从比较视角。高校作为一类社会组织,从组织架构上讲基本相似,有着相似的职能,虽然存在类型的差别、定位的差异,但总体而言同类型高校之间具有较高的相似度。正因为这

① 李泽彧,等.学术守门人探论:高校学术同行评议与利益冲突[M].北京:科学出版社,2018:134.
② 周川."现代大学制度"及其改革路径问题[J].江苏高教,2014(6):22-26.

种组织架构和职能的相似,制度改革的模式和内容都可进行比较、参考。从参照"他者"制度改革的程度上看,可以分为在"他者"制度的基础上根据学校自身实际、发展目标等需要进行再创新的借鉴模式和照搬照抄的移植模式。只有借鉴模式才有可能将"他者"的模式真正"落地",提高制度改革的成功率。

(4)从改革走向视角。对于高校制度改革,大致可以分为自下而上和自上而下模式两种改革走向,也就是选择改革的路径。在制度改革不同阶段,单一的自上而下或自下而上也许都不能达到改革的预期,比较理想的是把二者结合起来根据改革进程的需要选择,比如制度改革的发动过程采用自上而下更有利,具体制度制定过程采用自下而上更有利。

高校制度改革模式的选择与改革的动因联系密切,改革动因往往决定了模式的选择,但并不意味着是由一个动因可以决定的,往往是多个因素综合作用产生的结果。一项改革的推行不仅需要具备改革者和涉及人员的积极性和心理准备、资金、配套措施等,而且需要考虑大学制度改革自身的因素,它也是影响改革模式选择的重要因素。大学制度改革模式的选择,不仅要考虑科学性和合理性,还应考虑改革成本和效益因素。

(三)新建本科高校职称晋升制度改革

高校职称晋升制度是高校内部制度的改革,属于学校层次的制度改革,对教师而言,具有指挥棒的作用。高校职称晋升制度适用于教师,就制度针对的对象而言,属于人力资源范畴的相关制度。因此,研究高校职称晋升制度改革离不开高校制度改革和人力资源管理的理论指导。

1. 职称晋升制度改革的目的

新建本科高校是我国本科高等教育的重要组成部分,在高校分类发展的背景下,不同类型高校的定位、目标存在较大的差异,相应的内部制度必然有别。应用型、地方性是大多数新建本科高校的办学定位,社会需求导向是新建本科高校向应用型转变的主要特征,新建本科高校职称晋升制度改革体现社会倾向性。高校职称晋升制度的改革虽然是政府下放给高校的自主权并附有相关的指导意见和要求,从这个意义上政府是改革的推动者,并对高校职称晋升制度改革提出一定的要求,但是作为高校的内部管理制度,高校职称晋升制度改革更多考虑的是高校自身的目的和高校内部的目的。新建本科高校要适应服务社会、政治、经济、文化的变迁与发展,职称晋升制度改革的社会性目的比较明显。

2. 职称晋升制度改革的动因

新建本科高校职称晋升制度改革外因与战略人力资源管理和学校确定定位目标的环境相似,包含了政治、经济、科技和社会文化等因素,可以将外因归结到制度变迁的制度环境。学校确定定位目标的环境与职称晋升制度环境因素有较多的共同点,当然也存在着不同,这些都需要学校层面进行研究梳理。新建本科高校职称晋升制度改革的内因首先是能否被广大教职工广为接受。新建本科高校正处于向应用型转变的时期,存在广大教职工对应用型、地方性的定位认识不够深入、透彻,还有许多内容未被接受,许多教职工的认知还停留在"传统"等情况。职称晋升制度改革作为学校内部制度改革,主要考虑新建本科高校自身的目的、高校内部目的和社会性目的。因此,如果大多数教职工对新建本科高校向应用型转变的认识还停留在"传统"上,根据原有路径进行改革过渡是比较稳妥的办法;如果大多数教职工对新建本科高校向应用型转变的认识比较深入、透彻,可以改变路径,改革的阻力也不会太大。

3. 职称晋升制度改革的价值

职称晋升制度是会对高校、教职工产生长远影响的制度,职称晋升制度是战略人力资源管

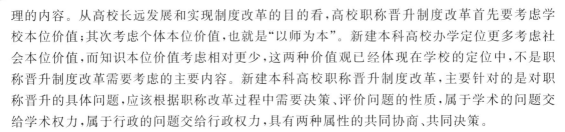

理的内容。从高校长远发展和实现制度改革的目的看,高校职称晋升制度改革首先要考虑学校本位价值;其次考虑个体本位价值,也就是"以师为本"。新建本科高校办学定位更多考虑社会本位价值,而知识本位价值考虑相对更少,这两种价值观已经体现在学校的定位中,不是职称晋升制度改革需要考虑的主要内容。新建本科高校职称晋升制度改革,主要针对的是对职称晋升的具体问题,应该根据职称改革过程中需要决策、评价问题的性质,属于学术的问题交给学术权力,属于行政的问题交给行政权力,具有两种属性的共同协商、共同决策。

4.职称晋升制度改革的模式

新建本科高校是职称晋升制度改革的主要规划者、发动者与实施者。职称晋升制度改革是高校内部主导型改革,是高校制度改革中院校层次的改革。从高校制度改革的传统来看,稳中求胜的渐进革新型变革更符合大学的传统。由于不同类型的高校定位不同,同一类高校办学目标存在差异,职称晋升制度改革不宜采用"移植"的模式,而应采用"借鉴"的模式,对不同类型高校的"借鉴"应该少一些,对同一类型高校的"借鉴"可以多一些。改革走向应该采用自上而下和自下而上二者相结合的模式,应根据改革进程的需要选择适当的模式,比如制度改革的发动过程采用自上而下更有利,具体制度制定过程采用自下而上更有利,可以利用在改革进程中的充分沟通不断消除利益冲突带来的负面影响。

5.职称晋升聘任制度改革的组织期望与教师需求

(1)组织期望与教师需求。新建本科高校作为本科教育的新兵,面临生存的危机,有着强烈的发展渴望,需要不断地提升内涵水平,逐年增长产出才能达到支撑学校发展的目标。作为学校而言,职称晋升聘任条件越高,越有可能达到预期目标,然而,职称晋升聘任制度作为教师工作的指挥棒具有长期性,制度的长期性决定其不可能随着目标的提高而频繁地提高标准。不同职称、能力水平不同的教师群体有着不同的需求,教授们认为职称条件低了会出现劣币驱逐良币的现象,降低教授的"含金量";能力水平较突出的教师担心条件低了,岗位容易被占用,等他达到条件没有职数不能参与聘任;其他教师认为条件越低对其更为有利。根据编制职称聘任制度的要求和教职工代表大会的相关规定,制定文件必须经过相应的民主程序,需要教职工代表大会审议通过。对于职称晋升聘任条件的种类,组织期望和教师需求是一致的;对于职称晋升聘任条件的难度,不同教师群体之间存在差异,有的群体与组织期望一致,希望难度大一些,有的群体希望难度小一些,而且这两种需求存在一定的距离,这就需要寻找一个能够为大多数人接受的平衡点,以通过程序的审核,进一步凝聚共识,让职称晋升聘任条件真正落地实施。

(2)职称晋升聘任与职称聘任。从内涵上看,职称聘任包含了职称晋升聘任和续聘。"职称能上不能下"这一困扰高校职称聘任30年(1986—2015年)未能解决的问题,不是职称晋升聘任的内容,而是职称聘后管理或者岗位设置管理的范畴。职称能上不能下的现象对高校的发展有着较大的负面影响,是许多高校想要解决的问题;然而,它又涉及教师的切身利益,容易产生学校与教师的矛盾,激发教师强烈的反应,引发不稳定的因素,是学校难以下决心去做的事情。解决职称能上不能下的问题,从制度设计的角度并不难,难在制度的执行以及解决制度执行后产生的问题。职称"没有上"不会让教师感觉太没"面子";但如果"下",则对教师而言是"名利双损",会让教师感觉很没"面子"。因此,职称晋升聘任达到战略匹配的目标比职称聘任解决能上能下问题的阻力会相对小得多。

(3)主要利益相关者。与职称晋升聘任制度密切相关的主要利益相关者有决策层、教职工和制度执行者。在制度编制的程序上，必须首先得到决策层的认可，职称晋升聘任制度草案才可能在广大教职工中征求意见。职称晋升聘任制度出台并实施是制度编制人员的工作目标，必须协调利益相关方的利益诉求。对于出台的职称晋升聘任制度，能实现办学目标和学校改革意图是决策层的主要诉求；有利于自身的发展是教师群体的诉求；制度执行时操作简单和没有争议是制度执行者的主要诉求。就同一利益相关者的群体的诉求分析，决策层、执行者各自群体的诉求是基本上一致的，教师群体存在两种相反的诉求。群体之间的诉求，主要是决策层与教师群体存在不同的诉求。不论是哪个群体，还是群体之间的不同诉求，对于编制职称晋升聘任制度来讲，主要解决的是要寻找职称晋升聘任标准的高与低的两种诉求的平衡点，并说服相应群体中的大多数人员能够接受。

说服利益相关者群体是一件很不容易的事情。已经平衡了利益相关者诉求的征求意见文稿，对于决策层，可以从科学性、纵横向比较情况、能够很好地协调制度体系之间的关系以及标准有所提高能够有效实现办学目标等方面去说服；对于执行者群体，主要从便于操作和减少争议方面去说服；对于教师群体，由于这个群体中出现两个利益诉求相反的群体，而且在征求意见过程中，往往这两个群体的人员又是在一起，必须考虑两个群体大部分人的利益，标准提高可以满足"高"的一方诉求，难度没有提高甚至有所降低可以满足"低"的一方诉求，因此可以从标准有所提高和难度有所降低的角度去说服。标准提高与难度降低看似一对矛盾关系，实则标准提高对照条件一目了然可以不用太多的解释，难度降低可以充分利用新建本科高校产出的多样化特征，可以很容易地通过拓宽晋升渠道来降低教师的晋升难度，从而争取到"低"的诉求群体的大部分人员能够接受。因此，在编制职称晋升聘任制度的过程中，制度编制人员是服务职称利益相关者的关系，在职称制度编制的工作中，既要考虑制度的科学性、合理性、可操作性和制度体系中的协调性，又要平衡主要利益相关者的利益诉求；既要能"写"，也要会"说"。

6.职称晋升聘任制度与环境

职称晋升聘任制度作为高校人事管理的核心制度之一，同样受到高校内外部环境的影响，外部环境的影响对高校而言具有共性，内部环境的影响则有较多的个性。

（1）外部环境：

①政治因素的影响。影响职称晋升聘任制度的政治因素往往是国家和省一级政府通过出台相关的政策对高校产生影响，这种影响一般具有强制性和较多的共性。国家和省级人民政府出台的"放管服"相关政策，为高校自主制定职称晋升聘任制度扫除了体制机制障碍。《深化新时代教育评价改革总体方案》以"破五唯"为主要切入点，着力扭转不科学的教育评价导向，引导高校科学定位，探索建立应用型本科评价标准。"唯"在职称晋升聘任条件中指的是只有具备特定的条件才能达到聘任的要求，也就是说具备特定的条件就能达到聘任要求，反过来达到聘任要求一定要具备特定的条件，这与数学的充分必要条件相似。破"唯"并非不要，而是将充分必要条件变成充分但非必要条件，比如破"唯论文"，要做到的是具备论文的条件可以晋升，但是晋升不一定要具备论文的条件，也就是还有论文以外的多种教学科研业绩条件可以作为职称晋升聘任的条件，不能局限于论文这一种条件。新建本科高校应建立突出培养相应专业能力和实践应用能力人才的职称晋升聘任条件，匹配学校的办学定位目标。除了与职称晋升聘任直接相关的政策影响，还有一些非强制性、非直接相关的政策。比如《关于引导部分地方普通本科高校向应用型转变的指导意见》引导部分新建本科高校的办学定位发生变化，教育部近年来推行的三级专业认证体系等一系列推动高校质量提升的政策。从许多政策文件要求

来说,其与高校职称晋升聘任制度没有直接相关,但是教师的工作内容在悄然发生改变,对教师评价的"指挥棒"也应随之变化。这种变革更多的是高校发现制度与办学定位目标不相适应时,自发地对制度文件进行修订,外部政策文件对职称制度改革没有强制性,而是通过对高校其他工作的影响间接地推动高校职称晋升聘任制度改革,往往这种改革会更具体地体现与高校办学定位目标的匹配度。

②经济因素的影响。满足经济社会发展需求是应用型高校重要的社会功能,对以技术服务为主定位的新建本科高校而言,服务社会的高校职能尤为凸显,服务社会的业绩也成为高校教师业绩的重要组成部分,产业需求的变化也会直接影响到高校教师业绩内容的变化。2012年以来,福建省地方新建本科高校生均拨款陆续达到并延续1.2万元的标准至今,生均拨款和学费的标准基本上是在较长时期不会变化的。虽然,新建本科高校有相对稳定的收入,但是,在政府没有提高生均拨款标准等拨款政策和学生收费标准的情况下,学校的收入基本上不会有较大幅度的增长。新建本科高校要跟上高等教育发展的步伐,提高办学质量,就要在人才引进、学科平台、专业实验室等投入大量的资金,尤其是学校向应用型转变和技术变革时期,这种投入需求将会更大。2012年以来,教师薪酬的增长速度较快,有的教师薪酬已经超过学校收入比例的70%,可用于学校发展的资金却非常少,基本上满足不了学校向应用型转变和技术变革的需求。收入满足不了支出需求的资金不足是制约新建本科高校近几年发展的重要因素。对于新建本科高校而言,地方经济发展困难、经费紧张,经费成为学校发展的短板、瓶颈,学校对收入的渴求更加强烈,更加重视经费收入,并通过各种激励约束手段努力提高经费收入,而作为教师"指挥棒"的职称晋升聘任制度,必然成为学校激励教师提高经费收入的重要制度。

③社会文化因素的影响。"人情文化在我国十分普遍,长期以来作为中国人待人处世的重要方式,构成了中国人最主要的生存方式与生活方式。"[①]职称晋升聘任制度中的几个重要的评审环节是以专家评审的结论作为依据,专家是根据自身的学识和受评议人的材料开展评议,具有较鲜明的个性和较强的可操作性,容易产生建立在利益交换基础上的人情。这种人才具有关系性和利益性的特征,容易产生不公、影响学校稳定、滋生学术腐败。学校可以通过制度设计,实施合理的人情规避,尽可能斩断人情关系,保证评审结果的公正。

④技术因素的影响。新建本科高校教师必须了解学科前沿知识,具备综合应用专业知识的能力。"当前工业发展诸多问题,迫切需要工业实现高质量发展,促进工业高质量发展主要有5个方面的内容:一是产业政策要转型,二是要增强自主创新能力,三是推进供给侧结构性改革,四是强化人力资本积累,五是推动新一轮高水平对外开放。"[②]在当下人们的生活已经离不开智能手机,从了解信息、购买商品、社交、工作学习甚至支付大多在手机上完成,大有"一机在手天下我有"的态势。"数字化目前的趋势朝着更透明的方向发展,这意味着供应链的数据更多,消费者可掌握的数据也更多,从而更容易比较同类产品的性能,也就是说权力要向消费者转移……对于现在的消费者来说,他们只要鼠标一点或手指一滑,就可以转向其他品牌、服务和网络零售商。"[③]这些需求侧的变化必将推动供给侧的改革。技术革命带来职业岗位及其岗位能力要求必将随着产业的变革而变化,行业、职业工作性质的改变,也必将对人才供给侧

---

① 李泽彧,等.学术守门人探论:高校学术同行评议与利益冲突[M].北京:科学出版社,2018:195.
② 郭朝先.当前中国工业发展问题与未来高质量发展对策[J].北京工业大学学报,2019(2):50-58.
③ 克劳斯·施瓦布.第四次工业革命[M].李菁,译.北京:中信出版社,2016:57.

的高校提出新的人才培养目标与要求。智能化、大数据、互联网等是新一代信息技术革命的主要元素,教师也必须掌握相关的知识、具备运用相关知识的能力和拥有相应的资源。在没有有关应对技术变革的能力标准下,学校应充分利用继续教育的形式,要求教师通过培训并取得合格证书的办法,达到判断是否具备相应能力的目的。

(2)高校内部环境:

①复杂结构。新建本科高校多学科办学、多样化业绩、多等级职称、多岗位职责、多水平学院和多个性决策者构成复杂的高校内部环境。职称晋升聘任制度事关教职工的切身利益,需要通过教职工代表大会审议的民主程序,要被大多数人所接受,必须考虑各方面的影响因素和各群体的利益诉求。各学院、学科发展不平衡,因此职称晋升聘任条件不能取所有学科的中间值,否则将限制较多学院、学科发展,也难以通过民主程序让制度落地,只能是学校发展最低水平的学科作为学校统一资格要求,再由二级学院制定相应的细则解决发展不平衡的问题;学科特性、不同岗位任务的问题可以通过分类制定条件的方式,其中学科特性还可以通过学部的形式标准、学科特有的条件标准来解决;多等级职称群体主要是期望"高"与"低"的两类截然矛盾群体,最好的办法是做到条件不低于原有水平,通过"做加法"使得与原有职称晋升聘任难度相差不大,这样两类群体接受的可能性最大;高校的决策是采用集体决策,往往会出现多种个性决策者,他们的偏好和关注点是否能够实现往往决定了改革能否顺利进行,沟通、说服成为必不可少的流程,深入开展研究,掌握有力的经验借鉴、理论和政策依据,是沟通、说服决策者的关键。

②制度体系。职称晋升聘任制度是对教师综合评价的制度,是对教师长时间工作的评价制度,是导向学校未来发展的制度。这些特点必然需要相关配套制度,形成以职称晋升聘任制度为核心的高校人力资源管理制度体系。由于是对教师过去长时间工作的评价,采用过程性评价的成本极高,甚至是一个不可能完成的任务,需要配套大量的过程评价制度支持,应用大量过程评价的结果。因此,作为职称晋升聘任制度文件只能采用结果性评价作为条件,还必须体现教师的专业水平,需要有大量的人才培养、科学研究和服务社会的业绩标准与之配套。

③文化因素。多元化的价值取向和教职员工的个性等环境因素需要学校采取相应的人力资源管理策略。职称晋升聘任条件作为人力资源管理战略的制度内容,要使得人力资源管理战略真正落地实现,就需要在编制人力资源管理战略时恰当地运用均势治理理论。"战略规划的根本目的在于促进发展,战略调整不可能确保每一个人的利益不受影响,但应保证多数人的发展需要,以减少调整可能引发的震荡,避免消极效应扩散。"[①]从学校发展的角度,需要一个稳定的发展环境,编制职称晋升聘任条件必须让教师广泛接受,要让教师接受就要考虑学校的发展水平和教师能力,正视学校和教师的发展基础才能真正做到凝聚教师的共识,最终达到制度真正起到推动学校和教师发展的作用。

7.职称晋升聘任的组织和权力

教师聘任职称文件的发文单位或者是签订聘任合同的甲方都是学校,从这个角度看似乎职称晋升聘任是学校统一管理。这种看法有些局限,应该看教师的职称晋升聘任过程中二级学院是否有相应的师资队伍建设自主权,这主要可以从二级学院是否拥有岗位设置和推荐人选的自主权,也就是在限定的范围内职数的使用由二级学院决定,推荐谁晋升职称也由二级学

① 别敦荣.大学战略规划的若干基本问题[J].河北师范大学学报,2020(1):1-11.

院决定。判断职称晋升聘任是否实行校院二级管理,主要看职称晋升聘任程序中的发布信息与推荐拟聘的人选两个环节。如果发布的岗位信息来源于二级学院,推荐拟聘的人选数量不高于二级学院发布的数量,则是实行校院二级管理,反之则不是。在发布信息环节,学校只是核对二级学院是否超职数使用,并做好信息发布工作;对于二级学院推荐的人选学校不管"他是谁",只是判断"他行不行"。除了以上的表现,还有二级学院可以在不低于学校条件的基础上制定推荐的细则,中级及以下的职称由二级学院审定等体现校院二级管理的方式。职称晋升聘任作为学校管理的一项内容,将能放的权力都给二级学院符合上级"放管服"的政策要求,也符合当今高校推进校院二级管理的潮流和趋势。但是,在推进校院二级管理时,学校应该解决用何种方式管理二级学院并对其学院实施监督和问责,如何提高二级学院管理水平使之能够进行自主管理,职能部门与二级学院的关系如何重构等问题,否则将出现二级学院"不想管、不会管、管不好"等问题,达不到提高学校治理能力和水平的目标。

职称晋升聘任条件只是高校自主聘任要求的职称晋升聘任制度的一部分,职称晋升聘任制度中还有对职称评聘基本原则、实施范围与对象、聘任组织及职责、聘任基本程序、聘任管理和工作要求等属于行政管理范畴的内容。从内容看属于行政权力的内容占大多数,虽然在职称制度编制过程中有的高校会提请学术委员会审议通过,大多数高校是征求学术委员会的意见,但是在职称晋升聘任制度的制定过程中学术权力发挥的作用比较少。也有的学校将职称晋升聘任制度分为职称晋升聘任实施方案和职称晋升聘任条件两个文件的做法,制订聘任实施方案按行政管理的程序,制订职称晋升聘任条件按学术管理的程序。

从职称晋升聘任条件的性质看,职称晋升聘任条件一定程度上代表一个学校对某一职称的学术水平要求,应由学术委员会对学术水平进行判断,属于高校的学术权力,职称晋升聘任条件应经过学术委员会审议。从编制职称晋升聘任制度的目的性讲,除了学术性目的,还有促进学校完成办学目标的目的,这是行政管理的范畴,需要按照行政管理的程序进行编制。两个权力交织在职称晋升聘任制度的不同环节之中,将职称晋升聘任制度文件分成两个文件,似乎不太妥当,应当在职称晋升聘任程序中,代表性业绩送审、学科组评议、高级职称评审委员会以及聘任委员会的组织和实施等学术权力集中体现的环节,以及职称晋升聘任条件中教学业绩、学术贡献和社会贡献等专业性较强的内容作为学术权力主要审议的内容,必须通过学术委员会或者教学委员会审议,其他的内容按照行政管理的程序开展。

8.职称晋升聘任制度改革的风险

大学制度改革或多或少存在一定的风险,如果职称晋升聘任制度改革不具有科学性、合理性和可操作性,则容易引发不稳定因素、学术道德败坏和达不到办学目标的风险。

(1)引发不稳定因素的风险。学术同行评议制度"在我国高校实行的时间不长,经验比较缺乏,加上我国特有的社会文化和社会政治经济制度的影响,使得这一制度目前还存在诸多缺陷,这些缺陷是导致各种利益冲突的重要根源"[①]。职称晋升聘任制度哪些环节不完善会引发不稳定因素的风险呢?一是对不容置疑的环节规定不完善,虽然大家对代表性业绩送审、学科组评议等学术专家评议的结果不容置疑是约定俗成的,认为没有必要在文件中规定,但是操作过程中还是经常遇到对学术专家评议结果产生怀疑的情况,在文件中规定什么情形下不容置疑是非常必要的,开出不容置疑的清单可以减少类似对学术专家评议结果产生怀疑的情形的

---

① 李泽彧,等.学术守门人探论:高校学术同行评议与利益冲突[M].北京:科学出版社,2018:221.

发生;二是该保密的环节对保密操作规定没有细化,工作没有做到位,存在泄密风险的情况,当然这种操作规定一般直接写入职称晋升聘任制度文件,但是作为职称晋升聘任的配套文件或者操作流程必须有明确的保密规定,制度执行部门应当根据保密的要求,编制严格的操作流程并按流程操作,确保不泄密;三是未按聘任程序要求开展工作,会引发受评议人员质疑聘任工作的公正性和聘任结果的有效性,未按聘任程序要求开展工作产生的结果很容易被推翻,给学校带来很大的负面影响,这是属于责任事故,应当予以追责。

（2）引发学术道德败坏的风险。"代表作评价是高校教师职称评审改革的重要内容,有利于高校实施高质量分类评价、实现学术评价去行政化、打破人才评价的体制机制障碍。"[①]"即便同行评议在今天的科研中仍遭受不少诟病,但却是我们目前能够拥有的最好的评议方式。"[②]从产生学术道德败坏的对象来看,一种是极个别学术专家违反职业道德进行评议的行为,另一种是受评议人学术造假。不论是哪一种行为,都是受评议人的主动行为,即使在制度文件中明确了对有关违反学术道德的行为给予严厉的惩罚,还是有极个别受评议人"铤而走险",如果让这些人成功后,就会导致更多人有这种想法,因此必须在制度上进行完善,断绝受评议人"铤而走险"的路。学术专家违反职业道德进行评议的情形中,学术专家是被动的,没有受评议人找上门是不会出现这种情形的,斩断受评议人与学术专家的联系就能解决这个问题,而让受评议人不知道谁是学术专家是最好的斩断办法。因此,保密工作是专家评审环节最重要的工作。

在现代信息技术手段下,类似以往剽窃成果的学术造假已经很难成功。随着新建本科高校职称晋升聘任条件的多样化,出现了新的学术造假的情况,特别是服务社会的业绩,存在造假的空间。比如说,作为教师职称晋升聘任的条件存在较大争议的横向项目,由于横向项目是以双方协议的形式,没有规定需要经过一定的评审程序,从学术权威性的角度比较不被认可,通常采用经费多少的方式对横向项目进行评判,受评议人为了晋升职称可以出资编造企业委托的横向项目,在大多数新建本科高校横向项目经费可以作为项目主持人报酬的比例高,受评议人实际付出的成本并不高,因此存在较大的造假空间。当然,还有成果应用于企业产生的经济效益,用企业证明的形式,要造假的成本就更低,更难控制造假情形的发生,在选择此类具有造假空间的业绩作为条件时必须增加类似专家评价等可以对条件的学术、专业水平进行鉴定的办法。

（3）达不到办学目标的风险。达不到办学目标的风险的情形有:一是为了通过职称晋升聘任制度文件,没有原则地降低职称晋升聘任标准所引发;二是职称晋升条件的结构设计不科学,没有按照匹配新建本科高校特征进行设计,造成导向错误;三是专家的学术价值取向与新建本科高校产出偏重社会价值的矛盾,可能造成评价结果的误差。预防这些情形产生的风险,可以通过调整专家组成结构,将行业专家纳入评审专家组中且要占一定的比例等办法,以期能够更加准确地判断受评议人的社会贡献。

综上所述,职称制度理论是新建本科高校职称制度改革的基础,直接影响构建职称晋升聘任条件体系的科学性和可操作性。引入战略人力资源管理的战略匹配理论,可以使职称晋升

---

①　叶伟萍,李林,黎红中.高校教师代表作评价的意义和制度保障[J].中国人事科学,2019(9):35-41.
②　马层思,张大庆.跨学科研究的同行评议:问题与改进策略[J].医学与哲学,2020(20):32-35.

聘任条件与学校办学定位相匹配，能够有效促进新建本科高校实现办学目标和教师发展的战略人力资源管理，推动治理体系和治理能力现代化，从而推动新建本科高校办学效益和办学质量的提升。

二、研究设计和主要内容

(一) 研究的基本框架

高校教职员工现有的校内管理机构的名称大多数是类似"人事处"的名称，主要工作是"组织、配置、调节工作过程中人与人、人与任务之间相互关系的管理活动"[①]的人事管理，看待人的观点相对静态，没有充分体现人力资源实现组织的根本使命、理想和长远目标的职责，往往忽略教职员工与组织目标的联系。战略人力资源管理是组织为了达到目标而进行有计划的人力资源配置与活动，具有战略性和目标导向性的特征。战略性就是人力资源管理体系的组成部分和要素之间必须与组织发展战略相匹配；目标导向性就是通过组织建构促进员工发展和成长，从而实现组织目标绩效的最大化。从匹配的角度，人力资源管理制度和员工发展与组织目标的"双边匹配"是最稳定、最协调的匹配。

动机是员工行为的先导和动力。根据需要层次理论、ERG（existence, relatedness, growth）理论、双因素理论和公平理论等相关理论：在得到低层次的需求满足之后员工才向高层次需求发展；员工有生存与个人成长两组基本需求，生存能够防止对工作的不满意，是保健因素，个人成长能够对工作产生满意的情感，是激励因素；员工的动机很大程度上取决于对公平的判断。根据维克托·弗鲁姆的期望理论，员工动机是一个有意识的选择过程，确立的目标能激励员工持续努力完成工作任务。作为新建本科高校的教师，从生存的角度看可以说不会存在问题，个人成长应是他们主要的需求，学校确立的目标是他们成长的动力和方向，教师会根据自身特点有意识地选择完成学校的目标。产生新建本科高校办学不能满足社会需求的现象，极有可能是因为在不匹配定位目标的指挥棒引导下，大部分教师长时间工作的努力方向偏离学校的职能和定位目标。

高校的办学定位是内外部关系共同作用的产物，决定其发展战略目标的方向；职称晋升聘任条件是高校教师职称晋升的标准。前者是组织要实现目标的主要依据，后者是组织为了实现目标采取的一种管理手段。组织的目标是依靠人去实现的，教师是实现高校目标的主体，高校教师会因学科特点、从事岗位和自身的特点与喜好等不同产生多元化的需求。根据期望理论和双因素理论，合理的职称晋升聘任条件是教师努力工作的激励因素，会引导教师工作的努力方向。利益是一个社会赖以存在的基础，满足人的发展需求能够激发人的动力，它是推动人不断发展的原动力。直接关系到教师的发展需求和利益的相关制度会直接影响教师工作的行为，起着导向作用。职称晋升聘任制度就是对教师的发展需求和利益具有重大、长远影响的制度，是高校教师努力工作的指挥棒。职称晋升聘任条件既是引导教师发展的指挥棒，也是教师职称晋升的依据。

不同类型高校有着不同的特征，其发展战略有着较大的差异；同一类型的高校由于定位差别不大，其发展战略目标具有较高的相似度，可以反映其发展水平的成果、项目的种类基本相同。大多数新建本科高校是应用型高校，但是，由于学校发展阶段、校园文化和外部环境等的

---

① 教育学名词审定委员会.教育学名词:2013[M].北京:高等教育出版社,2013:242.

差异,其发展战略目标存在差别。高校的定位可以为其发展战略确定方向,学校发展战略是"学校对未来一段时期教育事业发展中重大的、带有全局性的、时间跨度较大的发展目标、任务、策略所进行的谋划"[①],根据发展战略目标任务结合大学职能可以编制学校的中长期发展规划。学校规划的目标任务相应比较具体明确,可以作为组织教师实现学校定位、发展战略的具体目标任务;学校将目标任务分解给教师,就是教师承担的工作,也可以说是教师应当履行的岗位职责。虽然通过规划的目标任务可以确定教师各种职务的必备素质和应完成的工作任务,按理说职称晋升聘任条件要与教师职务的必备素质和应完成的工作任务即教师职责相匹配更加直接合理,但是由于教师的学科特点、承担的工作任务等存在较大差异,同一种教师职务的职责内容不一定相同,直接用教师职责与职称晋升聘任条件匹配会复杂化,也会导致各种不平衡、不公平现象的产生,难以达到符合职称具有学术、专业水平的特征。发展战略目标、学校规划体现的是各高校的个性,目标任务相对比较具体,比较符合职称晋升聘任条件具体可操作的要求。根据人力资源管理必须与组织的发展战略相匹配,职称晋升聘任条件作为教师晋升政策的核心内容,在职称晋升聘任制度的价值观将学校本位价值摆在首位的现实下,与组织发展目标匹配是必然的选择。职称作为有明确职责、任职条件、业务知识和技术水平的有一定任期的专业技术职务,也就是既有教师履职情况的要求,也有教师能力水平的要求,不论是哪种要求无不体现职称的专业性特征,不是所有的教师偏好都会被认可,而是必须符合教师职称的要求和特征的内容才可能被学校所认可。由此可见,组织目标的内容与教师偏好是基本一致的,组织目标包含了教师的偏好,组织目标应是大于所有教师偏好的集合。由于教师的偏好和组织目标一致,从匹配的角度,只要职称晋升聘任制度与学校定位目标匹配,就可以达到“双边匹配”是最稳定、最协调的匹配的效果。因此,在开展校本研究时选择职称晋升聘任条件与规划的目标任务匹配会更合理,然而,本书研究对象是新建本科高校群体,办学定位在新建本科高校有着共性的特点,选择职称晋升聘任条件与办学定位匹配会更有利于研究的开展。

综上所述,高校的办学定位决定其发展战略目标的方向;职称晋升聘任条件是引导高校教师发展的方向。由于教师偏好和组织目标的一致性,制定的职称晋升聘任条件既能实现学校的办学定位目标,又能成为教师发展多元化需求的目标,就能够实现新建本科高校的办学定位和教师需求之间双边匹配。由此可见,职称晋升聘任条件只要与学校办学定位目标相匹配,就可能成为既是推动学校和教师共同发展的内部管理制度,也是学校和教师共同发展的目标。因此,“职称晋升聘任条件与新建本科高校办学定位目标相匹配”是本书的基本框架。

(二) 研究思路

根据职称晋升聘任条件与新建本科高校办学定位目标相匹配的基本框架,首先,要对新建本科高校办学定位目标进行梳理,根据新建本科高校属于应用型高校的高等教育分类实际,以社会需求为导向,梳理新建本科高校办学定位,并进一步梳理人才培养、科学研究和社会服务三大现代大学职能的定位,根据职能定位梳理更为细化的新建本科高校办学定位内容,也就是新建本科高校的特征,根据新建本科高校的特征梳理新建本科高校教师岗位要求。其次,调研、收集和整理福建省 7 所新建本科高校的职称晋升聘任条件,对照新建本科高校特征和教师需求,结合外部环境进行匹配分析;在案例高校开展行动研究,作为实践的主导者参与职称晋

---

① 教育学名词审定委员会.教育学名词:2013[M].北京:高等教育出版社,2013:244.

升聘任条件制定的全过程,深入探讨与撰写在文件制定过程中的经验与感悟,以及案例高校职称聘任条件编制的经验和教训。最后,根据高校分类发展与定位、高校战略、制度改革、战略人力资源管理等理论梳理出新建本科高校职称晋升聘任条件及其理论与制定文件的策略建议。

(三) 主要内容

本书主要讨论新建本科高校职称晋升聘任条件匹配学校办学定位目标的问题,共分6章,分别是:第一章"绪论",从研究的对象、现象和问题出发,阐述了研究的意义,探讨已有研究成果,分析相关理论基础,进行研究设计;第二章"新建本科高校办学定位和特征",探讨高校的分类与新建本科高校办学定位,并细化定位内容,厘清新建本科高校的特征,既可以为职称晋升聘任条件匹配的办学定位厘清参考依据,也可以为后续探讨新建本科高校教师岗位要求奠定基础;第三章"新建本科高校教师岗位要求与教师发展需求",根据新建本科高校特征梳理出新建本科高校教师岗位要求和教师发展需求,为后续匹配分析厘清参考依据;第四章"新建本科高校职称晋升聘任条件匹配分析",以福建省7所新建本科高校为例,从匹配办学定位目标的角度对职称晋升聘任条件进行分析,总结福建省7所新建本科高校职称晋升聘任条件的成功经验和存在的问题;第五章"案例高校职称晋升聘任改革实践",落实职称晋升聘任条件与学校办学定位目标相匹配的思路,作为文件起草的主持人亲身参与案例高校改革实践,通过实践分析、总结案例高校职称晋升聘任制度改革的成功和失败经验,可以为新建本科高校的职称晋升聘任制度改革提供借鉴、参考;第六章"新建本科高校教师职称晋升聘任条件体系的探讨",探索职称晋升聘任条件内容的理论,构建新建本科高校职称晋升聘任条件体系的方案设计建议,并整理出晋升聘任条件框架样本供参考。

本书的目的是给今后同类高校制定职称晋升聘任条件时提供借鉴,梳理细化新建本科高校办学定位内容、探索新建本科高校的特征、梳理教师岗位职责要求和教师发展需求是职称晋升聘任条件是否匹配新建本科高校办学定位的对照依据,是本书得出结论的基础;对福建省7所高校职称晋升聘任条件进行匹配分析、在案例高校开展行动研究和作为本书结果的新建本科高校职称晋升聘任条件体系是研究的重点所在;探索新建本科高校的特征,虽然有大量的前人研究成果,但是涉及面广,要探索出作为职称晋升聘任条件匹配参照系的新建本科高校特征的细化内容比较困难。

(四) 研究方法

根据本书的基本框架,主要是对制度文本、政策以及文献资料进行研究和在案例高校亲身实践,所以选择质的研究法进行研究方案设计,侧重以文献法和行动研究法为具体研究方法。

1. 文献法

文献法主要是查阅期刊、专著和学位论文等二手文献资料和各校职称晋升聘任制度文件等文字资料的实物两种类型文献。采用文献法的主要目的有4个方面:一是查阅期刊、专著和学位论文等文献,了解相关已有的主要成果和研究进展,形成本书领域相关内容的研究综述;二是借鉴已有的研究成果,梳理新建本科高校的办学定位及其特征、教师岗位职责和教师发展需求;三是对教育政策和职称晋升聘任制度文本等文字资料进行分析,了解各校此项制度的概貌,以新建本科高校的办学定位及其特征、教师岗位职责和教师发展需求为参照进行对比分析,概括出新建本科高校职称晋升聘任条件的现状;四是查阅上述两种类型文献,根据初步分析结果,结合本书其他研究,构建职称晋升聘任条件体系。

2.行动研究法

职称晋升聘任制度文件是高校的重要管理文件,既要满足学校办学定位,又要能够让教师接受,编制的过程比较复杂,各个学校的背景和实际问题不一,要解决的问题比较复杂。本书以案例高校作为行动研究的载体,根据新建本科高校特征和职称晋升聘任制度改革理论,结合案例高校的特点,按照职称晋升聘任条件与学校办学定位目标相匹配的框架,笔者作为主要实际工作者参与职称晋升聘任文件的制定,以职称晋升聘任文件编制的牵头人完成文件的编制工作,通过制订改革方案和实践过程记录,收集整理文献资料、教师需求信息,编制职称聘任制度文件,收集制度文件在实施过程中专家及教师的反馈意见,通过在案例高校职称晋升聘任改革与实践,分析、总结案例高校职称晋升聘任制度改革的成功和失败经验。将已有的高校分类定位、战略人力资源管理和高校制度改革等知识整合在行动之中,并对自己在制定职称晋升聘任制度的行动进行反思,揭示和发展新建本科高校教师职责、教师需求和职称晋升聘任相关理论,并用这些理论指导编制职称晋升聘任条件的行动,形成"行动与反思"的循环,从研究过程不同思想的碰撞中发展为制定职称晋升聘任条件理论。

第二章 新建本科高校办学定位和特征

"职称晋升聘任条件与新建本科高校办学定位目标相匹配"是本书的基本框架,办学定位决定了办学目标的主要内容,不同类型高校的教师岗位有着不同的特点,应有相应的职称晋升聘任条件与之匹配。在高校分类中,新建本科高校应有别于其他类型高校,具有其独有的特征。根据高校分类定位理论,梳理新建本科高校办学定位和特征,既可以为职称晋升聘任条件匹配的办学定位厘清参考依据,也可以为后续探讨教师岗位要求奠定基础。

第一节 新建本科高校的办学定位

1999 年以来,高校规模扩张,数量众多的专科高校升格为本科,形成高等学校新的一种类型——新建本科高校,是当前本科高校的重要组成部分。就当前高等教育分类实际,新建本科高校属于应用型高校,从教育的社会功能和个体功能出发,满足社会需求是研究新建本科高校特征的逻辑起点。当前高等教育进入普及化阶段,人们对高等教育的需求从取得学历转变为接受高质量教育需求,更需要以社会需求为导向梳理新建本科高校的特征。

一、高校的分类与新建本科高校

现有高校的分类有很多种,根据不同的维度有着不同的分类。新建本科高校在分类中所处的位置,一定程度上确定了它的定位。

(一)高校的分类

关于高校分类的研究,本书需要了解新建本科高校在不同角度的分类情况。关于高等教育分类,潘懋元先生(2007)[①]参考联合国教科文组织的教育分类标准对中国高校进行分类,他认为可以分为三类,第一类是按学科分类,研究高深学问的学术型高校;第二类是按行业分类,从事科技工作的多科性或单科性的应用型高校;第三类是培养技术人才的多科性或单科性的职业性技术型本科和高职高专,并阐述了他的主要特点。顾永安(2010)[②]从转型方向选择的

---

① 潘懋元.我看应用型本科定位问题[J].教育发展研究,2007(Z1):34-36.
② 顾永安.关于新建本科院校转型发展的思考[J].教育发展研究,2010(3):79-83.

034

角度,认为新建本科高校的办学类型是应用型,培养应用型人才是基本定位,在高校职能的履行方面体现学校的应用型。赵庆年(2012)[①]先将高校分为研究型、应用型和技能型3大类,所分的3大类与潘懋元先生的分类基本相同,而后在各类中进一步分类。周光礼(2020)[②]认为,高校从知识生产广度的角度,可分为综合型、多科型和特色型3类高校;从知识生产深度的角度,可分为研究型和教学型两类高校。聂永成和董泽芳(2016)[③]认为,从转型的角度看,新建本科院校是从原有的学术型定位向应用型定位转变。

姜大源(2013)[④]在分析德国应用科学大学的基础上,参考联合国教科文组织的国际分类标准后认为,应用科学大学以及双元制职业学院属于普通高等教育而非高等职业教育。根据他关于德国高校的描述,"专科大学""专业大学""应用科学大学"是同一类高校,为了避免概念混淆,对这一类高校本书采用"应用科学大学"的名称。新建本科高校一般招收普通高中毕业生,根据学者从高校分类的角度对德国应用科学大学研究成果,可以看出德国的应用科学大学和我国的应用型本科高校是同一类高校。可以看出,姜大源教授将新建本科高校列为普通高等教育(5A),虽然没有论述综合类研究型大学的特征,但是从对比德国高校可以认为新建本科高校是以培养工程师为目标的应用科学大学。王洪才(2014)[⑤]认为,德国应用科学大学发展的成功经验,是基于科学的发展定位和良好的办学机制,使其避免与学术型高校和职业技术院校的竞争,所分的3大类与潘懋元先生的分类基本相同。

从高等教育分类的实际,还有很多学者对新建本科高校办学定位的成果,学者们的观点不论是根据高校发挥社会职能的不同来确定高校的类型,还是参照国家教育成功经验对高校进行分类,以及从转型发展的角度,新建本科高校属于应用型本科高校,必须与学术型大学区分开来,是一致的观点;要与职业技术院校区分开来,也是比较一致的观点。将高校分为学术型、应用型和职业技术院校3类,并根据类型特点进行分类评价有利于各类高校发挥其社会职能。

(二)单一标准对高校分类

1.以投资主体分类

现有高校主要由"政府"和"非政府"两类投资主体,这也是我们通常称为"公办或公立高校"和"民办或私立高校"。从服务面向来看,"中央部属大学是服务国家战略的,地方大学是服务区域发展的"[⑥]。根据政府的不同层级作为高校的投资主体,公办高校进一步分为部属高校、省属高校和设区市属高校。在我国大多数本科高校的投资主体为省级人民政府,部分省(市区)有部分本科高校由设区市人民政府投资,因此本科高校大部分是省属高校。本书讨论的新建本科高校为公办高校,既有省属高校,也有市属高校。

2.以人才培养的层次分类

博士、硕士和学士学位授予权高校以及高职高专院校是按人才培养层次为标准进行分类,这种分类标准的界限明显,很容易对高校进行明确划分,但是高校具有最高层级学位授予权并

① 赵庆年.高校类型分类标准的重构与定位[J].高等工程教育研究,2012(6):147-152.
② 周光礼.中国大学的战略与规划:理论框架与行动框架[J].大学教育科学,2020(2):10-18.
③ 聂永成,董泽芳.新建本科院校办学定位趋同的理性分析[J].湖北社会科学,2016(12):156-163.
④ 姜大源.德国"双元制"职业教育再解读[J].中国职业技术教育,2013(33):5-14.
⑤ 王洪才.中国该如何发展应用技术大学[J].高校教育管理,2014(6):16-20.
⑥ 周光礼.中国大学的战略与规划:理论框架与行动框架[J].大学教育科学,2020(2):10-18.

不能代表培养人才就是那个层次为主。潘懋元先生(2007)[①]等学者认为应用型本科高校以培养本科生为主,有条件的新建本科高校可以培育专业研究生。葛锁网(2009)认为新建本科院校"主要举办本科教育,而非研究生教育"[②]。董泽芳和聂永成(2016)[③]在2015年通过调研92所高校梳理出新建本科高校办学定位的实际情况,"63.1%的计划近5年提升办学层次"。

就理论成果而言,大部分学者认为新建本科高校人才培养层次应以本科教育为主,可以开展一定的研究生教育;就实际情况而言,现有的新建本科高校大多数只有学士学位授予权,少部分具有硕士学位授予权,这些新建本科高校取得硕士学位授予权的时间也不长,硕士学位点也不多,硕士研究生数量少。因此,新建本科高校培养的人才以本科层次为主,部分学校培养少量的研究生。

3. 以人才培养的类型分类

"应用型人才"(practical talent)是相对于"从事认识世界和发现世界客观规律的工作的人才"[④]的"学术型人才"(academic talent)的概念。以人才培养的类型为标准对高校进行分类,可以分为"应用型高校"和"学术型高校"两类。我国现有的高校中大部分高校是应用型高校,少部分高校是学术型高校。按培养博士研究生、硕士研究生、本科生和专科生的人才层次划分的四类高校都有应用型高校,从新建本科高校办学实际看,基本上定位的都是以培养本科生为主,应属于应用型本科高校,人才培养的定位基本上是培养应用型人才。

4. 以高校的主要任务分类

以高校的主要任务分类,主要是以高校科研职能发挥为依据,有的认为按"三分法"进行分类,分为研究型、教学研究型和教学型;有的认为按"四分法"进行分类,研究型、科研教学型、教学研究型和教学型。对于新建本科高校属于哪一类,聂琳燕和李泽彧(2006)[⑤]、周卫东(2014)[⑥]、陈江彬(2015)[⑦]等认为新建本科高校属于教学型高校;潘懋元先生(2007)[⑧]从全国布局和高校自身发展的角度,认为新建本科高校应是教学型或教学为主的教学研究型;董泽芳和聂永成(2016)[⑨]通过调研梳理出新建本科高校办学定位的实际情况,得出大部分新建本科高校将学校发展目标确定为"教学研究型"。

由于应用型本科高校数量较多,涵盖了所有的高校人才培养层次,为了能够使应用型本科高校更好定位,在以高校的主要任务分类,本书选择"四分法"。从有利于高校职能发挥的角度,"四分法"能够更细地区分应用型高校,有利于新建本科高校更精准地定位。但是,当这种分类被当成高校办学水平的分类,或者以这种分类来看待高校的办学水平,必将导致高校重科研轻教学的现象,动摇高校人才培养的中心地位。对于新建本科高校应定位为教学型是学者们比较一致的观点,也有少数学者认为可以定位为教学研究型,现阶段没有学者认为可以定位为研究教学型和研究型。对于新建本科高校为什么定位为教学型、教学研究型,更多的是根据

① 潘懋元. 我看应用型本科定位问题[J]. 教育发展研究,2007(Z1):34-36.
② 葛锁网. 关于新建本科院校科学发展的思考[J]. 中国高教研究,2009(4):57-58.
③⑨ 董泽芳,聂永成. 关于新建本科院校转型分流现状的调查与分析[J]. 高等教育研究,2016(4):23-30.
④ 教育学名词审定委员会. 教育学名词:2013[M]. 北京:高等教育出版社,2013:189.
⑤ 聂琳燕,李泽彧. 论新建本科院校定位的几个重要问题[J]. 辽宁教育研究,2006(5):48-50.
⑥ 周卫东. 新建应用型本科院校的办学定位探析[J]. 中国电力教育,2014(26):6-7,13.
⑦ 陈江彬. 城镇化进程中新建本科院校的新型定位及发展策略[J]. 中国高教研究,2015(2):80-85.
⑧ 潘懋元. 新建本科高校的办学定位与特色发展[J]. 荆门职业技术学院学报,2007(7):113-117.

学者的学识和经验进行判断。

重科研轻教学是国内外高校普遍存在的老大难问题，主要在于忽视教学与科研二者属性的差异，只是单纯地从外部政策导向和评价机制查找原因和寻找对策。由于科研评价相对教学评价更加成熟，具有先天优势，决定了"高校教师在价值认知取向和行为选择方面更倾向于科研而非教学。高校要回归教学本位，除坚持传统有效的政策和办法外，必须重新认识和理解教学，并使教学获得与科研一致的属性"[①]。新建本科高校的教学离不开科研的支撑，造成重科研轻教学的根本原因是它们的属性差异，还有人们心中的判断标准不一。

新建本科高校在服务地方经济社会发展和创新驱动发展战略中，科学研究既是重要的任务，也是主要的手段。在上海市对上海地方本科高校的绩效评估设计的指标体系中，"对'985'高校赋予人才培养与科研6∶4的权重关系，对'211'高校、老本科高校、新建本科高校和高职高专院校分别赋予6.5∶3.5、7∶3、8∶2和9∶1的权重关系"[②]。从上海市对上海地方本科高校的绩效评估指标设计看，不同类型的高校科研的权重比例有明显区别，新建本科高校是老本科、"211"高校、"985"高校科研任务的67%、57%、50%，是高职高专院校的2倍，可以看出新建本科高校科研任务的要求不低。从上海对高校的评估指标来看，不论是研究型高校还是教学型高校，人才培养都是最重要的。

大学之所以是大学，人才培养是其首要职能，如果弱化人才培养，强化科研，就可能演变为科研机构而不是高校。以高校的主要任务分类，仅是高校办学任务中科研比重相对高低进行分类，并非研究型大学的科研任务就比人才培养任务重要，也并非教学型高校就没有科研任务。新建本科高校在从专科到本科的转变过程中，正是忽视了学科建设，没有科学研究和服务社会的成果能够转化为教学案例、教材，生产出"照本宣科"的"水课"比比皆是，培养的人才难以满足社会需求。学科是专业的基础，要培养具有一定创新能力的应用型本科人才，教师必须有一定的科学研究和服务社会积累，才能变"水课"为"金课"，从而达到人才培养的目标。长期以来，新建本科高校自身定位和社会贴的标签基本上是教学型高校，也正因为标签中"教学型"的字面理解导致教师认为：我们是教学型高校只要上好课就行，在学校制定的政策中，只要有科研的要求或者鼓励科研，就有可能被戴上重科研轻教学的帽子。因此，将新建本科高校办学定位为教学研究型既符合其职能定位，又能满足其制定政策时凝聚共识的需要。

综上所述，关于高校的分类，从有利于发挥高校职能的角度，大多数学者倾向分成学术型、应用型和职业技术院校3类。人才培养是高校的第一职能，对高校的分类，应首先将高校分为应用型和学术型两类更为合适，然后再根据不同角度进行细分，如应用型高校和职业技术院校就可以根据其职能再进行细分。从不同角度对高校分类，新建本科高校从学术与应用的角度是应用型高校；从投资主体的角度是省属或者市属的地方高校，以及公办或私立高校；从人才培养层次的角度不论是否具有硕士学位授予权，都是以培养本科生为主；从高校的主要任务的角度是教学研究型高校。这些不同角度的分类，初步体现了新建本科高校的学校基本定位，但是，即便有这么多角度的分类，还是不能体现新建本科高校的自身特征，难以清晰地指导新建本科高校进行定位。因此，还是需要从应用型高校教育的社会功能和个体功能出发，贯彻以社

① 刘振天.教学与科研内在属性差异及高校回归教学本位之可能[J].中国高教研究,2017(6):18-25.
② 李宣海,薛明扬,王奇,等.上海高校分类绩效评估的思考与实践[J].教育发展研究,2011(11):1-5.

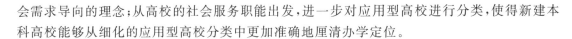

会需求导向的理念；从高校的社会服务职能出发，进一步对应用型高校进行分类，使得新建本科高校能够从细化的应用型高校分类中更加准确地厘清办学定位。

二、新建本科高校的职能定位

不论是理论研究还是办学实践，新建本科高校定位为"地方性、应用型"已经非常明晰，但是，对于人才培养、科学研究和社会服务的细化定位还是不够明晰，未能准确反映新建本科高校的基本特征。

（一）新建本科高校人才培养定位

1.新建本科高校应用型人才培养定位

李泽彧等（2018）[①]认为我国新建本科高校在办学定位上基本是"应用型地方本科院校，为地方培养应用型人才"。对于人才的分类，蔡敬民和魏朱宝（2008）[②]认为可以分为理论性人才和应用型人才两类，"理论型人才注重基础理论性知识，注重研究能力，强调原创性思维能力的培养；而应用型人才强调综合性应用知识，更强调复合能力"。姜大源（2004）[③]认为，德国应用科学大学以培养应用型高级人才为主，主要培养"工程师、经济师及相应层次的职业人才，特点是能应用知识与实践技能独立完成与职务相关的各种任务"。杨钋等（2015）[④]介绍了在芬兰高等教育的情况，"传统大学主要进行科学、艺术的研究及以科研为基础的教学，而应用科学大学教学主要围绕就业需求、地方经济发展及有助于教学和地方发展的科研活动来提供教学服务"。

不论是借鉴他国应用科学大学的观点，还是立足国内学者的研究成果，还是办学者的总结提炼，为地方或者区域培养应用型人才是新建本科高校人才培养定位描述的主要内容。不论是界定应用本科教育概念、借鉴国外先进经验等方面的理论探讨，还是从职业需求、人才培养过程等方面进行应用型人才培养实践的探讨，研究成果都可以为新建本科高校教师在人才培养上提供有价值的理论依据。但是，从社会需求、职业分工角度的实际需要出发制订人才培养方案、选择课程、教学方式方法等较少，培养的人才难以满足社会需求和职业分工的问题依然突出，没能为人才培养在理论与实践相结合方面提供更多的支撑，在此类高校教师教学工作任务仍然需要进一步研究。

2.人才培养的"地方性"

傅大有（2010）[⑤]认为"新建本科院校的主要任务是培养适应地方经济社会发展需要的应用型人才"；白露等（2015）[⑥]认为新建本科院校"办学要立足地方，实行校地共建，人才培养要突出应用型"。上述学者和办学实践者所提到的不论是"地方"还是"区域"，大多数没有具体指明行政区划，是一种相对模糊的说法，大多数学者也是类似的表述。对于服务面向的区域广度，朱林生和高新华（2012）[⑦]认为"新建本科高校应立足所在地区，面向本省，以服务区域经济

---

① 李泽彧，等.高等学校转型：我国新建本科院校视角[M].西安：陕西师范大学出版社，2008：184.
② 蔡敬民，魏朱宝.应用型人才培养的战略思考[J].中国高等教育，2008(12)：58-60.
③ 姜大源.德国高等学校情况介绍[J].中国职业技术教育，2004(20)：56-58.
④ 杨钋，井美莹，蔡瑜琢，等.中国地方本科院校转型的国际经验比较与启示[J].国家教育行政学院学报，2015(2)：83-90.
⑤ 傅大友.新建期、应用型、地方性：新建本科院校转型发展的关键词[J].中国高等教育，2010(22)：25-27.
⑥ 白露，李天波，吕庆涛.葡萄牙应用型院校发展对我国新建本科院校转型的启示[J].辽宁行政学院学报，2015(5)：81-84.
⑦ 朱林生，高新华.论新建本科高校定位：基于高校人才培养功能的视角[J].江苏教育学院学报(社会科学)，2012(6)：54-58.

为主"。也有部分学者相对明确,类似立足所在地区、面向本省的表述。

部属高校、省属高校和市属高校从投资主体行政区划角度分别代表国家、省域和设区市三级政府,市属本科高校是不同省份对公办本科高校投资主体为不同政府而产生的,并不是所有省份都是这样划分的。从校园的地理位置而言,高校都在某个设区市内,为地方培养人才到底是为省域还是为设区市?同一个省份,不同的设区市经济社会发展情况不同,拥有的本科高校数量不同,也会对高校人才培养的服务面向产生一定的影响。在省会城市,经济社会发展一般比其他设区市要好,更容易吸引优秀的人才,人才的供给比较旺盛,同时也集中了较多的本科高校,省会城市对本市新建本科高校为本市培养人才的要求相对不是太迫切。其他设区市经济社会发展相对落后,对人才的吸引力相对不足,本科高校比较少,很多设区市仅有一所本科高校,设区市对本市新建本科高校为本市培养人才的要求相对比较迫切。在取消大学毕业生统一分配后,更多的大学毕业生离开出生地到其他设区市就业,往往是"人往高处走",发达地区经济实力较为雄厚,能为人才开出更具吸引力的条件,人才流动的现象基本上是从较不发达地区往发达地区迁移。虽然,现在的高校毕业生到其他设区市就业的越来越多,但是,由于毕业生的主要社会关系基本上在生源所在设区市,加上我国传承的"亲情""家庭"观念,回到生源所在设区市就业的还是主体。

我国现行的招生计划主要是以省域计划为主,有少部分计划为向设区市定向招生计划,新建本科高校生源主体还是本省的各个设区市。在福建省 8 个设区市中各选择 1 所新建本科高校的近 3 年(2017—2019 年)招生计划进行统计分析(详见表 2-1),面向本省招生计划平均占招生计划总数的 66.50%,其中面向所在设区市招生计划平均占招生计划总数的 11.30%,生源主要来自本省和所在设区市。总体来说,省会城市、高校集中的城市本省和本市的招生计划比例相对较低,本市招生计划近 3 年基本上呈递增趋势。

表 2-1 福建省 8 所新建本科高校 2017—2019 年本省、本市招生计划

序 号	学 校	年 份	总计划	本省招生计划	本省招生比例	本市招生计划	本市招生比例
1	WY	2017	4 240	2 936	69.25%	380	8.96%
		2018	4 250	2 733	64.31%	500	11.76%
		2019	4 120	2 605	63.23%	550	13.35%
2	SM	2017	3 850	2 526	65.61%	515	13.38%
		2018	3 690	2 343	63.50%	615	16.67%
		2019	3 680	2 330	63.32%	650	17.66%
3	LY	2017	2 950	2 079	70.47%	350	11.86%
		2018	3 330	2 438	73.21%	510	15.32%
		2019	3 445	2 554	74.14%	600	17.42%
4	PT	2017	3 885	2 942	75.73%	540	13.90%
		2018	4 300	3 214	74.74%	600	13.95%
		2019	5 850	4 742	81.06%	590	10.09%
5	ND	2017	2 345	1 670	71.22%	165	7.04%
		2018	2 850	2 226	78.11%	270	9.47%
		2019	3 105	2 475	79.71%	350	11.27%

续表

序号	学校	年份	总计划	本省招生计划	本省招生比例	本市招生计划	本市招生比例
6	LG	2017	4 830	2 874	59.50%	573	11.86%
		2018	4 730	2 702	57.12%	545	11.52%
		2019	4 350	2 361	54.28%	460	10.57%
7	QZ	2017	4 280	2 369	55.35%	300	7.01%
		2018	4 270	2 347	54.96%	300	7.03%
		2019	4 700	2 778	59.11%	286	6.09%
8	MJ	2017	4 300	2 735	63.60%	350	8.14%
		2018	4 300	2 754	64.05%	350	8.14%
		2019	4 010	2 420	60.35%	350	8.73%

资料来源：根据福建省8所新建本科高校2017—2019年的招生计划整理。

因此，新建本科高校人才培养的"地方"主体是省域，其次才是高校所在的设区市。

3.人才培养面向的"行业性"

西南财经大学是大部分高校办学者和研究者耳熟能详的面向行业办学，形成办学特色的典型大学。"行业学院使学校与行业的链接变得有机，形成了学校、行业和企业的合作'共同体'，扩展了学校的发展疆域。"[①]新建本科高校要面向行业办学，为行业培养人才，也基本上成为高校办学者和研究者的共识。面向行业到底是像西南财经大学面向一个行业，还是根据地方需求面向多个行业？从地方的角度，省域基本上是多个产业支撑本身的经济社会发展，大部分设区市跟省域相同，有部分设区市产业相对集中，个别产业对本市的经济社会发展起主导作用。从高校分布的角度，省会城市和经济发达城市本科高校数量多，其他设区市本科高校数量很少，甚至很多的设区市仅有一所本科高校。在本市数量少的本科高校，各行各业都会对其提出需求，要承担的为地方经济社会发展服务的面更广，涉及的行业更多，基本上不具备成为某个行业特色高校的条件；省会城市和经济发达城市本科高校数量多，地方各行各业的需求不会集中在少数高校，相对而言更具备针对某个行业办学，形成行业性特色的条件。

新建本科高校由于办学历史不同，也会影响到面向行业培养人才的定位。1999年之后升格本科办学高校的前身大致有师范高等专科学校和高职高专。师范高等专科学校原来面向教育行业，由于学校原有的学科较多，升本之后又需要向较多的其他行业扩张，面向的行业相对较多。高职高专中既有面向行业较多的高校，也有面向单一行业的行业性高校，升本之后由于规模扩张的需要，很多面向单一行业的高校也出现面向多个行业的情形，相对而言面向单一行业的行业性高校数量已经变得很少。

因此，大部分新建本科高校，特别是非省会城市和经济发达城市的新建本科高校应面向所在设区市多个行业办学，而省会城市和经济发达城市的新建本科高校可以面向所在设区市个别行业办学。对于所在城市高校数量较多，升本之前就面向某个行业办学，最后选择针对某个行业办学，形成行业性明显的办学特色。一个设区市只有一所本科高校，原有的基础可以面向较多的行业，由于高校师资队伍、办学经费等资源的限制，这样的本科高校也不可能面向地方所有行业培养人才，即便是地方有需求也只能根据地方需要和资源优势，结合学校的学科基

① 朱林生,孙金娟.行业学院模式:新建本科院校应用型人才培养的新探索[J].大学(理论版),2012(12):18-23.

础,重点面向地方主要的几个行业培养人才。新建本科高校只有做到"有所为有所不为",才能良性发展,提升办学质量。

4. 应用型人才

新建本科高校的教师已经基本上接受了"为地方培养应用型人才"这一观点,那到底什么是应用型人才?这是目前新建本科高校教师发问最多的问题。许多学校不能做出肯定、明确的解释,引发了教师对新建本科高校向应用型转变的政策产生迷茫。这个主要问题没有解释清楚,教师在人才培养上无法明确方向,最终引导新建本科高校向应用型转变的政策将无法落实。

应用型人才是"运用知识、经验、技能从事生产服务的技术人员和管理人员的总称。包括工程型人才、技术型人才和技能型人才三类"[①]。"工程型人才"(engineering talent)是以"掌握精深的科学原理,并能将其转化为指导生产实践的工程原理或工作原理的人才"[②],可以理解它的含义为让学生掌握精深的科学原理,并使学生将来能把科学原理运用至生产实践。"技术型人才"(technical talent)是"以掌握理论技术为主,结合一定的经验技术,能胜任生产一线的实际工作,并能运用理论知识解决一般生产实践问题的人才"[③],可以理解它的含义为:让学生掌握相关的理论和技术,并使学生将来能结合经验,运用理论知识解决一般生产实践问题,从而能胜任生产一线工作,世界知识产权组织把世界上所有能带来经济效益的科学知识都定义为技术,这里的"技术"和"生产实践"的含义不仅包含了生产技术,还包含了营销、管理和服务等。"技能型人才"(skilled talent)是"以掌握一定理论技术,经验技术丰富,动作技能熟练,能顺利完成操作性工作的生产第一线人才"[④],可以理解它的含义为让学生掌握技术相关需要的理论和熟练掌握技术相关的技能,能胜任生产一线的操作性工作。

高职高专在我国都是专科层次的高等学校,以实施职业技术教育为主。在我国高等职业技术学院的教育对象除了高职,还包括本科层次的职业教育。高等职业技术学院培养的人才职业指向非常明确,针对既定的岗位制订人才培养方案,培养符合岗位要求的应用型人才。

蔡敬民教授在"龙岩学院教育教学改革与管理培训班"上做的《中德合作:探索一流应用型大学建设之路》报告中提出:教育是教育人后让人有一个职业,应用型本科教育是一种面向职场的广义上的职业教育,是现代职业教育体系的一种类型的观点。他认为专业教育和职业教育面向不同的职场,如图 2-1 所示。

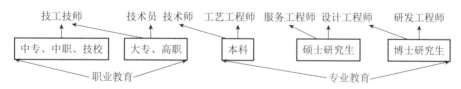

图 2-1 专业教育和职业教育面向不同的职场图

资料来源:蔡敬民,"龙岩学院教育教学改革与管理培训班"的 PPT,2018 年。

他认为应用型本科教育是以科学为基础的专业教育,不是操作层面的职业教育,主要面向工艺工程师、服务工程师,还有少量的技术师(比如飞行员),硕士研究生培养的主要是设计工程师,博士研究生培养的主要是研发工程师、工程科学的研究者与教育者。这张以面向工程技术类的职场分类,已经将职业面向理得比较清晰,但是,除了工程技术类,还有许多不同类型的

---

①②③④ 教育学名词审定委员会.教育学名词:2013[M].北京:高等教育出版社,2013:189.

职场,这也跟现在许多应用型本科的研究成果一样,基本上是以工程类专业的研究成果为主,许多向应用型转变的做法也是围绕工程类专业展开的。

从以上的应用型人才包含的工程型、技术型和技能型3种类型人才向应用型转变的做法,许多人认为偏向工科类专业,由此,引起许多非工科类专业教师产生许多的疑问,应用型本科高校是否就是办工科专业的院校? 应用经济类、文学类等文科专业和师范类专业是不是应用型专业? 如果是的话,这些专业也像工程类专业一样的做法向应用型转变吗? 这些问题无法给予直接、明确的回答,加上在应用型本科教育的顶层设计的争论,导致新建本科高校在很长一段时间内,向应用型转变的进程中不能得到有力的支持,甚至产生阻力。从应用型人才的含义出发,应用型人才是包含了但不仅仅是以上3种人才,还包含了经济类、管理类等产业发展需要的人才。

将职业分为专业性职业、技术性职业、半技术性职业和非技术性职业是一种职业类型的分类。专业性职业(professional occupation)指的是"工作复杂程度较高,主要运用特定专业的学科知识进行自主及创造性工作的职业。通常需要接受高等教育的背景,如医生、律师等"[①],专业性职业要求教育机构培养的人才具有特定专业的学科知识,能够进行自主及创造性工作,以应对复杂程度较高的工作。技术性职业(skilled occupation)指的是"工作技能要求范围较广,操作过程复杂且重复性较少的职业类型。通常需要较长时间的专门训练"[②],技术性职业要求教育机构培养的人才具有范围较广的工作技能,以应对操作过程复杂且重复性较少的工作,主要培养人的技能,由于操作的复杂性不同,人才培养的时间长短不一样,比如民航的飞机、动车的驾驶员,工作岗位重要,操作复杂,如果招收高中毕业生直接培养这一类人才,就应当由本科高校培养。半技术性职业(semi-skilled occupation)指的是"工作技能要求范围较广,操作过程简单且重复性较高的职业类型。通常只需短期培训"[③]。非半技术性职业(unskilled occupation)指的是"操作过方式简单、重复性高的体力性职业。通常只需凭个人经验而无需专门培训"[④]。因此,专业性职业和部分技术性职业是新建本科高校人才培养的主要任务,半技术性职业和非技术性职业一般在高职及以下层次学校或专门培训机构完成,不是本书要进一步讨论的内容。

综上所述,新建本科高校培养的应用型人才,从职业分工的角度指的是专业型人才和技术型人才,从事的是专业教育,主要面向专业性职业,要求具有特定专业的学科知识,能够进行自主及创造性工作,应掌握专业相关的理论和技术,具备运用理论知识解决生产实践问题的能力。

5.社会需求

产业链是由市场调研→创意形成→技术研发→模块制造与组装加工→市场营销→售后服务等多个环节组成的一个完整链条,通常情况下,是由多家企业共同完成一个产品的生产。在产业链的各个生产环节中,各个环节的附加值不同,竞争形态不同。但不论是国家的发展还是企业的发展,没有掌握关键技术,往往受制于人的例子比比皆是。结合职业分类,在产业链生产的中间模块制造与组装加工环节的人员主要以半技术性职业和非技术性职业为主,主要的人员要求是熟练掌握一定的工作技能,操作过程简单且重复性较高,也就是人员要求主要以技能操作为主,基本上不要求有创新能力;产业链两端的工作复杂程度较高,主要的人员要求能

①②③④ 教育学名词审定委员会.教育学名词:2013[M].北京:高等教育出版社,2013:190.

够运用特定专业的学科知识进行自主及创造性工作,要求有很高的创新能力,对技能操作能力要求低。有学者结合知识经济技术内质的分析,认为技术人才可以分为四个层次:"第一层次是高端技术人才,人才规格应该是具有科学技术原创能力的,原则h上由研究型大学来培养;第二层次是集成高端技术和使之可用于工程的人才,人才规格应该是利用高端技术完成工程需要的基础技术的集成化,原则上由研究教学型大学来培养;第三层次是将已有的集成技术具体实施到工程实践的人才,人才规格是会将高新技术实现工程转移,这类人才的培养,新建本科院校责无旁贷;第四层次是生产过程中掌握现代技术装备和工艺应用的人才,人才规格主要是技术维护与技术管理,一般由高职高专院校来培养"[①]。

新建本科高校大部分是学士学位授权单位,基本上以培养本科生为主,与大量培养硕士研究生的老本科高校和大量培养博士研究生的研究型大学相比,在培养本科生的创新能力上存在先天不足,难以培养出创新能力强的毕业生。因此,新建本科高校培养人才的创新能力和操作技能应是介于高职高专和研究型大学之间,培养的人才规格应会将高新技术实现工程转移,既要有一定的操作技能,又要有一定的创新能力。

(二)科学研究定位

科学研究是高校的重要职能,增进人类知识和谋求知识新的应用是其主要目的。

1. 基础研究与应用研究

科学研究从目的角度可分为基础研究、应用研究和开发性研究3类。这3类科学研究是有区别的,基础研究是对新知识、新理论、新原理的探索,其成果不但能扩大科学理论领域,提高应用研究的基础水平,而且对技术科学、应用科学和生产的发展具有不可估量的作用。应用研究是把基础研究发现的新知识、新理论用于特定目标的研究,它是基础研究与开发研究之间的桥梁。开发研究又称技术开发,是把应用研究的成果直接应用于生产实践的研究。由此可见,基础研究是学术型大学的主要科研任务,应用研究和开发性研究是应用型高校的主要科研任务。从基础研究、应用研究到开发性研究,科学研究的原始创新越来越弱,解决企事业单位实际问题的目的性越来越强。"应用型本科院校的科研要以社会需求为动力,以市场为导向,为行业建设和社会经济建设服务,要坚持面向经济建设主战场,跳出封闭性的教育体系,注重科研成果的转化,科研成果能否迅速转化为现实生产力,是衡量应用型本科院校科研工作的一个重要标志。"[②]在现实上,董泽芳和聂永成(2016)通过调查得出"新建本科院校普遍重视发挥科研职能,但应用性研究尚未受到重视。普遍较为薄弱的科研基础以及应用型大学的类型特征决定了新建本科院校的科研应定位为应用性研究,重点在应用研发、产品创新、技术转让等方面,主要体现为横向科研项目"[③]的结论。

德国的应用科学大学"也要从事面向职业实践的研究与开发。一是实践导向的,解决来自企业,特别是中小企业急需解决的生产技术问题;二是应用导向的,完成与技术和工艺紧密相关的研究成果的转化任务"[④]。蔡敬民教授在"龙岩学院教育教学改革与管理培训班"上做的《中德合作:探索一流应用型大学建设之路》报告中提出地方高校应该成为区域创新发展的驱动器的观点,并以德国、瑞士、荷兰等国家的做法举例说明:瑞士的应用型大学是所在地区的科

---

① 瞿志豪,钟晓勤,杨旭辉.新建本科院校人才培养规格的定位与实现[J].中国高教研究,2009(6):68-69.
② 潘懋元,车如山.略论应用型院校的定位[J].高等教育研究,2009(5):35-38.
③ 董泽芳,聂永成.关于新建本科院校转型分流现状的调查与分析[J].高等教育研究,2016(4):23-30.
④ 姜大源.德国高等学校情况介绍[J].中国职业技术教育,2004(20):56-58.

技创新中心和技术检测中心，不能申请自然基金，课题是企业需要解决的问题，政府和企业各出一半，成果出来直接转化，他们做的科研项目很多是企业急需的问题；荷兰有很多高水平创新，很多的创新是集成创新，不是原始创新，能解决问题就是创新；德国每个应用型大学允许建设 3 个国家级平台，这些国家级平台都是服务地方的平台，每个题目都与地方有关。

从现实的角度，根据基础研究、应用研究和开发性研究的含义，将科学研究分为这 3 类不太符合实际情况，应首先根据科学研究的目标，分为以产生新观点、新学说、新理论等理论性成果为目标的基础研究和把基础研究发现的新知识、新理论用于特定目标的应用研究两类；从知识和理论用于特定目标的角度，可以将应用研究分为将知识和理论用于特定领域而没有特定单位的应用基础研究和有特定单位的应用技术研究。就应用研究帮助企事业单位发展的形式而言，应用基础研究以研究者将自主研究的成果转让给企事业单位，转化为企事业单位的生产力；应用技术研究是企事业单位提出需要解决的问题委托研究者帮助解决，为企事业单位解决实际问题而促进其发展，前者高校主动权大，后者高校主动权小。从学科基础和研究能力的角度，新建本科高校的科研任务是以解决地方政府、企事业单位实际问题的应用技术研究为主。

2. 科研的地方性

从以上国外同类大学的服务区域的启示，新建本科高校科研的地方性表现为高校所在地的设区市为主。解决企事业单位的问题，从当前的实际情况来讲，不论高校是否在企事业单位所在区域内，都具备为企事业单位解决问题的能力，甚至而言，学科发展越好，科研能力越强的高校越有优势，新建本科高校在此过程中处于劣势。但是，新建本科高校如果能很好地利用所在地域的优势，在解决问题之后，发挥高校与所服务企事业单位信息交流和工作的便利，加强长时期地对企事业单位跟踪服务，能够让委托单位、服务单位感到服务的及时有效性，并且具有成本较低的特点，从而形成不可替代的优势。因此，新建本科高校应以解决所在地的设区市的企事业单位的问题作为研究的主要对象。

（三）服务社会定位

作为应用型高校，大多数定位为地方性、应用型，立足地方、为地方服务是大多数新建本科院校的共同特点。

1. 地方性

虽然很多学者都提出指向性不明显的"为地方服务"观点，但也有学者，如潘懋元先生（2008）[①]、顾永安（2009）[②]、董泽芳和聂永成（2016）[③]等学者在提出新建本科高校主要面向所在的设区市开展社会服务的观点。众所周知，高校直接服务地方经济社会职能的代表——美国的威斯康星大学，地方需要什么人才就设置什么专业，地方需要什么就研究什么。从高等教育布局来看，除了省会城市和经济发达城市，大部分设区市只有一所本科高校，这类高校基本上是新建本科高校，其办学经费主要来源于省市财政拨款，通常都会与所在设区市共建或是省市共建以市为主。从高校这一职能起源的历史、高校与地方信息交流和工作的便利、高校的服务成本以及经费来源和管理体制看，高校直接服务地方经济社会的区域主要是高校所在的设区市。

---

① 潘懋元. 再论新建本科院校的定位、特色与发展[J]. 荆门职业技术学院学报，2008(7):1-4.
② 顾永安. 新建本科院校办学定位的特性探析与启示[J]. 中国高教研究，2009(8):55-57.
③ 董泽芳, 聂永成. 关于新建本科院校转型分流现状的调查与分析[J]. 高等教育研究，2016(4):23-30.

2.服务社会的4种形态

新建本科高校到底为地方服务的内容是什么？主要针对地方产业和社会事业发展的哪些方面开展服务？大部分学者没有进一步明确，即使有相关的研究成果，也没有比较系统一致的观点。应用型高校的发展历史不同，学科发展水平不同，决定了其服务社会的能力和可能的形式。从应用型高校服务社会形式的角度，笔者认为可以分为"教育服务""技术服务""创新服务""引领发展"4种形态。

（1）教育服务。高校是人才聚集的组织，组织的个体都拥有较为高深的学科基础知识；高校是人才培养的组织，教育是组织中个体的主要职责。教育服务是高校具有知识和技能的天然优势，进行人员培训、技术指导等服务形式。用已有的知识为地方服务，是高校最简单、最直接的服务方式和内容，这是所有本科、专科高校都可以做的服务形式。教育服务主要体现为高校的知识性服务。

（2）技术服务。地方经济社会发展不仅需要教育服务，更多的是企事业单位的问题需要解决。企事业单位没有相应的人才、团队和设施设备等条件，无法解决自身的问题或者难以承担所需的成本，这就需要高校帮助其解决实际问题，需要高校提供技术、研究力量为其服务。高校主要是为企事业单位解决生产、运行过程中的实际问题，在此过程中更多的是提供带有一定创新的技术性服务。为地方产业转型升级、人们的生活方式改变和地方组织科学决策是技术服务的应有之义。

（3）创新服务。在产业链的两端，对创新性要求也更高，创新是企事业单位的核心竞争力，而且产业的附加值更高。将知识、技术直接转化为生产力，研究的成果转化为企业生产、政府的规划等是高校的创新服务。创新服务能力不仅是学科发展水平的体现，也是教师个体、团队实力的表现，这都要求高校要有较深厚的学科基础，具有较高水平的创新能力。服务地方创新驱动发展战略是创新服务的主要方向。

（4）引领发展。深厚的学科基础能为企事业单位提供创新服务，提升其核心竞争力。产业链的创新需求是多学科的，单个学科的发展无法有效地带动产业发展，只有多个学科组成学科群服务特定的产业，形成合力共同为产业服务才有可能带动产业发展，完善产业链，催生新产业。以创新引领经济社会发展是学校学科发展综合实力的体现。

综上所述，在人才培养定位上，新建本科高校主要培养专业性和技术性应用型人才，开展专业教育，主要面向专业性职业，要求培养的应用型人才具有特定专业的学科知识，能够进行自主及创造性工作，应掌握专业相关的理论和技术，具备运用理论知识解决生产实践问题的能力。仅将应用型本科高校与学术型和职业技术学院区分开来还不足以为人才培养方案、选择课程、教学方式方法等人才培养方面提供更多的理论指导，还应从为什么地方培养、为什么产业行业培养人才以及应用型高校的分类等方面考虑。新建本科高校人才培养的"地方"主体是省域，其次才是高校所在的设区市。非省会城市和经济发达城市的新建本科高校应是面向地方多个行业办学，省会城市和经济发达城市的新建本科高校可以面向地方个别行业办学。由于高校师资队伍、办学经费等资源的限制，新建本科高校应结合学校的学科基础，重点面向地方主要的几个行业培养人才，做到"有所为有所不为"。在科学研究定位上，从现实的角度，根据基础研究、应用研究和开发性研究的含义，将科学研究分为这3类不太符合实际情况，应首先根据科学研究的目标分为基础研究和应用研究两类；然后从知识和理论用于特定目标的角度分为应用基础研究和应用技术研究。从学科基础和研究能力的角度来看，新建本科高校的科研任务是以解决地方政府、企事业单位实际问题的应用技术研究为主。新建本科高校科研的地方性表现为以解决高校所在地的设区市的企事业单位的问题作为研究的主要目标。在服务社会的定位上，从高校这一职能起源的历史、高校与地方信息交流和工作的便利、高校的服务成本来看，高校直接服务地方经济社会的区域主要是高校所在的设区市，这也是前述学者一致、明确的观点。从服务社会本身来讲，可以分为教育服务、技术服务、创新服务和引领服务 4 种形态，技术服务是新建本科高校服务社会的主要形态。

三、应用型本科高校的分类定位

新建本科高校地方性、应用型的办学定位已经取得教育界内外部的共识，以地方需求为导向的理念也基本被高校接受。以需求导向为逻辑，推导新建本科高校应有的责任，契合新建本科高校诞生的核心因素。"现代社会的'三位一体'，都是社会需要导致高等学校变革的结果。"[1]"离开科研，高校的教学水平不可能提高；抛弃为社会服务，人才培养将出现理论脱离实际，同时不利于高校社会价值的彰显。"[2]因此，以社会需求导向为新建本科高校办学定位的理念，从高校的社会服务职能出发，对应用型高校进行分类能使新建本科高校的办学定位更加准确。

(一) 社会服务与人才培养

4 种服务社会的形态，不论是哪一种，与行业企业紧密联系都是应用型高校发展的必由之路。产教融合、校企协同育人和产学研深度融合等应用型人才培养的新形势都离不开行业企业协同。虽然，科学研究和社会服务是新建本科高校的重要职能，但是，人才培养才是它的根本任务，也就是通常所说的人才培养中心地位的问题。科学研究和社会服务不能仅仅为了科学研究和社会服务开展活动，而是要将开展科学研究和社会服务的过程以及取得的成果支持人才培养，将科学研究和社会服务的成果转化为人才培养的资源，从而提高人才培养的质量。人才培养才是科学研究和社会服务的最终落脚点。发展学科是新建本科高校的必然要求，学科是专业的基础，不仅是专业知识的来源，而且学科平台可以为人才培养提供实验、实践的基本条件，研究对象、研究项目既是学生创新能力培养内容的重要来源，也是学生综合实验、实践项目的重要来源，也只有这样才能形成人才培养特色，避免同质化。不同的社会服务、科研任务对学科的发展水平要求不同，从技术服务为主型到创新服务为主型再到引领发展型对学科基础知识要求是逐步转向深厚，创新能力要求逐步提高，这与应用型 4 类高校培养人才的定位相一致。因此，服务地方的平台和项目除了实现高校服务地方的职能，最终应将其转化为教学案例、项目教学、实验平台等应用型人才培养的教学资源，实现新建本科高校人才培养的特色。

(二) 社会服务与科研任务

服务高校所在地的经济社会发展是新建本科高校服务社会职能"地方性"定位的重要表现。以学术性、教育性为特征的服务地方经济社会发展就是把科学技术转化为生产力，这一过程决定了科研与服务社会的界限是模糊的，可以说科研与服务社会的大部分内容是一体的，对于新建本科高校，甚至可以说科学研究是服务社会的"工具"。

① 叶芃.地方高校定位研究[D].武汉：华中科技大学,2005:73.
② 姚加惠,潘懋元.新建本科院校的现状分析与准确定位[J].龙岩学院学报,2006(4):1-4.

从不同类型高校的社会服务形态可以推导出高校有着不同的科研任务。技术服务为主型高校的科研任务以解决地方经济社会发展的问题为主,接受地方单位委托的项目是其科研的主要内容,更多的是开展技术研究;创新服务为主型高校的科研任务既有为地方经济社会发展解决实际问题,也有将研究的成果转化,既要开展技术研究,也要开展应用基础研究;引领发展型高校以将知识、技术直接转化为生产力,催生地方产业,完善地方产业链为主要科研任务,更多的是开展应用基础研究。

服务地方经济社会发展的项目既可以说是科研也可以说是社会服务,明确了科研和社会服务的对象是区域或地方的行业,研究的项目来自企事业单位急需解决的问题,既体现了新建本科高校科研的应用性,也表明了解决来自地方企事业单位急需解决的问题是其科研的主要任务。

(三)社会服务与应用型高校分类

对应应用型高校服务社会的 4 种形态,笔者认为可以将应用型高校细分为"教育服务为主型""技术服务为主型""创新服务为主型""引领发展型"4 类。

1.教育服务为主型

教育服务为主型高校主要是高职高专,培养的是专科层次的人才,历来基本上探讨的是专业建设,少有提及学科建设;从社会服务的形态而言,主要是教育服务。

2.技术服务为主型

技术服务为主型高校主要是新建本科高校,以本科教育为主,培养的人才大部分是本科生,可能有少量专科生;或者具有硕士学位授予权但不具有博士学位授予权,培养的人才大部分为本科生、少量硕士研究生。这类高校学科建设有一定的基础,主要开展应用技术研究,可以为地方经济社会发展解决一些实际问题,为地方提供技术服务。

3.创新服务为主型

创新服务为主型类高校硕士研究生教育是其重要的教育对象,参考设置大学的相关标准,具有 10 个以上硕士点,硕士生占全日制学生的 5% 以上,也就是硕士学位授权点比较多,部分高校具有博士学位授予权,但是博士点不多的高校。这类高校学科发展水平相对较高,主要开展应用基础研究和应用技术研究,既能为地方经济社会发展解决实际问题,也能将研究的成果转化为企业生产、政府的规划等创新性服务,能将知识、技术直接转化为生产力。

4.引领发展型

引领发展型高校博士研究生教育是其重要的教育对象,大部分学科具有博士学位点。这类高校多个学科发展水平高,综合实力强,主要开展应用基础研究,能将研究的成果转化为企业生产、政府的规划等创新性服务,能将知识、技术直接转化为生产力,具有催生地方产业,完善地方产业链的能力,能引领地方经济社会某个或某些方面的发展。

四、新建本科高校特征

将高校分为学术型、应用型高校基本上被大众所接受,它们之间的区别也相对明显。应用型高校作为我国高等教育的主体,占了我国高校的多数,对应用型高校进一步分类有利于进一步明确这类高校的职能。社会需求导向是新建本科高校的办学导向,从高校的社会服务职能出发,对应用型高校进行分类能使新建本科高校的办学定位更加准确。可以对应应用型高校服务社会的 4 种形态，将应用型高校分为教育服务为主型、技术服务为主型、创新服务为主型和引领发展型 4 种类型。

同样是应用型高校由于办学历史、所处区位和发展水平等不同，应面向不同的社会需求办学，4 类高校的人才培养、科学研究和社会服务的内容必然是有区别的（详见表 2-2），但是，它们之间没有天然的界限，职能交叉的现象必然存在，只是各自的侧重点不同。从引领发展型到教育服务为主型：在人才培养层次方面，应是从重点博士研究生、硕士研究生、本科生到专科生教育逐步过渡；在人才培养类型方面，应是从重点培养研究型人才向技术型和专业型人才，再向技能型人才逐步过渡；在教育模式方面，应是学术教育的比重越来越少，职业教育的比重越来越高；在培养的人才面向职场方面，应是研究者的比重越来越少，专业性职业、技术性职业的比重越来越高，教育服务为主型培养的人才主要面向半技术性职业；在科研任务方面，应是从应用基础研究逐步向解决企事业单位存在的实际问题过渡；在科研和社会服务地方性方面，辐射面越来越窄。

表 2-2　4 类应用型高校主要特征对比

类　　型	引领发展型	创新服务为主型	技术服务为主型	教育服务为主型
主要对应高校	博士研究生教育为重要组成的高校	硕士研究生教育为重要组成的高校	新建本科高校	高职高专
人才培养层次	博士、硕士、本科	硕士、本科、少量博士	本科、少量硕士或专科	专科
人才培养类型	研究型、专业型	专业型、研究型	专业型、技术型	技能型
教育模式	专业教育、学术教育	专业教育、学术教育	专业教育	职业教育
面向职场	研究者、专业性职业	专业性职业、研究者	专业性、技术性职业	半技术性职业
科研任务	应用基础研究	应用基础研究、应用技术研究	应用技术研究	应用技术研究
科研地方性	全国、所在省域	所在省域	所在设区市	所在设区市
社会服务形态	引领发展	创新服务	技术服务	教育服务
社会服务地方性	全国、所在省域	所在省域	所在设区市	所在设区市

综上所述，新建本科高校具有以下特征：从服务社会的分类是技术服务为主型高校；办学层次主要是本科层次，部分具有硕士学位授予权；主要培养本科层次的人才，部分由少量的硕士研究生或专科生；教育模式采用专业教育模式；培养的人才主要面向专业性、技术性职业的职场；人才培养主要面向本省、所在设区市；以开展应用技术研究为科研的主要任务；科研对象主要是所在设区市的产业和企事业单位的需求；主要为所在设区市提供技术服务。

第二节　新建本科高校学科专业特征

准确把握新建本科高校办学定位和特征还不具备梳理新建本科高校教师岗位要求，需要进一步对新建本科高校的学科、专业和人才培养目标规格进行分析，深化细化新建本科高校的特征，为探讨新建本科高校教师岗位要求和教师发展需求奠定基础。

一、新建本科高校的学科特征

学科是"一定科学领域或一门科学的分支"[①],它是一种对科学的分类,也可以理解为一门科学的基础知识体系。高校是学术性组织,"作为学术组织,学科是大学的主要组织元素,以学科为基础设置的办学机构应当是学校的主体机构"[②],是"有明确边界和职能范围的学术建制单位"[③],在职能上强调传播与发展知识的统一性。从以上有关高校学科的含义,学科更契合"学术型"高校的定位,与应用型高校的定位似乎不太契合。也因此,有教师提出应用型高校是否需要进行学科建设。

(一)是否要学科建设

"大学学科的内涵主要表现为三种形态:根据人才培养需要组织起来的专门的知识体系;根据科研发展要求所建构的知识范畴;根据社会服务需要所划分的工作领域。"[④]"从大学学科制度演化史来看,大致有四种不同的学科准入原则:第一,实用原则,即以是否具有社会政治经济实践用途作为判定学科准入的依据;第二教养原则,即以是否有利于学生人格教养陶冶作为大学学科能否准入的判定依据;第三,学术原则,即以知识体系是否具有学术价值作为大学学科准入的判定依据,主张大学应选择那些具有客观探索的学术价值的知识门类,应重视知识体系的探索价值,不应重视知识的现实后果;第四,真理原则,即以是否符合一定时期关于真理知识的标准作为学科准入的判断依据,一种知识体系只有符合一定时代占支配地位的关于真理标准的共同界定及其建立其上的知识生产与辩护制度。"[⑤]从高校学科的内涵看,这四种选择原则代表着各类高校可以或应该传播与研究什么知识类型的价值标准。从应用型高校的定位来看,学科制度应该主要根据实用原则的价值取向进行选择;从新建本科高校的办学定位来看,学科的内涵是根据社会服务需要所划分的工作领域,学科制度应该主要根据实用原则和教养原则的价值取向进行选择。"科学研究可以在单一的学科范围内进行,人才培养离不开跨学科的知识。"[⑥]人才培养的内容和专业的发展方向可以根据社会需求发生变化,但是无论如何不能离开相关学科的基础知识,以学科为依托,说明没有学科基础知识就无所谓专业。

从学科基础知识这个角度出发,可以说所有层次的高校都离不开学科。新建本科高校以培养专业性职业和技术性职业的应用型人才为主,"能够进行自主及创造性工作"是培养的人才所面向的职业要求。因此,能够进行自主及创造性工作是新建本科高校应用型人才培养的主要特征,必须对学生创新能力进行培养,必然要教会学生如何进行科学研究。技术服务为主型高校主要开展应用技术研究,可以为地方经济社会发展解决一些实际问题,为地方提供技术服务的服务定位,这些服务大多数离不开科学研究。同样是高校培养人才的专业,高职高专以培养技能型职业的人才为主,人才培养主要是教会职业的操作技能,对学生的创新能力要求低,几乎没有科学研究的要求。高职高专院校更多提的是专业建设,对于学科建设几乎没有太多的要求。"'依托学科'是应用型本科课程体系与高职高专课程体系的根本区别。"[⑦]因此,不

①　教育学名词审定委员会.教育学名词:2013[M].北京:高等教育出版社,2013:137.

②　别敦荣.大学组织文化的内涵与建设路径[J].现代教育管理,2020(1):1-7.

③　胡建华,杨建华,王全林,等.大学制度改革论[M].南京:南京师范大学出版社,2006:152.

④　别敦荣.论大学学科概念[J].中国高教研究,2019(9):1-6.

⑤　胡建华,杨建华,王全林,等.大学制度改革论[M].南京:南京师范大学出版社,2006:167.

⑥　周光礼.自由教育与大学改造[J].湖南师范大学教育科学学报,2019(4):16-19.

⑦　潘懋元.应用型人才培养的理论与实践[M].厦门:厦门大学出版社,2014:65.

仅是学术型和引领发展型、创新服务为主型高校需要学科建设，定位技术服务为主型的新建本科高校同样也需要学科建设。

（二）基础学科还是应用学科

不同的学科制度，其价值取向不同。学科可以分为基础学科和应用学科，"基础学科是研究人、自然、社会发展的基本规律，提供基本理论和方法的学科；应用学科是着重将基本原理、定律等理论应用于生产、生活和其他实践的研究的学科"[①]。新建本科高校在刚升本时很多专业课程基本上抄自学术型本科大学的基础学科体系，学科的逻辑体系严谨，所有课程基本上是基础学科知识体系，偏离社会职业分工需要，直接导致培养的人才不适应社会需求，以至于招来社会广泛批评。而应用学科的侧重点在于生产、生活和其他实践的研究，与社会职业分工特别是专业性职业和技术性职业有着较紧密的联系。"许多新建本科院校并没有找到落实定位的有效路径，表现为：虽定位为主要培养应用型人才，但是学科布局、队伍建设、资源配置方式和课程体系设计等仍走传统高校老路，所以不同程度地存在再从'传统本科高校转向应用型高校'的更加艰难的'二次转型'问题。"[②]"'面向应用'是应用型本科课程体系与学术型课程体系的根本区别"[③]，应用型人才培养的定位决定了新建本科高校的专业必须以应用学科为依托。根据实用原则和教养原则的价值取向，新建本科高校必然选择的是应用学科。

（三）学科建设

"用加强监督和组织联系的方法来促进大学或学院的行政协调能力；完善教育层次，拓宽低层次的知识面，以沟通不同专业之间的联系"[④]是目前比较普遍的做法。跨学科研究的大量出现与迅速发展还对传统高校制度产生了深刻而全面的影响，以至于出现新的跨学科型大学。胡建华等（2006）[⑤]总结了跨学科型大学与传统大学特点，见表2-3。

表 2-3　跨学科型大学与传统大学对比

比较项目	传统大学	跨学科大学
教学	中学式抽象的	活泼具体的
目标	知识	技能（如何获取知识）
传授	老化的知识	更新的知识
强调重点	内容	结构
教学方法	重复法	发现法
教学基础	消极地介绍被学究式分开的知识	连续的、批判的、认识论的思考
大学本身	被束缚在一种明显的孤独境地，提供一种与生活绝缘的知识	克服大学和社会、知识和现实之间的鸿沟
要求	一个纯等级系统和僵化的教学大纲	依据大纲实施情况进行整体性全面修订
提出	孤立和竞争	集体性活动和研究

① 教育学名词审定委员会.教育学名词：2013[M].北京：高等教育出版社，2013：139.
② 朱林生，孙金娟.行业学院模式：新建本科院校应用型人才培养的新探索[J].大学（理论版），2012(12)：18-23.
③ 潘懋元.应用型人才培养的理论与实践[M].厦门：厦门大学出版社，2014：65.
④ 伯顿·克拉克.高等教育系统[M].王承绪，徐辉，殷企平，等译.杭州：杭州大学出版社，1994：212.
⑤ 胡建华，杨建华，王全林，等.大学制度改革论[M].南京：南京师范大学出版社，2006：167.

1. 新建本科高校的学科组织

应用型、地方性的定位必定要求新建本科高校与社会、知识与现实之间的紧密联系，应用型人才培养要求在教学方面进行整体性全面修订教学大纲，在这些方面新建本科高校具有明显的跨学科大学的特征。从科研与服务社会的大部分内容是一体的角度，更确切地讲，新建本科高校科学研究是其服务社会的工具。服务地方经济社会发展明确了新建本科高校科学研究和社会服务的对象是区域或地方的产业，按照现有的学科分类，很多产业所涉及的学科是跨一级学科，甚至跨学科门类，因此新建本科高校必须实行跨学科的教学和研究。近年来，不少的新建本科高校也开展了"学科群""专业群"等办法尝试解决应用型人才培养和服务地方产业等跨学科的教学和研究问题，但是由于构建的学科群和专业群基本上以虚拟的方式存在，存在组织结构松散、目标不明确、管理的手段和程序不清晰、各组成部分界限不清楚、组织管理中参与者流动性强以及很难明确个人的责任的特点。因此，整个系统的效率不高，绩效不显著，学科群和专业群运行效果不佳。也有不少新建本科高校成立了跨学科研究中心的组织，但是研究中心与二级学院存在壁垒，科研与教学之间存在"两张皮"的现象。可以说，新建本科高校在应对跨学科的教学、科研和服务社会方面的组织设计问题还未有较好的解决办法。

高校成为面向社会自主办学、自我约束的独立办学实体，自主权不断扩大，只有在应对环境不确定性的能力进一步增强，才能为其特色发展提供必要的组织制度保障。目前，大多数新建本科高校与传统学术型大学一样，将相近学科集中一起组建一个二级学院的实体学术组织，依据马克斯·韦伯的科层制这一最具代表性的古典组织理论，采用科层制的管理模式，通过层层控制和规范约束，促成理性、有效和守纪律的行为，进而达成学校的目标；还有类似学科群和专业群等虚拟组织和研究中心等虚拟或实体组织。高水平的学科建设是高校高质量发展的重要推动力，是学校长远发展的基础。在学科建设上，新建本科高校应在服务地方经济社会发展中形成特色、提升水平，通过特色和优势学科建设，引领学校高质量发展。高校学术组织的构建关键在学校的学科价值取向，不同类型高校的学科有着不同的价值取向。传统学术型大学的学科基本上基于学术原则的价值取向，而新建本科高校主要根据实用原则和教养原则的价值取向进行选择，以学术型价值取向构建的学术组织必然不适应以实用原则和教养原则的价值取向的新建本科高校运行和发展的要求。根据是否具有社会政治经济实践用途的实用原则，新建本科高校应根据地方的主要产业、行业和文化资源等需要，对应地方的主要产业、行业和文化资源构建二级学院；高校主动对接产业实施产教融合是新建本科高校培养适应地方经济社会发展人才的主要途径，因此不论是实用原则还是教养原则的学科价值取向，对应地方的主要产业、行业和文化资源构建二级学院是学科组织构建的共同选择。

对应地方主要发展的产业，组建对应学科群构建二级学院，将学科群、专业群由虚拟化向实体化转变，实现学科群和专业群的一体化，推动学校学科专业一体化，人才培养、科学研究和服务社会三大职能一体化发展，减少学校组织数量，体现资源整合优势，提高学科建设水平，逐步形成学校的学科特色。这种模式是将学科群落地在学院，每一个二级学院都类似一个专门的"行业学院"，通过二级学院的组织机构来系统化推进，大部分体制、机制可沿用原有的制度，涉及配套的改革措施较少，只需重新分解目标，明确任务即可，适合大学稳妥实施制度改革的传统，能够快速打破学科专业和院系间服务地方产业的壁垒，利用二级院系的实体组织机构推进学科建设效率较高，对于今后人才交流、专业群建设、产教融合等一系列发展会更加便利，更有利于新建本科高校实现其职能，满足社会需求的目标。

2.学科方向

高校首先是一所学校,培养人才是其首要职能。培养人才始终是高校的中心工作,如果高校以科学研究为中心,那么高校与科研机构就没有什么区别,也就没有存在的意义。因此,高校的学科建设应坚持落实立德树人根本任务,支撑培养人才的需要是科学研究和社会服务的最终落脚点。从新建本科高校现有的学科发展情况来看,有很多高校的学科没有明确的学科发展方向,大多数教师根据自身的兴趣或者说因评职称需要自己确定研究的对象与方向,同一学科研究的成果分散,不能形成显示度高的科研成果,造成学科建设水平较低,不能有效支撑专业人才培养的需要,只能根据教材传授知识,专业人才培养不能形成特色,这也是高校人才培养同质化的主要因素之一。新建本科高校以应用技术研究为主的科研定位,主要发展的是应用学科,学科的研究主要应用于生产、生活和其他实践,新建本科高校学科的实用原则和教养原则价值取向,结合新建本科高校的科研、服务社会和人才培养的定位,可以看出新建本科高校的学科主要面向所在的设区市的产业、行业,解决生产、生活和其他实践的实际问题,并据此来确定学科方向。

3.学科团队

一个学科只有具备明确的学科发展方向,才有可能打造出一个学科团队。对于学科团队,应用学科与基础学科的要求不同,"基础学科研究团队只要带头人学术水平高、研究能力强,学科团队职称高学历高。而应用学科则不一样,应用学科的研究团队在高职称高学历方面可以比基础学科的要求略低一些,但必须要有一批了解经济社会发展状况和行业企业技术发展走向的高水平研究人员或行业企业的高水平工程技术人员作为学科带头人或学术骨干,带领团队直接开展生产一线的应用问题研究"[①]。应用学科团队对学科的某个领域或者产业、行业生产的某些环节有深入系统的研究,掌握行业动态,了解行业发展前沿,系统掌握某个领域的知识,产业、行业、企业生产的某些环节生产过程、技术和原理。新建本科高校的科研任务以解决地方经济社会发展的问题为主,应用学科团队的科研项目以解决行业企业实际问题为主要研究对象,接受地方单位委托的项目是其科研的主要内容,将这些项目及成果科研转化为教学的内容,形成学科团队和教学团队一体化,可以成为新建本科高校实现产教融合培养应用型人才的主要途径。

高校存在内容陈旧、轻松易过的"水课"是不争的事实,"水课"的内容陈旧首要表现在教师按照教材传授知识,教师没有将学科的前沿知识或者行业、企业的生产过程、技术和原理或者解决行业企业实际问题案例等转化为教学内容,甚至有的教师根本没有进行科学研究和社会服务。"玩命的中学",有了玩命的中学生,就有玩命的中学教师;"快乐的大学",有了快乐的大学生,就有快乐的大学教师。快乐的大学教师有的是为了科研取得名利乐此不疲,而心思根本没有放在教学工作上,是真正的重科研轻教学;有的是根本不进行科学研究,也不服务社会,导致没有深厚的学科基础只能抱着一本教材上课,嘴上却一直在喊对教师的评价存在严重的重科研轻教学问题。不论是有深厚的学科基础而不转化,还是没有深厚的学科基础而无法转化为教学内容,都不可能把"水课"变成有深度、有难度、有挑战度的"金课"。

4.学科平台

应用学科平台具有人才聚集、学术氛围浓厚、研究项目较多和设备设施先进等诸多优势。

---

① 罗静.应用学科的内涵及发展方略[J].贵州社会科学,2018(4):96-102.

第一,学科平台可以聚集一批优秀的科学研究人才,形成一个或多个科学研究团队。第二,学科平台是学术交流的重要场所,举办高水平的学术报告会可以推动教师与知名学者进行学术交流,开阔学生的学术视野,推进学校专业建设和课程改革,在营造浓厚的学术氛围的同时,又可以通过社会服务联系业界人才研讨解决行业企业生产的实际问题,成为学生了解行业企业生产和逐步走向职场的桥梁。第三,平台的教师一般有在研的科研项目,具备为学生提供创新意识和能力培养以及今后创造性开展工作的能力培养所需的纵向、横向科研项目。第四,学科平台往往具有较为充裕的经费、设施设备等优势资源,也有充足的科研和服务社会项目,以保障学生科研练习项目的顺利开展。这些学科平台的资源如果能转化为教学资源,必定能成为优质的教学资源。学科平台资源转化为教学资源的过程,既是科研支持教学的过程,也是新建本科高校教学中心地位的重要体现。

(四) 服务地方经济社会发展的应用型学科特征

从学科基础知识这个角度出发,可以说所有层次的高校都离不开学科,新建本科高校同样也需要学科建设。从应用型高校的定位来看,学科制度应该主要选择实用原则的价值取向;从新建本科高校的办学定位来看,学科制度应该主要选择实用原则和教养原则的价值取向。就基础学科和应用学科而言,根据实用原则和教养原则的价值取向,新建本科高校必然选择的是应用学科。在解决应用型人才培养和服务地方产业等跨学科的教学和研究问题上,根据实用原则和教养原则,新建本科高校应根据地方的主要产业、行业需要和文化资源特点,对应地方的主要产业、行业和文化资源构建二级学院,通过二级学院的组织机构体系来推进学科建设与发展。在学科发展方向上,应主要面向所在的设区市的产业、行业,解决生产、生活和社会事业发展的实际问题,并据此来确定学科方向。在教学内容选择上,应将科研和社会服务的项目及成果转化为教学的内容,学科平台资源转化为教学资源,形成学科团队和教学团队一体化,成为产教融合培养应用型人才的主要途径,形成科研支持教学、学科支撑专业人才培养氛围,落实立德树人根本任务,实现新建本科高校高质量发展。

二、面向社会需求设置、建设专业的特点

专业作为人才培养的实体主要由教师、场所和设施设备等教学资源组成,并以学科为依托。新建本科高校人才培养的应用型定位明确了为地方行业培养应用型人才的人才培养目标,人才培养的内容需要根据行业需求进行选择。也正因为专业与职业的这种关系,"以致引发种种争论,根源就是这种适应性和针对性,专业对口不对口等问题也源于此"[①]。

(一) 专　业

"无论专业发生什么样的变化,都要遵循一定的规则,都离不开三个要素,即培养目标、课程体系及专业中的人,大学不可能把人类全部知识教给学生,必须按照学科发展和分类以及社会职业分工需要来选择学习内容,形成系统化的知识体系,这种知识体系融于教与学活动系统中形成课程。课程与课程间的组合形成课程体系,不同的课程体系对应着不同的专业,这就是我们所说的学科、课程、专业间的内在逻辑关系。"[②]因此,新建本科高校的专业只有根据行业需要,结合相关应用学科知识构成的课程体系,才可能培养出适应社会需求的应用型人才。

---

①② 薛国仁,赵文华.专业:高等教育学理论体系的中介概念[J].上海高教研究,1997(4):1-6.

(二)学生对专业的认知

专业是人才培养的基本单位,学生是专业培养的对象。根据学生的认知规律,学生对专业和市场的认识是一个积累和逐步深入的过程,报考高校时对专业和社会需求的认识是有限度的。学生在毕业之前大部分时间无法锁定一个或几个就业的行业或单位,学生的就业方向是随着大学的学习而逐步建立相对稳定方向的过程,到大学学习的后期才可能定位到就业的某个行业甚至行业的某个类型的岗位,甚至毕业后头几年因无法定位而不断"漂游"。然而,高校各个专业培养人才都具有一定的规模,每个个体就业的方向存在差异,当这些个体的需求集合起来,就会出现很多不同的需求,表现为需求的多样性。因此,学生在校的大部分时间内无法预知个体的就业需求,人才培养针对性不明显的现象是必然的。

从满足就业需求出发,临近毕业的学生培养主要针对当前市场的需求,针对学生就业岗位要求培训。毕业生在工作后自身发展所需要的知识和技能在高校是无法囊括所有而直接培养的,只能通过让学生掌握较深厚的知识,培养学生善于学习的品质、能力等综合素质,让学生通过不断学习来适应未来的工作和个人发展的需要。除了针对就业岗位要求培训,大部分时间不仅要有专业的知识、技能和综合素质的培养,也要有让学生了解行业的基本情况、动态,掌握行业要求的技术和能力要求的内容,以利于学生对就业方向进行判断。各个专业对每个人才的培养,都具有一定的共同的知识、技能和综合素质等方面的基本要求。因此,人才培养的内容既要有大部分时间培养面向行业的专业基本理论、技能和综合素质以及行业基本情况、动态、技术和自主学习能力要求等,又要有部分时间满足部分人面向行业选择专业方向的培养要求,还要有在将面临就业时期的小部分时间满足毕业生面向就业岗位的培养要求。

(三)专业设置的主要利益相关者

从培养学生的周期来说,一个本科生的培养周期至少4年,投入的设施设备一般寿命5~10年,教师的工作时间长度就更长了。从人才培养周期、投入的设备设施、成本效益等角度观之,高校设置一个专业要求具备长期性。"专业设置"是指开设新专业,在实际工作中还包含专业的转型、撤销和专业人才培养发展方向的选择等内容。专业设置是高校的重大决策,也可以说是高校的重大投资项目,因此必须深入分析利益相关者的诉求和学校已有的基础。

1.高校内部主要利益相关者

在人才市场中,从供求关系角度看,高校是产品的供方,用人单位是需方。专业是人才培养的实体,其核心利益相关者是学生和教师。专业相当于高校人才加工厂的车间,生产原料是通过高考招收的高中生,产品是高校培养的毕业生。教师就是生产线上生产加工的工艺师。教室、实验室、仪器设备、图书资料以及实习场所等办学基本条件相当于产品生产工艺所必需的设施和设备,课程及课程教学相当于产品加工的工艺过程,不论是办学基本条件还是课程及课程教学,很大程度上教师具有选择权。在相关环节中,高校必须高度关注作为"产品"的学生和作为"工艺师"的教师的诉求。

(1)学生的诉求。学生大学毕业后能够找到一份工作养活自己是最基本的需求。人才面向市场的需求,最具体、最直接的是面向用人单位的需求(自主创业必须直面市场,另当别论)。用人单位岗位招聘考核要求是具体的、有相对确定的方向。用人单位是否录用应聘者,取决于应聘者的学习实践经历和在招聘考核中的表现。降低生产成本、提高产出是用人单位生产经营的目标,降低新员工的入职培训成本和单位产品拓展升级、技术改造等发展所需的人员培训成本是用人单位人员成本控制的重要组成部分。这就要求毕业生既要能满足招聘岗位工作要求的素质、技能等，又要有厚实的专业知识和较强的学习研究能力等。毕业生有了首次就业的机会，才有机会在工作中表现出适应用人单位的发展需要，进而加薪、升迁等实现改善生活个体的需要，才有可能因为拥有工作经验找到更好的工作岗位的资本。因此，让学生能成功地首次就业，是专业人才培养要达到的基本目标，能适应用人单位发展需要是专业人才培养的重要目标。

（2）教师的动力。教师是实现高校职能的主体，教师的倾向性也就成为实现人才培养目标的重要影响因素。高校教师是社会职业分工中的一种，符合职业人的人性假设的X、Y理论的教师都存在。从此类高校教师的历史积淀来看，对应应用型的定位，不论是专业的转型还是办新专业都对教师提出新的要求，教师都要为此付出努力进行改变，X理论的人势必提出各种理由阻挠，形成专业设置阻力。由于教师的倾向源于教师的认识、能力和动力，因此不论是专业的转型还是开设新专业，只要教师认识到这些改变不仅可以满足他们的生理、安全的需求，还可能满足他们的爱和归属感、尊重和自我实现的需要，他们就有变革的动力。要与时俱进地改变教师的知识、能力结构，需要教师有强大、持久的动力，而教师的动力是可以通过外部的影响来改变的。众所周知，教师职称的晋升并得到聘任不仅可以增加收入，而且可以提高自身在学校和社会的地位，这是教师工作的主要动力，也是可持续的动力。诸如"名师""特殊津贴专家"等各种优秀人才称号的评选，在数量上相对而言是少量的，影响也不如职称政策全面，但是这些称号在影响上是巨大的，它体现了对一类人才认可的高度，某种意义上代表这类人的社会地位和学术地位。职称聘任、年度考核、人才评价等教师评价和教师绩效工资等涉及教师的"名"和"利"，这些切身利益可以通过校内政策的激励与约束机制对大多数教师起决定性的导向作用。现在许多新建本科高校或政府对教师的评价，多数还是以发表多少篇什么级别的论文、拿到多少项什么级别的科研课题等作为评价教师的主要指标，这些指标更适用于对学术型人才的评价，对培养应用型人才的新建本科高校教师可能起阻碍作用，可能导致新建本科高校重科研轻教学、重基础轻应用而偏离培养应用型人才的定位。所以，对于新建本科高校是否实现应用型的定位不仅要看有多少"双师型"教师、多少实践基地等，更应该看各种对教师的评价等管理制度是否符合应用型定位的导向。究竟该如何分类评价大学教师才是科学而又可行的，这是一个值得不断研究的重大问题。

2. 外部主要利益相关者

从高校培养人才的职能角度来看，人才培养的目标要适应社会需要或职业分工；根据利益相关者理论分析，社会需求的主要对象有政府、用人单位和受教育者家长个体（家长在基本诉求上与学生基本相同）。用人单位的需求是从岗位招聘出发，是社会职业分工的具体表现，我们可以把它看作市场。从服务地方职能角度，社会需求的主要对象有政府和企事业单位。因此，外部环境对新建本科高校专业设置影响，可以着重从政府、市场这两方面的影响分别进行分析。

（1）政府对专业设置的影响。政府作为此类高校的举办者和主要投资方，无疑是高校办学的社会需求中的核心利益相关者。专业设置要满足政府需求是一个方面，另一方面，政府拥有强制的手段和新建本科高校需要的资源，还会根据需要对专业设置进行调控。政府需求主要是为了实现政府的职能，其利益诉求也应是高校首要考虑的。这主要表现在以下两方面：其一，政治职能。在政府为维护国家利益等政治职能上，对所有高校培养的人才有广泛的、一致的要求，并在教育、教学工作等要求上以具有一定强制手段的特征渗透到整个人才培养的实践

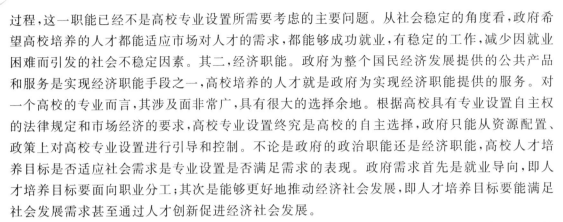

过程,这一职能已经不是高校专业设置所需要考虑的主要问题。从社会稳定的角度看,政府希望高校培养的人才都能适应市场对人才的需求,都能够成功就业,有稳定的工作,减少因就业困难而引发的社会不稳定因素。其二,经济职能。政府为整个国民经济发展提供的公共产品和服务是实现经济职能手段之一,高校培养的人才就是政府为实现经济职能提供的服务。对一个高校的专业而言,其涉及面非常广,具有很大的选择余地。根据高校具有专业设置自主权的法律规定和市场经济的要求,高校专业设置终究是高校的自主选择,政府只能从资源配置、政策上对高校专业设置进行引导和控制。不论是政府的政治职能还是经济职能,高校人才培养目标是否适应社会需求是专业设置是否满足需求的表现。政府需求首先是就业导向,即人才培养目标要面向职业分工;其次是能够更好地推动经济社会发展,即人才培养目标要能满足社会发展需求甚至通过人才创新促进经济社会发展。

(2)政府调控政策的影响。在实践中,政府主要是通过政策对高校的人员和资源配置等方面来影响高等学校。如何影响高校人员呢? 首先,新建本科高校的领导即决策层主体是由政府任命的,政府通过考核、行政命令等手段对新建本科高校的领导施加影响达到目标是直接而且有效的手段之一;其次,政府要对教师发生影响力,因为高校的职能是以教师为主体实现的,现有的做法主要是通过制定教师职称、学术地位等关系到教师可持续动力的政策而施加影响。如何影响资源配置呢? 从近几年政府对高校专业设置的影响实际结果看,政府主要利用自身的影响力和资源配置杠杆比如直接投入、用人编制、招生计划等调控手段,对高校设置某些专业进行直接影响。新建本科高校的主要投资者大致有两类,一类是以省级人民政府投资为主,另一类是以设区市人民政府投资为主。不论哪一类,国家、省、市都会通过不同的形式给予一定的投入。由于设区市不具有高校招生、专业的计划指导权限,只能通过投资人的影响或指向性投入方式直接影响高校专业设置。省级人民政府对新建本科高校专业设置的影响,调控的结果会因为不同的手段产生不同的结果。以投入的手段进行调控,会由于省级政府对应的高校数量多、特点不同等,出现不同情况:如果是按现有的许多省份的高校分类,分省重点建设高校和非重点建设高校进行分配,这对高校专业设置的调控基本上没有效果;如果是按专业建设补助进行分配,不论哪一级政府投资的高校,只要可以参与资源分配,都可能积极响应政府需求进行专业设置。但是,此举可能造成省域高校部分专业培养的人才"趋同化"并出现结构性过剩,造成就业困难和同质化的新矛盾。因此,采用投入的手段影响高校专业设置的方式,要注重根据不同高校的办学条件和地区产业特点做出选择性调控。计划指导是政府另一个常用的调控手段,政府主要倚仗自身的权威性,掌握较全面的信息,通过公布不同专业就业信息等方式,对人才供不应求和供大于求等状况进行调控,不论投资主体是谁,计划指导的手段都能对高校专业设置产生直接、有效的影响。

(3)市场对专业设置的影响。新建本科高校由于本科办学历史较短,地方性、应用型的定位在我国高校相对而言是个新生事物,对人才市场、服务社会的对象(服务的市场)等市场的认识还不够清晰,可能对专业设置起到错误的导向作用。

(4)人才市场特点的影响。一是自发性。高校根据市场需求进行专业设置,就像在市场经济中商品生产者和经营者在价值规律的自发调节下,决定自己的生产和经营活动一样,具有自发性特点。高校专业设置自主权大部分掌握在自己手中,像这种根据市场需求进行专业设置的行为在对高校内部资源配置起积极作用的同时,也可能会因过度强调市场需求,忽视专业人才本身应该具备的素质、能力体系,突出了教育的社会功能,却忽视了教育的主体功能。二是盲目性。高校根据市场需求进行专业设置,也像在市场经济条件下单个生产者和经营者在无法准确预知经济变化的趋势时,仅根据市场上什么价格高、有厚利可图决定生产、经营什么一样,具有盲目性特点。同样,各高校专业设置也是如此:市场上什么专业热门、好就业、生源多就设什么专业,并扩大专业的招生规模。这种盲目性同样会像市场中部分产业产能过剩一样,造成同类高校培养的人才结构"趋同化"较明显,相同专业在一段时期内人才供大于求,产生结构性就业困难的问题;造成政府、高校的资源浪费和给社会增加了不稳定的因素。这就需要"大学的定力"。三是滞后性。高校根据市场需求进行专业设置,还像市场从供求不平衡→价格变化→做出决定→实现供求平衡需要一个过程,有一定的时间差一样,具有滞后性特点。高校人才培养的周期长于大多数市场商品生产的周期,这种滞后性的表现更为突出。本科高校人才培养周期一般为4年,远远高于市场其他产品的生产周期。虽然市场上某个专业人才供不应求,但是从高校设置专业到培养首批学生毕业的4年里,市场的需求方迫于生产、经营需要,只能寻找替代"产品",等到4年后培养的本科生毕业,市场的需求已经不再那么旺盛,这些毕业生进入市场就可能遇到供过于求的情况。所以,急功近利地根据市场需求设置专业存在滞后性问题也是必然的。

(5)当前市场和未来市场的影响。以上所述的市场都是指近期正在或已经发生的市场状况,本书称之为"当前市场";对于未来可能发生的市场状况预测,本书称之为"未来市场"。

如前所述,根据当前市场进行专业设置,由于具有自发性、盲目性和滞后性特点,必然会产生"结构性就业困难""滞后性"等问题。吊诡的是,如果不根据市场需求培养人才,毕业生在就业市场的竞争力就弱,产生培养的人才不适应市场需求的问题,最直接地表现在当前市场。针对临近毕业学生的培养要适应当前市场需求,以能成功地首次就业为目标。另外,如果不根据未来市场的需求培养人才,也会问题丛生。高校设置一个专业本身就要求具备长期性。因此,在面向社会需求设置专业、专业转型和撤销专业时,不能只关注当前市场的需求,更应考虑、预判未来市场的需求。

葡萄牙应用型院校"根据市场对人才的需求适时设定专业和人才培养标准,科学预见未来用人导向,开发新课程"①。专业人才培养主要面向市场的行业,行业的发展虽然很复杂,但可以预测,现在有许多咨询公司专门在做行业发展报告。高校虽然可以自己做行业预测,但是每个高校都做此事,既成本很高又重复率高,预测的结果也不见得准确。由各专业老师自己做预测,往往会变成证明对自己有利的假设,存在很大的主观性。虽然行业未来长期需求的预测存在困难和不准确性,但是如果结合国家提出的未来经济社会发展方向、省市政府的主要产业和经济社会发展规划,可以得到相对准确的预测,把握地方行业需求的方向和趋势,可以作为设置新专业和专业转型的方向。

(6)不同区域的市场对专业设置的影响。市场还可按行政区域划分,新建本科高校面向的市场有全国、省域、所在设区市。从新建本科高校对市场的了解程度来看,是按本市市场、省域市场、全国市场的顺序排列。服务"地方"是新建本科高校的服务面向定位,"地方"包含了所在的省和设区市。新建本科高校的生源大部分是本省生源,招收其他省份的学生比例低,一般来说本市生源相对其他地市和省份的比例更高,毕业生在新建本科高校所在地的就业相对多些,本省生源的毕业生的就业还有流向本省发达城市的趋势。因此,对新建本科高校

① 白露、李天波、吕庆涛.葡萄牙应用型院校发展对我国新建本科院校转型的启示[J].辽宁行政学院学报,2015(5):81-84.

专业设置来说,面向的市场主要是省域的市场,本市和本省发达地区的市场是重点关注的市场。

新建本科高校在直接服务地方经济社会这一问题上,最为关注的总是所在地的当前市场需求。服务对象出资的项目是高校服务地方最常见的一种形式,也是高校最希望的一种形式,除了实现高校的直接为社会服务职能需求,还可以提高高校的声誉,增加教师和学校的收入。困扰的是,新建本科高校与行业之间缺乏沟通的经验和渠道,造成行业不知道高校能否提供相应的服务,高校不知道行业的服务需求。需求的内容有的是高校培养的人才,对应的是专业,是专业设置的影响因素;有的是高校的知识服务,对应的是学科,是学科的发展方向。由于服务对象需求广泛,新建本科高校学科的发展有一定的取向,在某些方面无法满足服务对象需求也是必然的,这不是新建本科高校服务能力的问题,而是高校发展的必然选择。因此,新建本科高校只有分清是人才市场还是服务市场的需求,做到有所为有所不为,才有可能办出特色。

(7)市场分类对专业设置的影响。"专业设置应根据社会需求,从跨界的角度,融合行业职业岗位群、学科目录及社会大市场来灵活设置专业。"[1]产业、行业都有相关的经济学解释。依据《中华人民共和国劳动法》的用人单位,包含了政府机关、事业组织、企业、个体经济组织、社会组织,均在国家统计局的"国家数据"里,这些用人单位分布在不同的产业、行业之中。根据对专业设置研究的需要,可以依据国家统计局国家数据统计的行业分类标准,对市场进行分类,划分产业。产业,涵盖的范围太宽,相关数据对预测某个专业人才需求来说由于针对性不明显而没有实际意义;企业,如果只是行业下用人单位,高校面对用人单位需求直接培养人才的方式,培养的人才具有就业针对性强但适用面窄的特征,这种方式适用于用人单位的订单式培养;"本科专业通常以宽口径为主,专业覆盖面广"[2],非用人单位订单培养就应面向更大的市场需求——行业,从国家统计数据来看大部分行业比如"农林牧渔业"还是面太宽,存在与产业对预测某个专业人才需求相同的问题,但毕竟比产业的指向要明显得多,对学校专业设置统筹而言具有一定的意义。因此,只有根据国家行业分类标准进一步细分行业,比如农林牧渔业再细分至畜牧业下的牲畜饲养,甚至在其之下的具体牲畜种类比如猪的饲养行业,再分析牲畜饲养或猪的饲养行业所处的发展阶段及地位,预测该行业的未来发展趋势、需求。只有这样有的放矢地分析,才能得出对畜牧兽医、动物饲养等专业有针对性的决策依据信息。

因此,新建本科高校必须按照地方经济社会发展实际需要,聚焦地方行业需求优化、调整专业结构,建立行业专家参与专业设置、建设的机制,克服设置专业的盲目性。

(四)内部环境因素对专业设置的影响分析

高校办学是培养人的事业,工作主要依靠人的知识和智慧完成,工作完成的质量无法用通用的量化的标准来衡量,利益相关者的诉求对专业设置的影响作用明显。流程中组织和个人对专业设置的影响在实践中是现实存在的。因此,内部环境对新建本科高校专业设置影响,可以着重从教育的基本规律、内部利益相关者和专业设置流程这3方面的影响分别进行分析。"专业设置兼具教育属性和管理属性,承担着人才培养、科学研究、社会服务的基本职能。"[3]专

① 倪庆萍.新建地方本科院校转型应用技术本科的跨界策略与途径[J].广州职业教育论坛,2015(5):5-10.
② 薛国仁,赵文华.专业:高等教育学理论体系中的中介概念[J].上海高教研究,1997(4):1-6.
③ 于慧.高校本科专业设置的依据:内在逻辑的追问[J].现代教育管理,2014(3):22-26.

业设置流程既是一个管理的过程,也是价值判断的过程。在专业设置的流程中,需要政府审批的只有新办专业,除了教育部审批的国控专业,其他的均由省级教育主管部门审批,政府的审批也只有可否设立,并不硬性指定高校办某个专业。因此,专业设置在很大程度上可以体现高校的管理和价值判断,高校在专业设置上拥有较大的自主权,专业设置科学与否都是高校的责任。高校的院系、职能部门、决策层是专业设置流程的主体,对此进行分析是必要的。

1. 院系的影响

院系是高校办学的基层组织,既是高校专业设置工作的源头,也是具体工作的主体。院系专业设置一般是由院系行政组织(一般是党政联席会)和学术权力组织(教授委员会或学术分委员会)做出决策。院系党政联席会大部分成员是学校任命的,是从单位优秀的具有高级职称专业技术人才中挑选出来的,主管专业设置的院系负责人和分管教学的副职都是教授(有的可能是副教授)。因此,院系决策组织的组成决定了其既有行政特性又有学术特性。其他成员产生的办法通常是推荐或选举并非完全根据学术成就排列自然产生,在一定程度上代表院系教师的诉求。院系学术权力组织都是高级以上的专业技术人才,具有与行政组织相似的诉求,院系做强做大都有利于他们在学校学术地位的巩固和话语权。组织大部分成员晋升都有两个通道,一是行政职务晋升,另一是专业技术职务和岗位晋升,也同时要接受这两方面的考核。院系由小到大、由弱到强都是院系行政决策组织的政绩,由弱到强属于内涵发展是相对不容易的事,而由小到大只要多设置一个专业、多批一些招生计划就可以实现。事实上,高校的行政干部除了出现安全稳定事件、学术不端等情况,大都能上不能下,缺乏有效的行政问责机制。所以,当院系的专业和招生规模的扩张带来成本、师资、场所、设施等诸多条件难以满足培养人才的需要时,院系就会向学校提出请求,因未能满足其要求而出现问题就归咎于学校投入不足,导致院系培养人才效果不佳。另外,一般要经过较长一段时间后这些问题才会"破土而出",其间有的干部可能因为有政绩已经升迁了,这种"扩张"→"伸手"→"升迁"的流程让院系领导觉得有利可图且成本低廉。因此,对院系增加专业设置的要求,学校层面应该统筹考虑、冷静分析。

2. 职能部门的影响

在许多学校专业设置中,教务处是主要的甚至是唯一起作用的职能部门,而且教务处的意见往往在决策中起重要作用。教务处领导具有院系领导相似的属性,政绩的作用同样适用,不同的是教务处要统筹全校的专业设置,要对院系的报告进行分析判断提出自己的意见。教务处的职能决定了其主要考虑专业设置是否符合学校定位、社会需求等必要性因素和学校现有师资、设施等条件的部分可行性因素,对专业设置后师资、设施等投入成本不是其主要考虑的因素。教务处的意见对于决策来说是有局限性的,可能出现像院系一样扩张的冲动。在现在逐步推行的生均拨款的财政体制下,主要收入来源基本固定,成本的核算、资金使用效率成为高校整体水平提升的重要因素。因此,学校专业设置只有集中教务处、财务处、师资和其他资源管理的职能部门的意见,才能为学校正确决策提供较为全面而非碎片化的科学依据。

3. 决策层的影响

目前高校专业设置一般是学校学术权力组织提出意见,由行政决策组织综合各方意见进行判断,做出决策。学术权力组织成员一方面各自代表院系、专业在专业设置中表现出相互之间博弈的行为,另一方面代表学校的学术水平在专业设置中表现出提升学校办学水平、社会地位、社会效益的意愿。专业设置是校领导实现提升学校办学水平、办学效率、社会地位、社会效益工作目标的必要环节。除了政府、市场等社会需求外部因素的影响，提升人才培养质量、科研和直接服务社会水平是校领导进行专业设置的目标，是专业设置必要性因素的集中体现。现有的条件、办学的成本、后期的投入和办学效益等影响学校水平提升的因素，是校领导不得不考虑的可行性因素，学校开设专业的可行性更重要的是看学校的成本承受能力和未来可能的收益——包括经济效益和社会效益。虽然政府和市场有资源投入的支持，但几乎没有考虑学校的成本、教师的意愿等校内因素，在这种单向思维下匆忙设置新专业，同样会产生培养的学生不能满足社会需求等各种问题。无疑，除非对学校有极高的战略价值，对专业的投入能力是决定设置什么专业和专业转型价值判断的关键。

综上所述，一是教育结构体现在高校培养人才的层级及其专业和专业培养人才的规模等方面，能否满足经济发展的需求是教育结构与经济结构是否协调发展的表现。新建本科高校要满足经济和社会发展的需求，就必须有满足社会需求的专业结构。外部对新建本科高校专业设置的影响主要是市场需求，高校在考虑市场需求的同时要根据自身情况进行分析，根据自身的能力决定设置新专业和专业转型。因此，专业设置需要认真地综合论证，关键是要把握好外部与内部之间的平衡点。换言之，高校在专业设置这一问题上，在遵循教育的基本规律的基础上，还要科学处理好政府"有形的手"、市场"无形的手"和自身"本手"这三者之间的关系。二是高校设置一个专业本身就要求具备长期性。高校根据人才市场进行专业设置，同样具有人才市场的特性，也就是具有自发性、盲目性和滞后性特点，必然会产生结构性就业困难、滞后性等问题；但是，如果不根据市场需求培养人才，毕业生在就业市场的竞争力就弱，产生培养的人才不适应市场需求的问题，就会直接影响到学生的就业，不能满足学生个体对高质量教育的需求。因此，在面向社会需求设置专业、专业转型和撤销专业时，不能只关注当前市场的需求，更应考虑、预判未来市场的需求。对应市场的预判主要根据行业未来长期需求的预测，结合国家提出的未来经济社会发展方向、省市政府的主要产业和经济社会发展规划，可以得到相对准确的预测，把握地方行业需求的方向和趋势，可以作为设置新专业和专业转型的方向。三是高校学生个体就业的方向存在差异，当这些个体的需求集合起来，就会出现很多不同的需求，表现为需求的多样性，必然存在长时间无法预知学生就业需求，针对性不明显的现象。因此，人才培养的内容既要有大部分时间培养面向行业的专业基本理论、技能和综合素质以及行业基本情况、动态、技术和自主学习能力要求等，又要有部分时间满足部分人面向行业选择专业方向的培养要求，还要有在将面临就业时期的小部分时间满足毕业生面向就业岗位的培养要求。

第三节　新建本科高校人才培养特征

一所大学在全国或所在区域的地位与其所有专业所处的地位有所差别，好大学有很一般的专业，同样一般的大学也有比较强的专业。我国本科高校都要接受教育部五年一轮次的院校评估，院校评估合格并不意味着所有的专业都合格。专业是人才培养的实体，是高校培养人才的最小单位。《普通高等学校本科专业类教学质量国家标准》(以下简称《专业国标》)是所有专业必须达到的基本要求和准入标准，也是各专业发展、建设的基本规范和标准，而且还是人才培养质量评价的基本依据和标准。

一、人才培养目标

专业国标把培养目标分成两部分,一部分是属于某类专业都必须达到的专业类别培养目标,另一部分是学校根据实际制定的专业培养目标。

(一)专业类别培养目标

专业国标中各专业类别培养目标的内容相似,以培养人才面向的职场来体现专业人才培养的社会需求导向,在此基础上根据学科专业的特点,提出需要掌握的知识和技能,具备的素养和能力。由于是面向所有类型高校的专业,专业类别培养目标比较宏观,是对本专业类别所有专业人才培养目标的方向性指导和总体要求,各校的专业还应根据自身的定位和资源情况进一步细化人才培养的具体目标。

(二)学校制定的专业培养目标

对于学校制定的专业培养目标的要求,专业国标基本上是要求在积极开展市场人才需求调研的基础上,结合本校定位,进一步明确和细化。产业、行业的岗位类别很多,不同类型的企事业单位及其内部组织主体人才的需求也不同,比如以研究开发为主的组织需要的是研究能力、创新能力强的人才,以解决生产中技术问题为主的组织需要的是具有一定研究能力、创新能力和操作技能的人才。相同的专业研究型大学人才培养目标应是面向研究开发的职场,新建本科高校应是面向解决生产中技术问题的职场。一个专业可以面向多个行业企业,不同的区域企业的生产产品或者相同的产品生产技术等可能存在不同,对人才的需求就会存在差异。结合本校定位制定专业人才培养目标,能够充分体现专业在不同高校的个性,制订出不同的人才培养方案,有着不同的教学质量评价标准,从而实现不同高校培养出不同特点的人才。只有这样,才能尽可能地避免千校一面、人才培养同质化问题。因此,专业培养目标更多需要的是学校根据培养的人才定位,在充分调研行业职业岗位群需求的基础上,确定专业人才培养的具体目标,从而形成专业的特色和优势。

二、人才培养规格

各类专业虽然对培养规格的描述有所不同,但是都包含了学制、授予学位、参考总学分和人才培养基本要求四个部分,因为学制、授予学位、参考总学分,这3部分内容相对刚性、直观,所以不深入讨论,本书重点讨论人才培养基本要求中的素质要求和能力要求两部分。

(一)素质要求

各专业类别大致包含了思想政治素质、科学文化素质、专业素质和身心素质等素质要求。思想政治素质大部分专业类别的描述是按教育部统一要求执行,部分专业类别有进一步细化,特别是对思想政治素质要求较高的如马克思主义理论类、公安学类等专业有着更明确、更细化的要求。"达到《国家学生体质健康标准》的要求,具有良好的心理素质和积极的人生态度"[①]是大部分专业提出的身心素质要求,没有更多针对本专业类别提出具体的身心素质的要求。各专业类别对科学文化素质的要求有较大的区别,与本专业类别联系较明显,具有较强的专业

---

① 教育部高等学校教学指导委员会.普通高等学校本科专业类教学质量国家标准[M].北京:高等教育出版社,2018:70.

特性,总体而言基本上要求有一定的人文素养和科学素养。各专业类别对专业素质的要求,首先一般都有良好的道德修养、职业素养、法治意识和社会责任感等与面向职场相关的职业道德修养方面的要求;其次具有专业特性的素质要求;最后一般都有创新意识、团队意识和了解对应行业发展的要求。"新时期大学素质教育的新路向包括要着眼于人的可持续发展、人的素质的综合发展、人的适应与创造的一致性发展。"[1]新建本科高校毕业生选择就业是主体,用人单位满意是检验人才质量的重要标志。因此,不论是哪种素质的要求,新建本科高校都必须根据所在设区市和省内发达地区相关行业岗位群调研的结果,设计人才素质的培养。

(二) 能力要求

应用型高校人才培养已经逐步从知识本位转型到能力本位,能力要求应是新建本科高校人才培养的核心内容。各专业类别对能力的要求大致可以分为获取知识能力、实践应用能力、创新能力和其他能力4部分内容。

1.获取知识能力

能够终身自主学习是各专业类别获取知识能力的核心内容,目的是培养的人才能够适应未来科学技术和经济社会发展的客观情况,做到与时俱进。技能型人才基本上从事半技术性职业,工作技能、操作方式简单,重复性较高,有相应固定的操作规范,通常可以通过批量短期培训达到工作要求,对终身自主学习能力要求低。技术型人才、工程型人才一般从事专业性职业或技术性职业,工作复杂程度较高,重复性较少,并要有一定的创造性以应对行业变革和技术发展,通常需要较长时间的学习或专门训练,通过批量培训达到工作要求的可能性较小,对终身自主学习能力要求高。新建本科高校主要培养技术型人才、工程型人才,因此对终身自主学习能力要求高。

2.实践应用能力

大部分专业类别对实践应用能力要求的核心内容是综合运用知识、技能和解决问题的能力。实践应用能力差是新建本科高校向应用型转变之前培养的人才不能满足社会需求的主要原因。面向职场所有的工作最终都是做出来的,而不是考试考出来的,只会考试,不会应用实践,无法满足用人单位的需要。各专业类别虽然对实践应用能力的要求有差异,但是对实践能力的培养具有共性。产教融合是路径,完成实际任务、企业项目等"真题真做"的训练是提高实践能力的抓手,新建本科高校专业课教师拥有"任务""项目"的资源是培养实践能力的根本保障。

3.创新能力

具有创新思维或创造性思维能力和科研能力是大部分专业类别对创新能力的基本要求。不同类型的专业还有其他不同的要求,比如马克思主义理论类要求能提出一定的新见解、新主张,具备初步的学术探索和创新能力;理工类等应用性较强的专业要求具有技术创新和开发的能力等。不同类型的高校对学生的创新能力应有不同的要求,对于新建本科高校学生的创新能力,根据其技术服务为主型的特点,主要是为企事业单位解决生产、运行过程中的实际问题,高校在此过程中更多的是提供带有一定创新的技术性服务。

4.其他能力

大部分专业类别都有沟通交流能力、表达能力、组织协调或管理能力以及团队合作能力等的能力要求,部分专业类别,如马克思主义理论专业类要求具备较强的思想政治工作能力,金融学专业类要求具备适应金融市场变化所必需的其他能力,物理学专业类要求具备活动方案策划能力等具有专业特性的能力。

各专业类别对知识要求、素质要求和能力要求基本上是较宏观的描述,专业类别中专业没有进一步细化要求,也没有就不同类型的高校进一步细化要求。在专业类别要求的基础上,将人才培养规格的自主权交给高校,有利于高校根据需求、定位,形成自己人才培养特色,从制度的源头上规避千校一面的同质化现象。综合之前高校分类定位以及学科专业的论述,学术型、应用型和职业技术学院培养的人才的区别详见表2-4。

表2-4 3类高校培养的人才比较

高校类型	学术型大学	应用型本科高校	职业技术学院
培养的人才	学术型人才	专业型、技术型人才	技能型人才
教育模式	学术教育	专业教育	职业教育
面向职场	科学研究者	专业性职业、技术性职业	半技术性职业
职场要求	从事认识世界和发现世界客观规律的工作	具有特定专业的学科知识,能够进行自主及创造性工作;具有范围较广的工作技能,应对操作过程复杂且重复性较少的工作	工作技能要求范围较广,操作过程简单且重复性较高的工作
人才基本特征	掌握学科系统知识,具备科学研究的能力	掌握专业相关的理论和技术,具备运用理论知识解决生产实践问题的能力	掌握技术相关的一定数量的理论和熟练的技能,能顺利完成生产一线操作性工作

三、新建本科高校培养人才的特征

专业培养目标更多需要根据学校的定位,在充分调研的基础上形成本校专业的具体人才培养目标,形成专业的特色和优势。根据新建本科高校的人才培养类型和面向职场定位,新建本科高校培养的是以解决生产中技术问题为主的组织需要的,具有一定研究能力、创新能力强和操作技能的人才。从人才对研究能力、创新能力、操作技能、获取知识能力、实践应用能力等能力要求的强弱角度,4类应用型高校从引领发展型到教育服务为主型,研究能力、获取知识能力和创新能力的要求由强到弱,操作技能和实践应用能力的要求由弱到强。

课程体系构建原则要求基于专业的人才培养目标,依据学生知识积累、素质养成、能力形成规律和学科内在逻辑,体现高校的办学特色和实际情况,构建专业课程体系。知识体系是构建课程体系的核心内容,自动化专业教学指导分委员会"将自动化专业分为'研究主导型''工程研究应用型''应用技术主导型''技术技能型'四种类型"[①],并制定了除技术技能型外其他3类本科高校自动化专业的培养目标和规格(详见表2-5和表2-6)。从这个案例可以看出,不同类型的应用型高校的要求不同,对不同类型的应用型高校课程体系的构建具有指导意义。

---

① 教育部高等学校自动化专业教学指导分委员会.高等学校本科自动化指导性专业规范(试行)[M].北京:高等教育出版社,2007:5.

表2-5　3类本科高校自动化专业的培养目标

研究主导型	工程研究应用型	应用技术主导型
具有宽厚、复合、开放、创新特征的科学技术研究及应用型人才	具有宽厚、复合、创新特征的工程研究应用技术人才	具有解决实际工程问题能力的应用技术人才
具有较强的获取知识和综合运用知识的能力,发现、分析、解决问题的能力	具有较强的获取知识和综合运用知识的能力,解决实际工程问题的能力	具有一定的获取知识和综合运用知识的能力,较强解决实际工程问题的能力
能在专业相关方面从事理论研究、系统设计和开发工作,并为今后进一步深造奠定基础	善于将所学的理论运用到实际工作中,能在专业相关方面从事研究、开发应用等技术工作	能在专业相关方面从事系统开发和系统运行、管理、维护等技术工作

资料来源:教育部高等学校自动化专业教学指导分委员会,高等学校本科自动化指导性专业规范(试行),高等教育出版社,2007。

表2-6　3类本科高校自动化专业的培养规格

研究主导型	工程研究应用型	应用技术主导型
通识为主的本科专业教育	通识与专业并重的本科专业教育	专业为主、兼顾通识的本科专业教育
主要为培养具有从事高水平科学技术研究、开发和应用能力的复合型人才奠定基础	主要培养具有工程技术研究、开发和应用能力的专业人才	培养具有解决技术应用领域问题能力的专门人才
应具有扎实宽广的自然科学基础知识、扎实的管理科学、人文社会科学知识和良好的外语综合能力,具有宽广领域的工程技术基础和扎实的专业知识	应具有扎实的自然科学基础知识,较好的管理科学、人文社会科学知识和良好的外语综合能力,具有较宽广领域的工程技术基础和较扎实的专业知识及其应用能力	应具有扎实的自然科学基础知识,较好的管理科学基础、人文社会科学知识和良好的外语综合能力,具备较宽广领域的工程技术知识和应用专业知识的能力,较扎实的控制理论基础
人才培养应在知识、能力和素质诸方面协调发展,尤其要体现人才培养的厚基础、宽口径、创新性和复合型	人才培养应在知识、能力和素质诸方面协调发展,尤其要体现人才培养的宽口径、创新性和复合型	人才培养应在知识、能力和素质诸方面协调发展,尤其要体现人才培养的应用型、复合型和技能型

资料来源:教育部高等学校自动化专业教学指导分委员会,高等学校本科自动化指导性专业规范(试行),高等教育出版社,2007。

从这个案例构建的课程体系看,从研究主导型到应用技术主导型高校课程体系的学科逻辑越来越弱,技术逻辑越来越强;专业基础知识的内容上差别不大,但是要求不同,总体上从研究主导型到应用技术主导型高校的要求逐步降低;专业方向知识的内容上有较大的差别,主要在专业方向上,研究主导型要求至少掌握一个专业方向的基本知识,工程研究应用型要求至少掌握一个应用行业的基本知识,而应用技术主导型的要求比工程研究应用型更低一些,要求熟悉即可。对人才培养的知识广度、创新性和技能等方面要求,从研究主导型到应用技术主导型高校要求越来越窄,创新性的要求越来越低,技能的要求越来越高。从专业教育通识课程和专业课程的比例来看,从研究主导型到应用技术主导型高校要求通识课程比例越来越低,专业课程比例越来越高。从案例专业的研究主导型、工程研究应用型和应用技术主导型3个类型具体的人才培养目标和规格来看,基本上应用型高校的引领发展型、创新服务为主型、技术服务为主型的人才培养定位相符。根据案例分析的情况,综合前文所述,梳理出引领发展型、创新服务为主型、技术服务为主型和教育服务为主型 4 类应用型本科高校专业人才培养目标和规格,详见表 2-7 和 2-8。从这两张表可以看出,4 类高校培养的应用型人才还是有明显差别的。

表 2-7　4 类应用型高校人才培养目标

类　型	引领发展型	创新服务为主型	技术服务为主型	教育服务为主型
人才特征	具有宽厚、复合、开放、创新特征的应用基础研究者、专业性人才	具有宽厚、复合、创新特征的专业性人才、应用研究者	具有解决实际问题能力的专业性、技术性人才	能顺利完成操作性工作的技能型人才
能力特征	具有较强的获取知识和综合运用知识的能力,具有强的创新能力,发现、分析、解决问题的能力	具有较强的获取知识和综合运用知识的能力和创新能力,解决实际问题的能力	具有一定的获取知识和综合运用知识的能力和创新能力,较强解决实际问题的能力	掌握一定理论技术,经验技术丰富,动作技能熟练
面向职场	应用研究者	专业性职业、应用研究者	专业性职业、技术性职业	半技术性职业

表 2-8　4 类应用型高校人才培养规格

类　型	引领发展型	创新服务为主型	技术服务为主型	教育服务为主型
总体目标	培养合格的社会主义建设者和接班人。主要培养具有从事应用基础研究、应用能力的研究者	培养合格的社会主义建设者和接班人。主要培养具有应用研究、应用能力的研究者,或者具有应用技术研究和解决技术应用领域问题能力的专业性人才	培养合格的社会主义建设者和接班人。培养具有应用技术研究、解决技术应用领域问题能力的专业性人才,或者工作技能要求范围较广、操作过程复杂且重复性较少的技术性人才	培养合格的社会主义建设者和接班人。工作技能要求范围较广、操作过程简单且重复性较高的技能型人才
知识体系	具有宽广的通识类知识,扎实宽广的学科基础知识,扎实的专业知识	具有较宽广的通识类知识,扎实的学科基础知识,较扎实的专业知识,一定的专业相关行业基本知识	具有一定宽度的通识类知识,较扎实的学科基础知识,较扎实的专业知识,一定的专业相关行业基本知识,了解行业发展趋势	专业必备的基础理论、专门知识
专业知识要求	牢固掌握专业基础知识;比较熟练掌握专业知识,至少掌握一个专业方向的基本知识;了解专业发展方向	系统掌握专业基础知识;比较熟练掌握专业知识,至少掌握一个专业相关行业基本知识;熟悉所学方向的前沿技术	比较熟练掌握专业基础知识;比较熟练掌握专业知识,至少掌握一个专业相关行业基本知识;至少熟悉一个专业相关行业发展趋势	比较熟练掌握专业必备的基础理论、专门知识
教育模式	通识为主的本科专业教育	通识与专业并重的本科专业教育	专业为主、兼顾通识的本科专业教育	技能培训为主的职业教育
能力结构	较强的获取知识的能力,一定的实践应用能力,具有强的创新能力	较强的获取知识的能力,较强的实践应用能力,具有较强的创新能力	一定的获取知识的能力,强的实践应用能力,一定的创新能力	具有从事专业实际工作的基本技能和初步能力

新建本科高校是技术服务为主型高校,人才培养目标与规格具有以下特征:培养具有应用技术研究和解决技术应用领域问题能力的专业性人才,或者工作技能要求范围较广、操作过程

复杂且重复性较少的技术性人才;具有一定的获取知识、综合运用知识的能力和创新能力,解决实际问题等较强的实践应用能力;面向专业性职业、技术性职业的职场;具有一定宽度的通识类知识,较扎实的学科基础知识,比较熟练掌握专业基础知识和专业知识,至少掌握一个专业相关行业基本知识,至少熟悉一个专业相关行业发展趋势;开展专业为主、兼顾通识的专业教育。因此,新建本科高校应以社会本位课程为导向,以能力本位为主要的构建视角,以解决实际问题的任务为逻辑主线,构建课程体系。

第三章 新建本科高校教师岗位要求与教师发展需求

组织的目标必须依靠人去实现,教师是实现新建本科高校目标的主体。工作是组织活动的最基本单元,有效的人力资源管理必须对工作特点以及能胜任的各种工作人员进行分析。根据新建本科高校的特征,运用人力资源管理理论,厘清新建本科高校教师岗位要求与教师发展需求,为后续教师职称晋升聘任条件匹配分析厘清参照依据。

第一节 新建本科高校的教师岗位要求

高校的职能和使命通常都会转换成为事业发展规划的目标,通过规划的实施来实现事业发展目标。目标管理是实现规划目标任务的重要手段,是"将组织目标逐层分解、促使全体成员参与组织活动的一种管理方法"[①]。高校教师的职责就是培养人才、科学研究与服务社会,这是高校教师职业的特点,也有别于中小学教师的职责。新建本科高校教师职责可以根据新建本科高校的特征梳理出教师岗位的职业基本要求、能力素质经验要求、工作和业绩等方面的要求。

一、教师职业基本要求

"职业伦理则指热爱教育、热爱教学、热爱学生、热爱知识、热爱真理、热爱学习、甘于奉献、自觉践行教师这一职业的崇高社会责任。"[②]"师德是每一位合格人民教师必备的道德素养,师德在教师整体素质中占有统领地位,它既是教师自我素质提高的导引和动力因素,又是教师自我素质提高的重要目标和检验标准,教师的师德素养对学生素质的发展有着重要影响,是学生灵魂的塑造者。"[③]这些学者的观点结合《中华人民共和国教师法》《中华人民共和国高等教育法》《高等学校教师职务试行条例》等法律和政策对教师义务、考核要求以及任职条件等规定,拥护中国共产党的领导、热爱社会主义祖国、贯彻落实党的教育路线方针政策、遵守宪法和法律、遵守规章制度、具有良好的教师职业道德和学术道德、为人师表教书育人、履行高校教师职

① 教育学名词审定委员会.教育学名词:2013[M].北京:高等教育出版社,2013:242.
② 胡乐乐,肖川.论"教师":从词源考古到现代释义[J].上海教育科研,2010(12):4-8.
③ 李祖伟,吕莹莹,徐安英.论教师应具备的职业素养[J].教育教学论坛,2011(20):74.

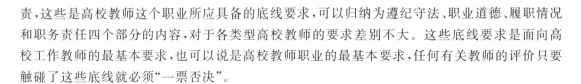

责,这些是高校教师这个职业所应具备的底线要求,可以归纳为遵纪守法、职业道德、履职情况和职务责任四个部分的内容,对于各类型高校教师的要求差别不大。这些底线要求是面向高校工作教师的最基本要求,也可以说是高校教师职业的最基本要求,任何有关教师的评价只要触碰了这些底线就必须"一票否决"。

二、教师能力素质经验要求

教师是人类社会最古老的职业之一,孔子为后人尊为"万世师表""至圣先师"。教师是人类科学文化知识的继承者和传播者。教师职业在社会分工中所负责的工作与其他工作的区别在于要有专门的知识和技能。职责就是职务上应尽的责任。高校教师职责根据高校教育教学需要,也就是根据高校的职能和使命来确定各级各类职务所承担的责任和需要完成的工作任务。要完成工作任务就必须具备相应的能力素质和经验。立德树人是新建本科高校的根本任务,人才培养是新建本科高校的首要职能,从新建本科高校人才培养的目标和规格特征出发,梳理教师的职责能够更加契合新建本科高校发展的需求。教师要传授给学生内容,就必须掌握知识,这是先决条件,没有这个前提教育教学质量就无从谈起。

(一)学生的知识特征与教师能力素质经验要求

新建本科高校培养的是专业性、技术性人才,根据人才培养目标和规格的特征,在知识和能力要求上有其相应的要求。

1.知识体系要求

"在知识、能力、素质三个基本要素中,知识要素是基础性要素,它从根本上影响着能力要素和素质要素。能力是知识外化的表现,素质则是知识内化的结果"[①],不论是知识本位课程还是社会本位课程都离不开专业知识。专业国标将本科专业学生要掌握的知识体系分成通识类知识、学科基础知识、专业知识和主要实践环节4个部分。

(1)通识类知识。大多数专业类别有类似"在完成国家规定的教学内容的基础上,各高校可根据办学定位和人才培养目标,确定人文社会科学、外语、计算机与信息技术、体育、艺术等的教学内容"[②]的描述,也就意味着国家规定必修的如思想政治理论课程必须按照要求全部完成,其他外语、计算机基础与应用等工具知识以及各专业类别旨在提升学生基本知识素养、科学与人文素养、道德品质和身心素质的知识,应根据各高校的定位和专业的特点再进行具体化。比如大学外语和计算机基础与应用,是大多数专业要求必须掌握的工具知识,工欲善其事,必先利其器,掌握工具知识是做学问的基本功。掌握一门外语,能够查阅外文资料和学术交流时大部分专业对外语的要求,专业特性明显,从这个视角看,公共四、六级英语这种全国性考试,所有专业同一个质量标准并不适合所有专业对英语的要求。计算机应用知识也同外语一样具有专业特性,同时计算机应用知识由于更新速度较快,充满时代性,计算机网络技术已经成为人们做学问、工作和生活的不可或缺的一部分,且以新一代信息技术、中国制造2025、工业4.0等为代表的第四次工业革命也离不开计算机网络技术的基础。因此,计算机应用知识的传授不仅需要根据专业特点量身定制,而且还要结合计算机技术及其应用的发展及时更新。工具性知识只是通识类知识的一部分,还有文化素质教育、自然科学知识、就业创业指导

① 潘懋元.应用型人才培养的理论与实践[M].厦门:厦门大学出版社,2014:49.
② 教育部高等学校教学指导委员会.普通高等学校本科专业类教学质量国家标准[M].北京:高等教育出版社,2018:134.

等其他的通识类知识。由于通识类知识规定的必修只有部分，大部分的通识类知识由高校自主确定，培养出具有高校特质的人才的可能性将大幅提高。

（2）学科基础知识。大多数专业类别的学科基础知识都是跨两个或两个以上一级学科，在培养规格的知识要求中主要描述本专业类别涉及的学科，在专业知识体系中对学科基础知识进一步细化，有的专业类别细化到具体的学科基础知识单元。大部分专业类别有核心的学科基础，对核心的学科基本理论、基础知识和基本技能要求相同。不同的专业类别对相同的跨学科、同一学科要求的基础知识存在差异。相同的学科不同的专业类别要求的基础知识不同，是因为不同的专业要求掌握的知识存在差异，所以对学科基础知识的选择是建立在满足专业人才培养需要基础上的。当前，许多高校的数学、物理等各专业类别的学科基础课基本上是依托相关学科的所在学院教师授课。对于这些教师而言这些课程是公共课，许多上其他专业学科基础课的教师没有对授课所在的专业深入了解，不知道授课专业的需要讲授的重点内容，不分专业统一讲授相同的知识单元，授课没有专业特性，难以调动学生的学习积极性，更谈不上让学生掌握这些学科基础知识可以应用在什么地方、如何应用。

（3）专业知识。首先，对专业知识要求的描述，大部分专业描述为掌握本专业基础知识、基本理论和基本技能，也有的专业对这3部分内容进一步细化为哪些专业知识是要了解还是掌握的要求，不论有无细化，对专业知识的描述还是比较宏观的要求。其次，对专业方向相关学科的前沿、发展动态和应用实践要了解，这就意味着只根据出版的教材传授专业知识无法满足教学的要求，不能保障专业教学质量。教师要在出版教材的基础上，融入专业相关学科和行业的前沿、发展动态等内容。从专业知识内容的角度仅用出版教材授课只能是"水课"，融入学科和行业的前沿、发展动态等内容才可能成为"金课"。最后，部分的专业类别还根据不同的适用专业分别提出专业知识的要求。

（4）主要实践环节。各专业类别的主要实践环节的目的，包含了培养学生的基本技能、实践能力、调研能力、创新创业能力、团队合作精神、组织协调能力、批判性和创造性思维等，其中实践能力、创新能力是大部分专业类别都要求的内容。各专业类别还对专业实验、实训、实习和毕业论文等实践环节提出教学内容、教学活动、教学要求以及考核等要求。各高校可以在基本要求的基础上根据培养目标和自身特点设计具有自身特色的专业实验。从实践环节的目的来看，大部分的能力培养落在实践环节，对于新建本科高校，实践环节无疑是应用型人才培养的核心环节。

结合新建本科高校对培养的人才具有一定宽度的通识类知识，较扎实的学科基础知识和专业知识，了解行业发展趋势，掌握一定的专业相关行业基本知识的知识体系特征，应该根据社会需求和专业特点设计实践环节，选择通识类知识、学科基础知识和专业知识的内容和结构比例，以"社会本位课程"的导向构建课程体系。一个专业的课程体系至少有几十门课程，一个教师只能承担少数的几门课程，必定要有相应的通识课、学科基础课、专业课和实践课等不同课程性质的教师。

从学科专业与专业技术岗位密切相关的角度，存在不同类型岗位切合目前高校的现状。不同类型岗位的教师都是专业技术人才，从人岗匹配角度，以人才分类为依据，首先分为学术型和应用型岗位，在应用型中可以分为工程型、技术型和技能型3类岗位，这样的分类与高校的分类发展更加契合。因此，不同类型的高校主要岗位的类型不同，不同类型岗位所占的比例不同；在高校内部存在不同岗位是正常的现象。新建本科高校的岗位以工程型和技术型为主，学术型和技能型岗位为辅。

高校具有人才培养、科学研究、社会服务等不同职能,教师所承担的职责也有所侧重。有的教师以人才培养为主,有的以科学研究为主,有的以服务社会为主,许多高校以此对岗位进行分类,分为教学型、教学研究型、研究型和技术推广型等,但不论是以哪一个职能为主,都包含了高校的三大职能,最终必须落脚在人才培养这个基本职能上。

从以上对教师岗位的分类情况来看,在高校教师的岗位比较多样,教师的职责除了因职务的不同而不同,还有不同角度下的分类而产生的不同,同一所高校教师个体的职责存在差别,但是所有的职责都跳不出高校职能的范围,都是由高校的目标所决定的。高校的职能和使命源于高校的定位,同一类高校教师的职责具有较高的相似度。因此,新建本科高校教师岗位具有多样化的特征,对于不同岗位教师的要求必定存在差异。

2. 专业知识要求

就新建本科高校培养的人才的专业知识要求而言,需要学生比较熟练掌握专业基础知识和专业知识;至少掌握一个专业相关行业基本知识;至少熟悉一个专业相关行业发展趋势。专业国标大多数专业类别对教师要求具有相关学科的教育背景,一般是相关专业的高等教育学历、年限或者系统掌握相关学科的基本知识、基本理论和基本技能的要求。

就对教师的学历要求而言,专业国标的大部分专业类别要求具有硕士、博士学位的比例不低于70%左右,基本上没有专门要求博士学位应占有的比例,有的专业类别对35岁以下教师要求必须具有相关专业硕士及以上学位,学历的要求体现了教师具有本专业较为深厚的理论基础和一定的研究能力。在澳大利亚,"博士学位仍是进入学术职业的最低标准,尽管增加的临时学术人员聘任在某种程度上影响了这一标准"[①]。在加拿大,"教师职位的应聘者必须具有博士学位"[②]。在荷兰,"应用科技大学的讲师很少持有博士学位。他们之间,硕士学位则更加常见,但大多数时候,讲师(或再低一级别的学业导师)只持有同等于学士学位的学历。高级讲师通常是唯一必须具备博士学位的职位"[③]。从以上几个国家高校教师职称聘任对学历的要求来看,大多数要求具有博士学位,只有荷兰的应用科技大学除了高级讲师要求博士学位,讲师和学业导师没有博士学位的要求。高校教师的学历应不低于培养的人才要取得的学历,对应新建本科高校教师的学历至少达到本科学历或者通过培训达到相应的要求,具备相应的知识和能力。但是,纵观发达国家的高校对教师的学历要求,博士学位是大多数高校的要求,即便是应用型高校也要求教师具有博士学位。世界多国在高校教师职称聘任上都有学历的要求,而且学历的要求都比较高,究竟出于什么目的?

"FORMALE EINSTELLUNGSVORAUSSETZUNGEN NACH § 25
NIEDERSÄCHISICHES HOCHSCHULGESETZ (NHG)

1. Ein abgeschlossenes Hochschulstudium

2. Durch praktische Erfahrungen bestätigte pädagogisch-didaktische Eignung

3. Besondere Befähigung zu vertiefter wissenschaftlicher Arbeit, die in der Regel durch

① 菲利普·阿特巴赫,利斯·瑞丝伯格,玛利亚·优德科维奇,等.高校教师的薪酬:基于收入与合同的全球比较[M].徐卉、王琪译校.上海:上海交通大学出版社,2014:68.
② 菲利普·阿特巴赫,利斯·瑞丝伯格,玛利亚·优德科维奇,等.高校教师的薪酬:基于收入与合同的全球比较[M].徐卉、王琪译校.上海:上海交通大学出版社,2014:87.
③ 菲利普·阿特巴赫,利斯·瑞丝伯格,玛利亚·优德科维奇,等.高校教师的薪酬:基于收入与合同的全球比较[M].徐卉、王琪译校.上海:上海交通大学出版社,2014:240.

eine überdurchschnittliche Promotion nachgewiesen wird

4．Besondere Leistungen bei der Anwendung oder Entwicklung wissenschaftlicher Erkenntnisse und Methoden in einer mindestens fünfjährigen beruflichen Praxis, von der mindestens drei Jahre außerhalb des Hochschulbereichs ausgeübt sein müssen. "[①]

这是德国奥斯纳布吕克应用科学大学官网（2017 年 6 月 13 日）教授招聘的条件,其教授招聘的条件是由下萨克森州高等教育法第 25（NHG）规定,它们包括：大学学位；通过实际经验所证实的教学技能；深入的科学工作能力,通常由高于平均水平的博士学位来证明；在运用及发展科学知识及能力方面,拥有至少 5 年的专业实习经验,必须有至少 3 年除高校外的工作经验,这些要求文件必须完整递交。由此可见,具有博士学位的要求是证明具备科研工作的一种手段,将难以直接判断的科研创新能力转换为容易判断的学历要求,其根本目的是要求高校教师具备较高的科研创新能力。

学历要求的根本目的是要求高校教师具备相应的知识和较高的科研创新能力。学历是将难以直接判断的要求转换为容易判断的要求的指标,并体现高校教师具有学术性质的特性。在不能采用具有博士学位要求的现状下,学历要求能够满足高校教师相应知识的要求,但是无法显示教师具备的科研创新能力,应该增加教师具备科研创新能力的要求。

专业国标对大部分工程专业类别要求教师具有相应的工程背景或者业界教师要占一定的比例,要求教师具有一定时间的业界工作经历、具有相关行业的国家或国际资质或认证、承担过工程项目等,这种工程背景要求对高校而言相对容易达到,同时能够满足专业培养行业人才的需求。德国奥斯纳布吕克应用科学大学的教授招聘条件要求应聘者必须在运用及发展科学知识及能力方面,拥有至少 5 年的专业实习经验,必须有至少 3 年除高校外的工作经验。新建本科高校培养的是具有应用技术研究、解决技术应用领域问题能力的专业性人才,校外实践经历是新建本科高校教师非常重要的经历,必须要求专业教师具有相应的实践经验,通常采用教师在行业工作的时长来反映校外实践经历。在行业的工作经历实际上是培养专业教师成为"既会教动脑又会教动手"教师的主要手段。一个专业的人才培养是由多个教师共同完成的,每个教师担任着不同的角色,从课程的角度有通识课程、学科基础课程、专业基础课程、专业方向课程等类型,如果以课程的类型对教师进行分类,通识课程教师和学科基础课程教师要对行业有一定的了解,专业基础课程教师对行业及其技术和发展动态要比较熟悉,专业方向课程教师对行业应该非常熟悉并要掌握行业的技术和发展动态。因此,对于新建本科高校教师必须具备的实践经验,从承担通识课程、学科基础课程、专业基础课程到专业方向课程的教师要求应逐步提高。

（二）学生的能力特征与教师能力素质经验要求

专业国标除对教师的背景要求外,还要求教师应具有独立完成教育教学任务的能力,具有先进的教育教学理念,掌握现代教育技术,能够根据教学目标和学生实际情况合理设计、组织教学,指导学生课外学术和实践活动,培养学生的创新意识和能力；应具有从事教学研究、科学研究的能力,及时掌握本学科研究、开发和应用的最新进展,将研究成果及时转化为教学,不断更新教学内容,用科研促进教学；应关心学生成长,加强与学生沟通,对学生的学业生涯、专业

---

① Einstellungsvoraussetzungen für Professorinnen und Professoren[EB/OL]. (2017-06-13)[2023-05-06]. https://www. hs-osnabrueck. de/de/wir/jobs-und-karriere/stellenangebote/einstellungsvoraussetzungen-fuer-professorinnen-und-professoren/.

发展取向、业务学习及人生发展规划提供必要的指导,体现了全员育人的要求。工程专业认证的通用标准对学生的要求,工程知识、问题分析、设计和开发解决方案、研究、使用现代工具、工程与社会、环境和可持续发展、职业规范、个人和团队、沟通、项目管理、终身学习 12 方面的内容能支撑培养目标,达成毕业要求;对教师的要求,具有足够的教学能力、专业水平、工程经验、工程实践问题研究、沟通能力、职业发展能力,有足够时间和精力投入教学和教学研究与改革,能为学生职业生涯规划、职业从业教育等提供指导、咨询、服务,应不断改进工作提升教学质量。工程专业认证的专业补充标准对教师的要求,师资队伍中要求具有相关工程实践经验、工程设计背景、科研背景的教师或业界人员作为具有工程背景的师资,并要求占有一定的比例。就人才培养的能力要求而言,新建本科高校培养具有一定的获取知识和综合运用知识的能力和创新能力,较强解决实际问题能力的专业性、技术性人才。

(1)教育教学工作的能力和经验。根据教师法规定,取得高校教师资格是真正成为高校教师的前置条件,职业道德、知识和教育教学能力等是取得高校教师资格必须具备的基本条件。取得高校教师资格证也就意味着通过了教育教学基本素质与能力测试。具有高校教师资格,只是高校教师从业所具备的师德、知识和能力的最基本要求,只是高校教师的“敲门砖”。“德国大学的学术生涯发展通常从研究生(硕士学位)担任科研和教学助理开始,他们一边工作一边攻读博士学位。个人可能作为人力资源分配中的一员,或者作为第三方资助的研究课题组的一名成员得到科研和教学助理的聘任。该任职阶段可长达六年,且很少有学者能得到全职的工作合同。授予博士学位后,青年研究人员可以基于类似合同准备其教授备选资格考试,该合同期限也可达 6 年,但他们有机会获得全职岗位,一定程度上也需要承担更多的教学工作量。”[①]结合德国奥斯纳布吕克应用科学大学的教授招聘条件来看,教授需要通过实际经验所证实的教学技能。国内外对高校教师都要求有经验积累,主要体现教师在教育教学工作经历等方面。

(2)具备行业知识和工作经验。具有某个行业的从业资格,意味着对这个行业有一定的了解。对于新建本科高校教师而言,基本上能够满足培养“一定的专业相关行业基本知识”的专业知识要求。“没有实际的工作经验,对企业环境不熟悉,这样的教师很难能培养出高素质的应用型人才。正如温家宝总理最近指出的那样,我国高等教育人才培养的一个问题是,‘动脑的不会动手,动手的不会动脑’,其根源在于‘教动脑的不会教动手,教动手的不会教动脑’。”[②]新建本科高校大多数教师来自其他高校的硕士、博士,基本上是“出了校门”就“进校门”,没有专业相关行业的工作经历,可以说不具有一定的专业相关行业基本知识,也就是说只有高校的学历还不能满足新建本科高校教师必备知识的需要,如果再有专业资格,就可以较好地解决“教动脑的不会教动手,教动手的不会教动脑”的问题,也能够满足新建本科高校教师必备知识的需要。然而不同行业的从业资格取得的难易程度不同,新建本科高校直接要求教师都必须具有从业资格也是不现实的。因此,要解决人才培养的“动脑的不会动手,动手的不会动脑”的问题,还需要拓宽教师实践能力培养的途径,使得所有专业教师成为“既会教动脑又会教动手”的教师。

(3)解决实际问题能力。新建本科高校技术服务为主型的定位逐渐清晰,服务社会职能在

① 菲利普·阿特巴赫,利斯·瑞丝伯格,玛利亚·优德科维奇,等.高校教师的薪酬:基于收入与合同的全球比较[M].徐卉,王琪,译校.上海:上海交通大学出版社,2014:147.
② 蔡敬民,余国江.关于应用型本科高校师资队伍建设的思考[J].合肥工业大学学报(社会科学版),2008(5):32-34.

新建本科高校 3 项职能中的重要性越来越凸显。新建本科高校教师必须认识到职能变化的新趋势,主动承担起服务社会的职能,落实立德树人的根本任务。要培养学生的解决实际问题能力和创新能力就要求教师必须具备解决实际问题方法、经验和培养条件,因此需要教师拥有解决经济社会发展中实际问题的项目,或者是将已有的项目成果转化为培养学生解决实际问题的教学资源。

（三）外部环境对教师能力素质经验要求

任何组织都不可能在社会中孤立存在,它的发展必定受到外部环境的影响。对作为高等教育组织员工——教师的能力素质经验的要求更多的是科学技术因素的影响。当前正处于第四次工业革命起步阶段,互联网、人工智能等新一代信息技术蓬勃发展,"中国地方政府在大数据、人工智能所开展的政务服务创新的大胆探索,为我们构建了一个治理的想象力,第四次工业革命将引致人类社会政府的新形态出现"[①]。比如为了加强顶层设计,"十四五"规划通过"学习强国"等媒体问计于民,新一代信息技术在政府治理的广泛应用,着实反映了第四次工业革命对政府执政的影响。

《中国制造 2025》行动纲领赋予了我国职业教育新的使命,"职业教育只有主动作为,积极回应制造业转型升级诉求,培养多层次、多类型的高素质制造业人才,才能为我国制造业强国的建设提供强有力的人力资本支撑"[②]。职业岗位及其岗位能力要求必将随着产业的变革而变化,行业、职业工作性质的改变,也必将对人才供给侧的高校提出新的人才培养目标与要求。因此,第四次工业革命必将促使高校专业结构的调整和人才培养的变革,推动高等教育的变革。

当下人们的生活已经离不开智能手机,从了解信息、购买商品、社交、工作学习甚至支付大多在手机上完成,大有"一机在手天下我有"的态势。大数据、智能媒体技术的广泛应用,让消费者更容易比较同类产品的性能,意味着权利要向消费者转移,这些需求侧的变化必将推动供给侧的改革。产业的变革、人们生活方式的改变必定推动职业分工的进一步变化,科技不仅使得我们可以更简单、快捷和高效地处理问题,而且也为个人的发展提供了机会。智能时代到来,"对我们大学人才培养目标定位的影响。比如,过去我们针对非智能时代的岗位需要去培养学生,但在智能时代,这些岗位可能已经或很快就会被智能机器所取代,我们培养的毕业生就可能会面临无法就业或失业的状况"[③],"第四次工业革命将挑战高等教育现有的社会角色、学科组织方式、教学方式、科学生产模式"[④]。从第四次工业革命的影响可以看出,它影响到了政府的决策;改变产业的生产和经营方式;改变人们的生活方式;改变行业和职业的工作性质,就业市场对人才素质能力的需求。第四次工业革命渗透到各个学科领域,产业的变革,社会需求的变化,作为人才市场供给侧的高校必须进行改革,也因此对教师的能力素质经验提出新的要求。

（1）计算机应用能力。"大多数人认为这些考试的内容测量计算机应用能力已经是所有本科大学毕业生一项基本技能,现在的教师都学过这些计算机课程,已经具备相关的能力。然

① 米加宁,章昌平,李大宇,等."数字空间"政府及其研究纲领:第四次工业革命引致的政府形态变革[J].公共管理学报,2020(1):1-16.
② 陈鹏,薛寒."中国制造 2025"与职业教育人才培养的新使命[J].现代教育管理,2018(1):77-83.
③ 卢晓中.高等教育质量发展的五大趋势[J].大学教育科学,2019(5):6-9.
④ 任羽中,曹宇."第四次工业革命"背景下的高等教育改革[J].中国高等教育,2019(5):13-16.

而,随着社会的发展,'互联网＋''大数据'时代的到来,教师在互联网、大数据等方面的应用能力成为教师教学、科研和服务社会的必备工具并对教师工作起着重要支撑作用,应该高度重视这些基本技能。"①从职称晋升聘任制度的环境来看,当下正处于技术变革时期,计算机、互联网、大数据是技术变革的要素,对教师的计算机应用已经不是之前的计算机等级考试的内容,而是变为互联网、大数据等新一代信息技术的应用,不是不要求教师具备相应计算机应用能力,而是要求的内容发生变化。

（2）外语能力。随着新一代信息技术的广泛应用,信息互联互通,经济全球化已成定局,新建本科高校逐步国际化的趋势越来越明显,高校教师要适应经济全球化和越来越高的国际化水平的外部环境要求,就必须进一步提升本专业的外语水平和提升用外语交流的能力。

三、教师工作和业绩

人才培养是新建本科高校首要的职能,社会服务职能在新建本科高校的重要性越来越凸显,科学研究是人才培养和社会服务的有力支撑。科学研究的成果转化为教学内容能让学生了解学科前沿知识,社会服务的成果能让学生了解行业知识、动态,让学生参与科研项目和社会服务项目能培养学生的创新能力和解决实际问题的能力。因此,新建本科高校实现科学研究和服务社会的职能最终的落脚点还是在人才培养上,教师的科学研究和服务社会必须转化为人才培养的资源,这也是新建本科高校与科研机构的主要差别所在。

新建本科高校职能定位决定了产出的内容,也决定了教师工作和业绩的内容。要实现人才培养的目标,教师必须承担一定的教学工作量,同时还有保证教学质量达到相应的要求。教育教学研究、科学研究和社会服务等项目和成果都是新建本科高校的产出。新建本科高校产出是多样化的,既有如学术论文和基础研究项目等对事物存在及其规律的学科化研究的学术性成果和项目,也有如咨询报告和横向项目等解决经济社会发展实际问题的社会性成果和项目。社会性的产出可能存在学术性不强,学术价值不高,但是它具有一定的经济效益或者社会效益,具有一定的社会价值,社会贡献同样是有意义的产出。根据新建本科高校的办学定位,社会性产出的比例应该比学术性产出的比例要高得多,社会性产出的比例占主体地位。

社会性产出不以学术价值作为判断依据,而是以社会价值作为判断依据。对于经济效益的判断通常采用货币来体现,在新建本科高校的社会产出中能够体现经济效益的通常有两种,一种是某个产出给学校带来多少经济效益,通常以经费到学校账户的金额来衡量;另一种是某个产出在企业中产生的经济效益,通常以企业开具证明的形式体现产生的经济效益。前者在价值体现上让人感觉"真金白银",在评价中认可度高;后者在价值体现上让人感觉"虚无缥缈",在评价中认可度较低。对于社会效益的判断通常采用被采纳的等级和鉴定的等级、性质来体现,在评价中认可度高。对于社会效益,被某一级政府采纳的基本上没有存在异议,由部分鉴定的等级、性质来体现的则有着不同的看法,比如说有的专家认为发明专利应该进行转化后才能体现它的社会价值,毫无疑问发明专利没有转化就没有经济效益。但是对于新建本科高校而言,是培养教师成果转化的第一步,有了成果才有第二步转化为经济效益的可能,至少起到培养教师向应用型转变的作用,对于学校而言还是有价值的。当然,如果学校发展到创新服务为主型,没有转化的发明专利再作为职称晋升聘任条件就不太合适了。社会性产出作为

---

① 李泽彧、陈杰斌.论学校教师专业技术职务聘任条件:基于地方本科院校制度文本分析[J].国家教育行政学院学报,2015(9):64-69.

职称晋升聘任条件的主体是由新建本科高校产出的特征决定的,对于新建本科高校而言是一种新生事物,需要根据学校的定位选择产出来编制职称晋升聘任条件。

综上所述,新建本科高校教师能力素质经验要求的多元化和教师个体的局限性,必然形成教师岗位的多样化特征;新建本科高校的职能决定了产出具有多样性的特点和教师个体差异性,必定出现不同教师之间的产出存在差异,形成教师产出的多样化特征。

第二节　新建本科高校的教师发展需求

根据期望理论和双因素理论,职称晋升聘任条件满足教师发展需求是教师努力工作的激励因素,会引导教师的工作努力方向。在职称晋升聘任条件制定过程中,教师对编制的职称晋升聘任条件的期望与要求通常是在制度文件征求意见时教师表达出来。教师的合理化意见被采纳,就是满足教师需求的一个过程,当教师的含义代表的是所有专任教师时,满足教师需求表现为被教师"广为接受"。

一、教师能力发展需求

根据教师法、高等教育法对高校教师的权利与义务的规定,教师的根本职责就是履行教学活动,对学生进行德智体美教育,帮助学生完善人格,促进品德、智力、体质等方面全面发展。而要正确履行职责,还需要教师不断提高自己的知识水平与研究能力,否则教师缺乏学习能力,对信息时代的知识选择与把握能力不强,就无法把握最前沿的科学技术知识,也就不能提升学生专业素质和人文素质。所以,教师自我提升也同样是教师的法定义务,是教师履行职责的前提条件,更是教师发展需求的主要内容。

工程专业认证要求教师具有足够的教学能力、专业水平、工程经验、工程实践问题研究,师资队伍中要求具有相关工程实践经验、工程设计背景、科研背景的教师或业界人员作为具有工程背景的师资,并要求占有一定的比例。专业国标要求教师具有先进的教育教学理念,及时掌握本学科的研究、开发和应用的最新进展,将研究成果及时转化为教学,不断更新教学内容,用科研促进教学等。专业国标中大多数专业类别以具体教师发展要求和相应制度规定教师发展环境。对教师发展环境的要求虽然各专业类别存在差异,但是基本内容相近。一是建立高校教师资格机制。目的是使新入职的教师能够了解学校基本情况,达到高等学校教师的职业基本要求,当前高校新入职的教师大部分没有师范教育的背景,对教学工作相对陌生,没有取得高校教师资格,岗前培训无疑是解决新入职的教师无法满足职业基本要求的最有效的措施。二是建立教师教育教学能力持续提升机制。大多数专业类别以建立基层教研组织定期开展教研活动、集中备课、教学难点集中研讨、老教师传帮带和教学技能培训等形式建立机制,持续提升教师教育教学能力,其中突出了对青年教师的培养。三是建立教师学术水平不断提高机制。支持教师积极参与学术研究、专业进修、到高水平学校访学,为教师创造良好的科学研究的环境和氛围,不断提高学术水平,满足专业教育教学不断发展的要求。大部分实务性、工程或应用类课程较多的专业类别,要求为教师提供业界实践良好环境,支持教师履行社会服务职责,提升教师实践能力。教师发展的环境要求体现了高校重视教师发展,特别是教师的教育教学能力的发展,以提升人才培养质量的核心要素——教师水平,促进高等教育人才培养质量的提升。

此外,以 2020 年突发疫情下的教育教学为例,教师掌握现代教育技术和计算机应用等教育教学能力,能够及时根据学校安排开展线上教学,在学生不能返校的这一特殊情况下开展教育教学工作,完成教育教学任务。教师只有具备这些知识、能力、经历和水平等,才能够有效保障达到人才培养目标的目的。教师的这些能力素质经验很多不是已经具备的,要满足教师的需求,需要学校有相应的配套措施,进一步培养培训才能达成,继续教育成为满足教师需求的重要途径和手段。

继续教育的形式多种多样,通常用时长、考核结果来反映教师接受继续教育的情况。高校教师继续教育通常有进修、访学和校内外培训等形式。进修、访学是之后脱产继续接受教育的主要形式,目的是教师能够跟上学科前沿,提高教师的政治水平、业务水平、科研能力和教育教学水平,从而达到提高师资队伍建设水平的目的。进修、访学通常按地点分为国内和国境外高校访学,国境外高校访学除了能提升师资队伍建设水平,还是实现新建本科高校国际化的重要途径。校内培训也是教师接受继续教育的主要形式之一。近几年高校注重高校教师发展,本书的样本高校都成立教师发展中心开展教师培训等业务,提高师资队伍建设水平,因此参加校内培训应是继续教育的重要组成部分。校外培训通常是参加与专业相关的学术、教学等专题培训班,目的是通过培训掌握最新的相关技术、教学和学术动态。从这些形式来看,继续教育的目的就是让教师能了解、掌握学科专业前沿和新技术,使得教师能够适应教育教学、学科发展和经济社会发展的需要。

就当前新建本科高校教师需求而言,从技术发展的角度,新一代信息技术在教学的应用,为新建本科高校扩充优质教育教学资源提供了渠道,在疫情防控特殊时期,加速了线上教学资源的开发、储备与利用,教师线上教学、学生线上学习进一步普及,线上线下相结合的混合式教学体系已经逐步形成,相应的教学管理和质量监控体系必须顺势改革,适应教育教学发展的新形势。教育技术成为新建本科高校提升教学质量不可或缺的技术要求,是教师教育教学履职的基本能力,理当成为新建本科高校教师能力提升的首选。在新一代信息技术广泛应用的背景下,产业转型升级、社会治理的变革离不开新一代信息技术的应用,提升教师的新一代信息技术应用能力迫在眉睫,在没有统一标准的现实情况下,高校应该为教师开展这些方面的培训或者参加其他机构组织的相关的专题培训,并对教师进行相应的评价,才能使得教师新一代信息技术应用能力跟上技术变革的时代步伐。随着新建本科高校逐步国际化的趋势越来越明显,对于高校教师而言,对外专业交流越来越频繁,外语主要用于教师的专业上,全国统一分类考试还不能达成这一目标,新建本科高校对教师外语能力提升的机制尚未建立,导致部分高校对教师外语能力要求弱化。这对新建本科高校逐步走向国际化会有一定的负面影响,需要加快建立外语能力提升机制,满足教师专业国际交流的需求。

然而,在继续教育学时的认定上,可以用发表论文代替继续教育学时这是延续了省级统一评审时的做法,许多教师是以发表论文的形式达到继续教育时长要求的。发表论文可以反映教师了解、掌握学科前沿的情况,但不能达到继续教育的目的。因此,用发表论文代替继续教育的学时是不妥当的,还是以进修、访学和校内外培训等形式来反映继续教育能够达到满足教师发展需求既定的目的。如果有相应考核要求的继续教育,可以间接地反映教师的能力情况,可以将继续教育作为当前制度变革期许多没有统一标准,而教师职称晋升聘任又需要评价的要求的新的渠道。

二、教师发展渠道需求

职称晋升聘任是对教师个人学科专业水平的综合评价,而就高校产出的现实来看,团队的产出比例不小,特别是对学校而言具有较大影响力和对社会贡献度较大的产出绝大部分是团队的产出,团队的产出无疑是学校实现办学定位目标的主要支撑,职称晋升聘任需要解决个人评价与团队业绩的问题。在职称晋升聘任条件中,个人评价与团队业绩问题主要表现在教学科研业绩条件上,解决这个问题的核心是确定个体在团队的贡献度。现有对教师的大多数评价,不论是定性还是定量的模式更多采用的是教师在产出中的排名来确定贡献度,体现的是团队之外的人规定个体在团队的贡献度的模式,而非根据教师的实际贡献来确定。这种做法在高校教师的评价中比较常见,容易出现排在前面的"用不着",排在后面的"用不上"的情况。

除产出外,教师的学科专业水平也是个体在团队的贡献度的一个体现。这里所说的团队更为宏观,通常是学科和专业的概念。学科专业水平的要求在许多高校的教师评价中处于被弱化甚至不做要求,主要是因为学科专业水平的要求不够具体,难以用刚性条件设定标准,适合用于同行专家的定性评价。没有相应的学科专业水平要求带来的负面影响主要有,一是不同专家在定性评价中没有相对统一的标准,可能导致评价结果差别较大;二是教师更加注重个人的教学科研业绩,学科和专业建设被弱化,导致学科专业水平提升困难。

职称晋升聘任的基本条件、能力资历条件、教育教学条件和教学科研业绩条件4类条件中,前3类主要反映履职基本要求,后者体现了教师的学科专业水平;前3类是门槛条件,只要达到条件就能进入,也是准备晋升聘任的教师基本上都能达到,后者是对达到一定学科专业水平的反映,具有激励性质。教师是高校组织的一类岗位,以高校组织发展为目标,必须履行高校教师的职责,从这个角度上讲,高校教师的产出必须是高校组织目标相关的才是有效的。高校教师都有学科专业归属,工作内容有很强的专业性,教师职称是按学科专业聘任的,从职称聘任的角度,教师的产出必须是与专业直接相关的内容。

高校不同等级的教师职称对学科专业水平的要求不同,职称等级越高,学科专业水平要求越高。职称晋升聘任的教学科研业绩需要通过多年积累,体现的是长期激励的效应,具有指挥棒的作用。与之相比较,绩效工资制度是对年度工作的激励,相应体现的是短期激励的效应,作为两种激励效应的工具应协调使用。绩效工资制度应视教师当年履职情况给予体现,而职称晋升聘任需要有一定水平的教学科研业绩才能被纳入,这是职称代表了教师具有一定的学科专业水平的内涵所决定的。教学科研业绩并非所有的都可以,也不能将所有的业绩累积作为达到条件的要求,应选择具有一定学术、专业水平的教学科研业绩作为教师的标志性业绩。

新建本科高校产出具有多样化的特征,产出的内容多种多样,而教师的工作精力有限,不同的教师专业特长不同,有的擅长教育教学,有的擅长科学研究,有的擅长服务社会,不可能在所有方面都有一定水平的产出。教师职称具有的学科专业特性,导致不同学科专业的教师产出有着明显差别。"高校的教师职称评聘标准有两种分类方式:一类是依照岗位类型划分,设置教学为主型、科研为主型和教学科研并重型三类岗位;另一种分类法是依照学科(专业)划分,按理工学科、人文社科分类为主。"[①]"研究型以学术著作为主,技术型则为技术报告,教学

① 曾婧婧,邱梦真.当前我国高校教师职称评聘的特点:基于20所"985工程"高校的职称评聘细则[J].现代教育管理,2016(10):73-80.

型则以如教案分析等结果呈现。"①过度的学术资本主义的侵蚀、市场价值取向，都会导致教师评价价值选择的失重。新建本科高校产出多样化的特征与教师个体产出局限性的矛盾，单一的职称晋升聘任标准必定不能匹配产出多样化的特征，不能满足教师对自身事业的发展需求，需要多个晋升聘任渠道才能使得职称晋升聘任条件与学校定位和教师需求双边匹配，让这种匹配更具稳定性。在案例高校的实践中，收集到的教师需求的信息多种多样，其中增加教学科研业绩的种类是比较一致的需求。职称晋升聘任条件"一是体现分类发展，用不同职称评价指标体系去评价不同类型的教师。二是体现自主发展，同一系列教师，选择的业绩条件渠道更加多样化。教师有了更大空间的自主选择和自由发挥。三是以人为本，教师可以根据自己兴趣、爱好、特长选择有利于自主发展的职称评价体系，以体现个性差异"②。因此，要匹配新建本科高校教师的多元化需求，人才培养、科学研究和服务社会的项目和成果都可以作为教师职称晋升聘任条件的内容。

三、教师发展环境需求

动机是员工行为的先导和动力。根据马斯洛需要层次理论、阿尔德法的 ERG 理论、赫茨伯格的双因素理论、公平理论等相关理论，员工在低层次的需求得到满足以后才会向高层次需求发展；员工有生存与个人成长两组基本需求，生存是保健因素能够防止对工作的不满意，个人成长是激励因素能够对工作产生满意的情感；员工的动机很大程度上取决于对公平的判断。根据维克托·弗鲁姆的期望理论，员工动机是一个有意识的选择过程，确立的目标能激励员工持续努力完成工作任务。

（一）高校制度与职称晋升聘任

"高等学校本质上是学术组织，教师作为学术工作者是学术组织的主体。通过一定的组织形态和相应的制度安排，使教师在学术活动中发挥主体作用，行使学术权力，是世界各国现代大学的通例。"③权力结构与逻辑结构作为高等教育制度不可或缺的两个方面，"在作用机制上，前者是公开的、明确的、可预知的、可信赖的、公平的、形式合理的，它具有最起码的普遍性和一般性，后者则是内隐的、因人而异的、利益化的、特权化的，在这里真正起到作用的是强权即真理的法则"④。高校的职称有明确职责、任职条件、业务知识和技术水平要求，现有政府的岗位设置政策对高校不同职务岗位按一定比例进行控制，也就是每种职务岗位的数量是有上限的，特别是高级职称的数量可以说是高校的稀缺资源。职称晋升聘任条件只是最低的标准，并非达到就可以聘任，当达到条件的人数多于职数时，竞争是必然的选择。因此，需要建立制度来减少职称晋升聘任过程中的不确定性，达到约束、指导和调控教师的教育活动、教育行为的目的，将职称晋升聘任中属于学术权力的交由相应的学术组织处理，构建合理的学术和行政二元权力结构，形成公开的、明确的、可预知的、可信赖的、公平的、形式合理的机制，体现形式正义。

（二）高校职称晋升聘任制度与教师需求

高校教师想要晋升职称就必须按照职称晋升聘任制度要求去做，首先教师要达到职称晋

① 杨莹.台湾的大学教师分流与多元升等：从大学教师评鉴机制分析[J].苏州大学学报（教育科学版），2014(1)：115-120.
② 黄奉毅.基于自主发展的高校教师职称分类评价研究：以 A 大学为例[D].重庆：重庆医科大学，2016.
③ 熊庆年，蔡樱华.高校学术权力组织的制度再造与政府规制[J].复旦教育论坛，2018(4)：37-42.
④ 谢作栩.高等教育与社会发展[M].厦门：厦门大学出版社，2007：68.

升聘任条件才有资格参与聘任,其次教师必须按照制度要求的程序通过各个环节的评审、评价才能达到职称晋升的目标。对于教师而言,职称晋升必须面对两个重要的问题:一是晋升职称的条件是什么,二是要通过什么程序的评审。这两个问题也是在编制职称晋升制度过程中教师重点关注的问题。晋升职称的条件关系到教师是否能够达到条件、达到条件的容易程度,达到条件后具有多少竞争力的问题,是教师最关注的内容。聘任程序是全校统一的流程,教师更关注的一是能够保证公平、公正、公开;二是能够更加简洁,减少不必要的麻烦。教师个体由于在人才培养、科学研究和服务社会的特长和兴趣的差异,必定产生偏好的不同,由此引起对职称晋升聘任条件的分歧。职称作为专业技术职务,职称聘任作为学校战略人力资源管理的制度,超出学校职能范围、非本专业以及岗位职责之外的教师偏好内容不被接受是必然的;对于教师整体而言,各个教师的偏好内容的总和与学校要达到战略目标的内容基本上是一致的。因此,如果支持晋升聘任条件设置能够满足教师多元化需求,教师对于职称晋升聘任条件的分歧主要不是在条件的内容上,更多的是在职称晋升聘任条件的结构上。

综上所述,职称晋升聘任条件适用于新建本科高校所有教师,不同岗位新建本科高校教师的需求存在差异,学校的教师需求是由教师个体需求集合组成的,新建本科高校教师会因学科特点、从事岗位和自身的特点与喜好等不同产生多元化的需求。教师在能力素质经验上的发展需求,需要相应的配套政策、措施才能得以实现,在编制职称晋升聘任条件的教师能力素质经验要求时,不仅要考虑不同学科、岗位特点的教师要求,而且还必须考虑配套的政策、措施能否满足教师需求;在编制职称晋升聘任条件的教师业绩要求时,应考虑不同学科特点、从事岗位和自身的特点与喜好等不同产生多元化的需求;在编制制度文件时,应以形成公开的、明确的、可预知的、可信赖的、公平的、形式合理的机制,体现形式正义为基本原则,以减少聘任制度在实施过程中的不确定性。由于存在教师需求的多元化、新建本科高校产出的多样化特征和教师个体产出局限性等,单一的职称晋升聘任条件必定无法实现双边匹配,因此职称晋升聘任条件必须为教师晋升设计多个渠道,以实现职称晋升聘任条件与办学定位目标和教师需求双边匹配。

第四章 新建本科高校职称晋升聘任条件匹配分析

随着高校自主权的下放，为高校根据自身特点制定职称晋升聘任制度扫除了体制机制障碍，新建本科高校在实践过程中需要解决教师职称晋升聘任条件如何与办学定位相匹配这一重要问题。对照新建本科高校特征和教师岗位要求，选择福建省 7 所新建本科高校职称晋升聘任制度文本作为匹配分析对象，分析总结它们的经验和存在的问题。

第一节 福建省新建本科高校首次制定 职称自主聘任条件匹配分析

一、首次职称自主聘任改革背景

2012 年是福建省新建本科高校经历的职称聘任制度重大改革的时间节点。2012 年之前，新建本科高校教师的职称由福建省统一评审，跟老本科高校一样的职称晋升聘任条件，经历一样的评审程序。可以说这段时期，新建本科高校教师评职称是在与老本科高校教师"同台竞技"。2012 年，福建省将制定职称聘任实施办法、职称聘任条件和评审权下放给各高校，按评聘合一模式由各高校自主聘任教师职称，并出台《福建省高校教师等专业技术职务聘任制实施办法（试行）》，指导各高校自主制订职称聘任实施方案，自主设定职称晋升聘任条件。2013 年，各高校自主制订职称聘任实施方案，自主聘任教师职称，开始呈现具有高校特色的职称聘任制度。所选的 7 所新建本科高校有 4 所在 2013 年完成了本校的职称聘任实施方案和职称晋升聘任条件的制定，3 所采用职称晋升聘任条件过渡的形式，分别于 2014 年和 2015 年制定本校的职称晋升聘任条件。

二、首次职称自主聘任文件分析

福建省 7 所新建本科高校由于首次自主制订职称晋升聘任实施方案和各校之间相互借鉴，又有主管部门的较为详细的指导意见，还有"实施方案须经学校教职工代表大会审议通过，并报省教育、人事行政部门备案后实施"[①]，为了 2013 年能够正常开展职称晋升聘任，维护教

---

① 福建省公务员局（福建省人力资源开发办公室），福建省教育厅. 福建省高校教师等专业技术职务聘任制实施办法（试行）（闽人发〔2012〕206 号）[EB/OL].（2013-04-22）[2023-05-06]. https://rsc.fjnu.edu.cn/de/05/c9982a187909/page.htm.

师的利益和安定稳定,导致福建省 7 所新建本科高校的职称晋升聘任实施方案内容差异不大,基本上没有脱离福建省指导意见的框架范围。文件都包含了基本原则、实施范围与对象、专业技术职务任职条件、聘任组织及职责、聘任基本程序、聘任管理和工作要求等内容。

(一)行文方式与文件产生程序

7 所新建本科高校职称晋升聘任文件框架出现两类行文方式,一类是实施方案和聘任条件成两个文件分别发文,另一类是聘任条件作为实施方案的附件。两类行文方式为 4∶3(详见表 4-1)。从表 4-2 可以看出,没有分开行文的 3 所高校在 2013 年正式发文,其中 2 所高校文件的产生过程中经历了教职工代表大会的审议,1 所没有经历教职工代表大会的审议。分开行文的 4 所高校的实施方案都在 2013 年正式发文,均通过教职工代表大会的审议,聘任条件 1 所在 2013 年、2 所在 2014 年、1 所在 2015 年正式发文,1 所经历教职工代表大会的审议,3 所没有经历教职工代表大会的审议。分开行文的一种原因是不能及时制定并通过学校的职称晋升聘任条件;另外一种可能是职称晋升聘任条件通过教职工代表大会的难度大,实施方案通过的难度较小,从福建省的指导意见中对实施方案明确要求通过教职工代表大会,职称晋升聘任条件没有明确要求,通过分开行文的方式避开文件不能通过的风险。从实施方案和职称晋升聘任条件的性质来看,职称晋升聘任条件一定程度上代表一个学校对某一职称的学术水平要求,对学术水平的评价应属于高校的学术权力,应由学术委员会进行判断,职称晋升聘任条件应经过学术委员会审议;实施方案主要是对职称评聘基本原则、实施范围与对象、聘任组织及职责、聘任基本程序、聘任管理和工作要求等内容的规定,属于行政管理范畴,按上级文件规定经教职工代表大会审议。基于以上原因,各高校产生职称晋升聘任文件出现不同。

表 4-1　7 所高校职称晋升聘任文件框架及产生经历的主要程序

项　目	GC	LG	MJ	PT	QZ	SM	WY
实施方案与聘任条件分开			√	√	√		√
实施方案教代会通过	√	√		√	√	√	√
聘任条件教代会通过		√				√	√

资料来源:根据福建省 7 所新建本科高校首次职称晋升聘任改革制度文本整理。

表 4-2　7 所高校首次自主制定职称晋升聘任条件年份

年　份	GC	LG	MJ	PT	QZ	SM	WY
2013	√	√		√		√	
2014			√		√		
2015							√

资料来源:根据福建省 7 所新建本科高校首次职称晋升聘任改革制度文本整理。

(二)岗位设置、人选推荐分析

职数都由学校统筹的有 2 所,4 所为学校统筹和按一定方式将职数划分给二级学院,1 所为按一定方式将职数划分给二级学院,3 种岗位设置的模式中,按一定方式将职数划分给二级学院有 5 所(详见表 4-3),一定程度上体现了校院两级管理模式。

二级学院在推荐程序中,只要应聘人员达到要求就可以将其作为拟聘人选推荐的高校有 3 所,其余 5 所对二级学院推荐拟聘人选在应聘人员达到要求的基础上还有一定的限制要求,其中 3 所是通过与当年公布的职数的比例作为限制,1 所是在当年公布的职数范围内推荐(详见表 4-3)。应聘人员达到要求二级学院就可以将其作为拟聘人选,说明二级学院在最终聘任的人选上的话语权小;二级学院按当年公布的职数的比例推荐或对合格的人员进行排名,说明二级学院在最终聘任的人选上的话语权较大;二级学院按在当年公布的职数范围内推荐,说明二级学院在最终聘任的人选在二级学院手上。从二级学院在最终聘任的人选上的话语权大小可以看出学校在人事管理方面推进校院两级管理的深度。岗位设置中职数由学校统筹的 2 所高校均采用了在最终聘任的人选上的话语权小的模式,由此可见,这 2 所高校在人事管理方面还未深入推进校院两级管理。从二级学院考核推荐组的组成来看,既有管理人员也有学术人员,在评价中既体现学术权力也体现行政权力。

学科评议组在推荐程序中,达到相应要求的专业水平就可以推荐的高校有 2 所,其余 5 所对学科评议组在拟聘人选在应聘人员达到要求的基础上还有一定的限制要求,其中 1 所为对合格的人员进行排名,4 所为按一定比例推荐,都按推荐人数与受评议人数高于 1∶1 比例推来(详见表 4-3)。学科评议组的人员组成都是相关专业的学术专家,学科评议组的评价体现学术权力,主要判定受评议人员专业水平是否达到相应要求的水平。在应聘人员达到要求的基础上推荐受评议人员或对受评议人员排名,对学科评议组要求更高,还有一定程度上对受评议人员的专业水平做出比较,表现出学科评议组的选择人员的权力。

表 4-3　岗位设置及推荐拟聘人选情况

学校名称	岗位设置	二级学院	学科评议组
GC	二级学院岗位、学校统筹岗位	合格,岗位余数内推荐	合格,推荐
LG	二级学院岗位	合格,推荐	合格,推荐
MJ	二级学院岗位、学校统筹岗位	合格,推荐	合格,≤(1.1~1.2)∶1.0
PT	二级学院岗位、学校统筹岗位	合格,≤1.2∶1.0	合格,≤1.1∶1.0
QZ	学校统筹	合格,推荐	合格,推荐人数为受评议人数的85%
SM	二级学院岗位、学校统筹岗位	合格,≤1.2∶1.0	合格,≤1.1∶1.0
WY	学校统筹岗位	合格,一定比例	合格,≤1.2∶1.0

资料来源:根据福建省 7 所新建本科高校首次职称晋升聘任改革制度文本整理。

从师资队伍建设的角度,二级学院最清楚师资队伍建设需要、教师的教学和学术水平等,由二级学院选择拟聘人员应是最切合二级学院师资队伍建设的需要。由于新建本科高校发展几年之后,职数所剩无几,成为"稀缺资源",一般情况下当年度能够公布的岗位不多,分到各个单位就更少,从统计的角度类似≤1.2∶1.0。没有任何意义,还不如直接在公布的职数范围内推荐。因此,岗位设置由二级学院拟定当年拟聘岗位,拟聘人员的人选由二级学院在公布的职数范围内推荐,学科评议组只对受评议人员是否达到相应要求做判断,这样的组合更符合校院两级管理的要求。

(三)聘任程序分析

7 所高校的聘任程序基本相同,包含了申报通知、个人申请、单位审核推荐、资格审查、代表作送审、专家组评议推荐,校聘委会审定。职称晋升聘任程序基本上是在《福建省高校教师等专业技术职务聘任制实施办法(试行)》程序要求基础上进行细化的。

三、首次自主教师职称晋升聘任条件匹配分析

根据前文对职称晋升聘任条件的分类,7 所高校都包含了"基本条件""素质能力条件""教

育教学条件""教学科研业绩条件"4 类,不同高校在具体条件上还是有差异的。总体而言,7 所高校之间相互借鉴较多,大部分高校聘任条件相似度较高。

(一)基本条件分析

基本条件是对所有教师的统一要求,内容相似度较高,条件采用负面清单的形式进行描述。基本条件大致分为遵纪守法的要求、道德品质的要求、综合考核的要求和职务责任的要求四类,是高校根据《福建省高校教师等专业技术职务聘任制实施办法(试行)》的要求和履职情况的具体细化条件。

1.遵纪守法

遵纪守法的要求主要是对受处分人员、没有结论的涉案人员和受法律处罚人员的限制申报规定。7 所新建本科高校中有 6 所高校对受处分人员做出了限制申报的规定,1 所没有相应的规定;3 所高校对没有结论的涉案人员,2 所对受法律处罚人员做出了限制申报的规定(详见表 4-4)。遵纪守法是每个公民应尽的义务,遵纪守法理应是对教师的最基本要求。

表 4-4　遵纪守法限制申报规定

项　目	GC	LG	MJ	PT	QZ	SM	WY
受处分人员		√	√	√	√	√	√
没有结论的涉案人员			√	√		√	
受法律处罚人员				√		√	

资料来源:根据福建省 7 所新建本科高校首次职称晋升聘任改革制度文本整理。

2.道德品质

道德品质的要求主要是对有违教师职业道德和学术道德的行为限制申报规定。所有高校都对有违教师职业道德或学术道德的人员做出了限制申报的规定(详见表 4-5)。师德是教师职业道德的简称,是"教师和一切教育工作者在教学活动中必须遵守的道德规范和行为准则以及与之相适应的道德观念、情操和品质"[①]。科学研究也是高校教师的重要职责,高校教师还是从事科学研究的工作者。高校教师不仅要遵守教师职业道德规范,还要遵守学术道德规范。教师的职业是教书育人,传播知识思想真理,塑造灵魂生命新人,道德品质的要求高于公民的社会公德要求,有违师德、学术不端的情形基本上是各高校"一票否决"的内容。

表 4-5　道德品质限制申报规定

项　目	GC	LG	MJ	PT	QZ	SM	WY
有违师德	√	√	√	√	√	√	√
学术不端	√	√	√	√	√	√	√

资料来源:福建省 7 所新建本科高校,首次职称自主聘任改革制度文本。

3.综合考核

综合考核主要包括教师的年度考核和聘期考核,年度考核结果按照事业单位人员年度考核结果等级,分为优秀、合格、基本合格和不合格 4 个等级,聘期考核一般只有合格和不合格两

---

① 教育学名词审定委员会.教育学名词:2013[M].北京:高等教育出版社,2013:167.

个等级。年度考核是对教师过去一年的全面综合评价,聘期考核是根据聘任岗位的职责对教师在过去的一个聘期履职的评价,与年度考核相比相对偏向业务的考核。6所高校有年度考核基本合格或不合格限制申报的规定,1所有年度考核合格的要求但没有限制申报的规定,年度考核合格是福建省指导意见中要求的基本条件之一;没有高校对聘期考核有限制要求(详见表4-6),由于年度考核与聘期考核重叠的内容较多,考核结果可能出现年度考核都合格、聘期考核不合格或者有部分年度考核不合格、聘期考核合格等情况较难处理,因此聘期考核实施的高校较少,没有学校将聘期考核的结果应用在职称晋升聘任上。

表 4-6　综合考核限制申报规定

项　目	GC	LG	MJ	PT	QZ	SM	WY
年度考核		√	√	√	√	√	√
聘期考核							

资料来源:福建省7所新建本科高校,首次职称自主聘任改革制度文本。

4.职务责任

职务责任的要求主要从教学事故或其他事故做出规定,7所高校都明确了职务责任限制申报的规定(详见表4-7)。教学是高校教师的首要职责,近年来各高校开始关注教学,重视课题教学质量,7所高校均有教学事故认定的相关规定,并已经实施多年,教师对教学、课堂比之前明显重视得多。教学事故或其他事故是高校教师履职过程中的失职行为,做到失责必问,抓好责任追究,是提高教学质量的底线要求。

表 4-7　职务责任限制申报规定

项　目	GC	LG	MJ	PT	QZ	SM	WY
职务责任	√	√	√	√	√	√	√

资料来源:福建省7所新建本科高校,首次职称自主聘任改革制度文本。

以上基本条件的4个方面,虽然7所新建本科高校的其他相关文件均有较详细的标准、认定程序、结果应用的相关规定,但是作为职称评审的限制申报条件,是会将教师拒绝在职称评审门外,在职称晋升聘任文件中没有明确的规定可能引发争议,给学校管理、安定稳定工作带来困扰。因此,相关要求应在职称文件的基本条件中给予明确。

(二) 能力资历条件分析

高校教师获得职称应具备相应的素质和能力要求,大部分素质和能力要求较难给予一个直接的确定水平,对高校教师通常用能力资历间接条件反映其具备本学科理论基础、专业知识、履行相应职务岗位职责等的素质能力。

1.高校教师资格与岗前培训

教师资格证是"国家对达到规定要求的专门从事教育教学工作的专业人员颁发的证明其符合从业资格的凭证"[①]。申请高校教师资格的条件要求,须具备大学本科以上学历、承担教育教学工作所必需的基本素质和能力、普通话水平须达到二级乙等以上,是高校教师从业资格的法定凭证。

---

① 教育学名词审定委员会.教育学名词:2013[M].北京:高等教育出版社,2013:165.

通常所说的岗前培训有两种：一种是省级教育主管部门为高校教师能够取得高校教师资格进行的统一课程培训；另一种是根据学校、专业自身的要求举办的培训，是新教师融入学校、融入专业，更好、尽快地在高校开展工作的前期准备，本书所指的是后者。高校教师资格与岗前培训是履行高校教师岗位职责的前置条件，具有高校教师资格是福建省指导意见基本条件的要求。所有高校都按福建省指导意见要求具备高校教师资格，2 所高校有新教师岗前培训的要求，有部分高校在助教或讲师的条件中有完成岗前培训的要求（详见表 4-8）。在上级指导意见没有具体要求的情况下，虽然新教师岗前培训是新建本科高校的常规工作，所有新教师必须经过岗前培训才能上岗，但是大部分高校没有将岗前培训列入职称晋升聘任的条件。

表 4-8 高校教师资格与岗前培训要求情况

项 目	GC	LG	MJ	PT	QZ	SM	WY
高校教师资格	√	√	√	√	√	√	√
岗前培训	√		√				

资料来源：福建省 7 所新建本科高校，首次职称自主聘任改革制度文本。

2. 任职年限

6 所高校副教授的任职年限基本相同，在延续了省统一职称评审时要求的条件的基础上增加了博士后出站的这类人员的任职年限；1 所高校延长了本科学历教师的任职年限要求，并缩短了博士（博士后）教师的任职年限，任职年限条件与学历对应（详见表 4-9）。从《高等学校教师职务试行条例》对教师晋升职务的下一级任职年限的要求来看，从副教授晋升教授的任职年限要求没有因学历不同而不同，从下一级职务晋升副教授及以下职务不同学历要求的任职年限不同。本科、硕士学位教师从本科毕业算到正常晋升副教授的最短任职年限要求是 10 年，博士学位、博士后出站人员是 10 年左右（详见表 4-10）。因此，晋升副教授及以下职务有不同学历任职年限不同的要求的根本原因是将教师硕士、博士的学习时间取代任职年限，而不是因为高学历减少任职年限。

表 4-9 任职年限要求情况

学校名称	副教授	教 授
福建省	本科、硕士任讲师 5 年，博士 2 年	任副教授 5 年
GC	本科、硕士任讲师 5 年，博士 2 年，博士后	任副教授 5 年
LG	本科、硕士任讲师 5 年，博士 2 年，博士后	任副教授 5 年
MJ	本科、硕士任讲师 5 年，博士 2 年，博士后	任副教授 5 年
PT	本科、硕士任讲师 5 年，博士 2 年，博士后	任副教授 5 年
QZ	本科任讲师 7 年，硕士 5 年，博士 2 年，博士后	本科任副教授 7 年，硕士 5 年，博士 4 年，博士后 3 年
SM	本科、硕士任讲师 5 年，博士 2 年，博士后	任副教授 5 年
WY	本科、硕士任讲师 5 年，博士 1 年，博士后 1 年	任副教授 5 年

资料来源：福建省 7 所新建本科高校，首次职称自主聘任改革制度文本。

表 4-10 从本科毕业到副教授一般情况所需的时长

学　历	时　长
本科	实习期 1 年＋助教 4 年＋讲师 5 年＝10 年
硕士	硕士 3 年＋助教 2 年＋讲师 5 年＝10 年
博士	硕士 3 年＋博士 3～8 年＋讲师 2 年＝8～13 年
博士（博士后）	硕士 3 年＋博士 3～8 年＋博士后工作 2 年＝8～13 年

资料来源：根据各级职称晋升最短年限和本科毕业后取得学历一般需要的时长整理。

3.继续教育

完成规定的继续教育学时既是福建省指导意见的要求，也是延续了省统一职称评审时要求的条件，7 所高校都有相应的要求。4 所高校对教师在申请晋升教授聘任时提出进修访学的必备要求，其中 2 所对特定年龄的教师提出一定时长国境外访学必备的要求；2 所对特定年龄的教师提出一定时长访学必备要求，可选择国内或国境外高校访学；1 所高校教师在申请晋升副教授聘任时，提出一定时长访学可选要求，在锻炼校外实践经历的企业任职经历、行业资格证书和访学三者之间选择（详见表 4-11）。

表 4-11 访学要求情况

学校名称	国内访学		国境外访学		备　注
	副教授	教授	副教授	教授	
GC		40 岁以下		40 岁以下	2 选 1
LG					
MJ		40 岁以下		40 岁以下	2 选 1
PT					
QZ				85 后出生	
SM				40 岁以下	
WY			✓		与社会实践或行业资格 3 选 1

资料来源：福建省 7 所新建本科高校，首次职称自主聘任改革制度文本。

进修、访学是职后脱产继续接受教育的主要形式之一，目的是提高教师的政治、业务水平，提高教师科研能力和教育教学水平。国境外高校访学除了能提升师资队伍建设水平，还是实现新建本科高校国际化的重要途径。校内外培训也是教师接受继续教育的主要形式之一。近几年高校注重高校教师发展，7 所新建本科高校都成立教师发展中心开展教师培训等业务，以提高师资队伍建设水平。有 1 所高校将参加一定时长的学校教师发展中心组织的教师发展活动作为晋升副教授、教授的必备要求。

4.实践能力

实践能力是新建本科高校教师应具备的重要能力。目前，实践能力无法直接用一种方法测量并得出结论，一般通过社会实践的时间和取得行业资格证书两种形式体现教师的校外实践经历是否达到要求。6 所高校将需要一定时长的社会实践作为晋升副教授时的条件，但均作为选项而非必备条件，4 所要求在校外实践经历与育人工作中选 1 项，1 所要求在校外实践经历与指导学生中选 1 项，1 所要求在校外实践经历与国境外访学中选 1 项；1 所高校将需要一定时长的社会实践作为晋升教授时的选项，要求在校外实践经历与育人工作中选 1 项；2 所高校将行业资格证书作为晋升副教授时的可选条件,可以选择社会实践、行业资格证书中的一项(详见表 4-12)。"业界实践经历,有利于教师走向业界,加强教师对社会需求的了解,发展教师与业界的人际关系,是产学合作、产教融合的基础"[①]。校外实践经历的要求应是新建本科高校教师应具备的重要能力,然而,从表 4-12 可以看出,没有一所高校将校外实践经历作为高级职称晋升必备条件,而且晋升教授时对校外实践经历作为选项要求的只有 2 所高校,这一现象说明这些高校虽然确定了应用型办学的定位,但还未建立与定位相匹配的教师评价制度。

表 4-12　实践能力要求情况

学校名称	实践		行业资格证书		备　注
	副教授	教授	副教授	教授	
GC	40 岁以下				与指导学生竞赛 2 选 1
LG	√	√			与育人工作 2 选 1
MJ					
PT	√				与育人工作 2 选 1
QZ	√(可选)		√(可选)		与育人工作 2 选 1
SM	45 岁以下				与育人工作 2 选 1
WY	√(可选)		√(可选)		与国境外访学 2 选 1

资料来源:福建省 7 所新建本科高校,首次职称自主聘任改革制度文本。

5.学历

本科学历是所有高校学历的最低要求,所有高校对副教授、教授的学历有更高的要求(详见表 4-13)。各高校对学历的要求总体不低于福建省统一评审时期的要求,大部分高校对学历的要求差异不大。本科教学工作审核评估、硕博士学位授权单位申报条件等外部对高校评估的指标中均有专任教师中硕士博士占比的指标,这些事关学校声誉、办学层次提升等对学校发展产生重大影响的外部评价是高校提高学历要求的外部影响主要因素;由于硕博士研究生扩招,外部人才市场高学历人才供给紧张程度下降,高校近 10 年来招聘的教师学历逐步从本科提高到硕士、博士,校内教师从高校准备升格为本科开始,大力提升校内教师的学历,年轻教师大多数具有硕士、博士学位,但是还有相当一部分教师只有本科学历,提高学历要求对教师职称晋升还是有较大的影响,条件实施的阻力较大。

表 4-13　学历要求情况

学校名称	基本要求	个性要求	
		副教授	教授
GC	本科	35～40 周岁硕士;35 周岁以下,博士	40～45 周岁硕士;40 周岁以下,博士
LG	本科	40 周岁以下,硕士	40～45 周岁硕士;40 周岁以下,博士
MJ	本科	40 周岁以下,硕士	40～45 周岁硕士;40 周岁以下,博士
PT	本科	35～40 周岁硕士;35 周岁以下,博士	40～45 周岁硕士;40 周岁以下,博士
QZ	本科	1985 年以后出生,博士	1980 年以后出生,博士

[①]　李泽彧,陈杰斌.论学校教师专业技术职务聘任条件:基于地方本科院校制度文本分析[J].国家教育行政学院学报,2015(9):64-69.

续表

学校名称	基本要求	个性要求	
		副教授	教授
SM	本科	35～40周岁硕士;35周岁以下,博士	40～45周岁硕士;40周岁以下,博士
WY	本科	40周岁以下,硕士	40～45周岁硕士;40周岁以下,博士

资料来源:福建省7所新建本科高校,首次职称自主聘任改革制度文本。

6.专业水平

(1)专业水平要求。6所高校对教师晋升副教授、教师要达到的专业水平有细化的要求,1所有要求但是没有细化(详见表4-14)。6所有细化要求的晋升副教授的要求基本上是参照福建省高级职称任职基本条件"具备本学科较系统的理论基础和专业知识,以及履行相应职务岗位职责的教育教学能力、科学研究能力、实验技术能力和社会服务能力"[①]相类似的表述,晋升教授的条件在此基础上提出更高的要求,专业水平条件采用定性描述。专业水平的要求从条件本身而言似乎不具备太大的约束力,但是它是同行专家对教师专业水平是否达到学校要求的评审依据。

(2)学科建设要求。5所高校对晋升教授的教师提出学科建设方面的要求,2所没有要求(详见表4-14)。6所高校对学科建设方面的要求相似,基本上是类似"在学科建设中发挥过重要作用"的定性描述。

(3)学术报告要求。2所高校有在什么地方开一定数量的学术讲座或报告作为必备条件,3所高校有将学术报告作为可选条件,其中1所在学术报告、指导研究生和指导青年教师中选一项,1所对没有硕士学位点学科的教师在学术报告和指导青年教师中选一项,1所在学术报告和校级选修课中选一项(详见表4-14)。

表4-14 专业水平要求情况

学校名称	专业水平	学科建设	学术报告
福建省	√		
GC	√		与指导研究生、青年教师3选1
LG	√	√	没硕士点的学科,与指导青年教师2选1
MJ	√	√	与校级选修课2选1
PT	√	√	
QZ	没有细化		
SM	√	√	√
WY	√	√	√

资料来源:福建省7所新建本科高校,首次职称自主聘任改革制度文本。

体现专业水平的专业水平、学科建设要求基本上以定性描述的形式,没有刚性的标准,条件变得非常柔性,在大部分评审环节中不易判断,不具有较强的约束力,在职称晋升聘任过程中被弱化、淡化,是部分高校删除这两项要求的主要原因;采用学术报告,可以报告的范围、场次等作为判断的依据,相对比较刚性。

---

① 福建省公务员局,福建省教育厅,福建省人力资源开发办公室.福建省高校教师等专业技术职务聘任制实施办法(试行)(闽人发〔2012〕206号)[EB/OL].(2012-12-26)[2023-03-04]. https://rsc.fjnu.edu.cn/de/05/c9982a187909/page.htm.

7. 外语能力

外语要求既是福建省指导意见的要求,也是延续了省统一职称评审时要求的条件。7 所高校均有熟练掌握一门外语的要求,采用取得国家统一组织的职称外语考试相应等级为条件的标准。这样的外语要求不能满足教师的专业国际交流和新建本科高校逐步走向国际化的需求,对新建本科高校的实际意义不大。

8. 身心健康要求

6 所高校对所有教师晋升职称有身心健康的必备条件要求(详见表 4-15),条件要求相似,基本上参照福建省指导意见的"身心健康,能坚持正常工作"要求进行描述。条件要求柔性,很难做出判断,在实际应用中基本上被忽略,加上年度考核中对于身体健康原因长时间请假,未能正常工作的教师不参加年度考核,不能计算任职年限。因此,身心健康的要求没有太大的实际意义。

表 4-15 健康要求情况

项 目	GC	LG	MJ	PT	QZ	SM	WY
身心健康要求	√	√		√	√	√	√

资料来源:福建省 7 所新建本科高校,首次职称自主聘任改革制度文本。

9. 指导青年教师

2 所高校将协助指导青年教师作为晋升副教授时的条件,其中 1 所作为必备条件,1 所要求在协助指导青年教师与指导研究生中选一项;所有高校均将指导青年教师作为晋升教授时的条件,其中 5 所作为必备条件,1 所要求在指导青年教师、指导研究生、学术报告中选一项,1 所要求没有硕士点的学科教师在指导青年教师、学术报告中选一项(详见表 4-16)。高校以"传、帮、带"的形式指导青年教师成长是高校师资队伍建设的好传统,是帮助青年教师发展、提高师资队伍建设水平的有效途径。晋升副教授时较少高校将其作为条件是因为讲师一般都是青年教师,基本上属于接受指导的对象。

表 4-16 指导青年教师要求情况

学校名称	指导青年教师		备 注
	副教授	教授	
GC		√	与指导研究生、学术报告 3 选 1
LG	协助指导	没有硕士点的学科,√	副教授:与指导研究生 2 选 1。教授:学术报告 2 选 1
MJ		√	
PT		√	
QZ		√	
SM	协助指导	√	
WY			

资料来源:福建省 7 所新建本科高校,首次职称自主聘任改革制度文本。

能力资历的要求各校之间还是有一定差异的,总体是福建省指导意见有的相关要求差异相对小一些,没有相关要求的差异相对较大。对素质和能力的分类上特别是分组,可以选择的项目方面还存在不够清晰的问题。最大的问题还是未能匹配新建本科高校的办学定位,类似专业资格、校外实践经历等能力资历条件能够体现新建本科高校的特征的要求,较少高校将其作为能力资历必备条件。

(三) 教育教学条件分析

培养人才是高校的首要职能,教育教学是实现的途径,在职称晋升聘任条件中主要分为育人和教学工作两个部分。

1. 育人工作

对晋升副教授的教师,7所高校都有育人工作要求,但是将其作为必备要求的只有2所,其中1所对所有晋升副教授的教师都要求,1所只要求一定年龄范围的教师要具备;1所高校对晋升教授的教师有育人工作要求,但没有高校将其作为必备要求。5所作为选项的高校中,4所在育人工作与社会实践中选1项,1所在育人工作、指导学生创新创业训练项目、实践教学3项中选1项。没有1所高校将育人工作作为所有晋升副教授、教授教师的必备条件(详见表4-17)。这个现象与高校"全员育人"的要求相去甚远,全员育人的要求还没有真正落实到位。

表 4-17 育人工作要求

学校名称	副教授	教　授	备　注
GC	√		必备条件
LG	√	√	与社会实践2选1
MJ	40岁以下		与指导学生创新创业训练项目、实践教学3选1
PT	√		与社会实践2选1
QZ	√		与社会实践2选1
SM	√		与社会实践2选1
WY	35岁以下		必备条件

资料来源:福建省7所新建本科高校,首次职称自主聘任改革制度文本。

2. 教学工作量

7所高校均将承担课程门数、课时数作为教学工作量的必备要求。由于7所高校的学生基本上是本科生,有研究生教育的高校研究生占比小,7所高校均明确要求承担本科生的课程门数。6所高校有明确数量的课时作为必备要求,1所要求教师完成学校和二级学院布置的教育教学工作任务,不做全校性统一要求(详见表4-18)。课时数统一要求的高校都有兼职行政工作科研业绩特别突出等人员减免课时的相关规定。教学工作量要求基本上参考福建省统一评审时期要求结合学校实际情况制定承担课程门数和课时数的条件。统一的课时数量要求一定程度上限制了二级学院工作安排的权力,对推进校院二级管理工作会产生较大的阻碍。

表 4-18 教学工作量要求情况

学校名称	承担课程门数		课时数	
	副教授	教授	副教授	教授
福建省	1	1	1 120 小时	1 120 小时
GC	2	2	没统一要求	没统一要求
LG	2	2	每学年 280	每学年 280
MJ	2	2	每学年 300	每学年 260
PT	2	2	每学年 240	每学年 220

续表

学校名称	承担课程门数		课时数	
	副教授	教授	副教授	教授
QZ	2	2	每周6	每周8
SM	2	2	每学年280	每学年220
WY	2	2	每学年180	每学年180

资料来源：福建省7所新建本科高校，首次职称自主聘任改革制度文本。

3.教学质量

所有高校均对晋升副教授、教授提出教学质量的必备要求，其中1所对晋升副教授、教授分不同要求。1所只提出"教学效果良好"的相对柔性的定性评价要求，6所有成绩或教学质量达到一定等级的刚性要求，其中2所细化学生、同行、督导评价的成绩、等级或排名的要求（详见表4-19）。柔性条件对晋升的教师的教学质量要求不明确，约束力不强，难以发挥职称的导向作用，对新建本科高校提高教学质量没有太大的帮助。总体而言，7所新建本科高校均有关注教学质量，部分高校的教学质量评价体系还不够完善，不能将结果直接应用到职称晋升聘任上。

表4-19 教学质量要求情况

学校名称	副教授	教授
GC	近两年课堂教学质量学生测评成绩平均80分以上且得分排名位于所在单位前70%，督导评价须达"良好"以上	近两年课堂教学质量学生测评成绩平均80分以上且得分排名位于所在单位前60%，督导评价须达"良好"以上
LG	教学质量考核评价等级为良好以上	
MJ	近两年课堂教学质量考核评价良好以上	
PT	教学效果良好。近五年，有两次及以上学生、同行、督导组等综合评教排名在本单位后10%的，任期顺延一年	
QZ	教学效果良好	
SM	教学效果优良，教学质量综合评价成绩优秀，具体评估办法见教务处测评方案	
WY	教学效果优良，教学质量综合评价成绩优秀	

资料来源：福建省7所新建本科高校，首次职称自主聘任改革制度文本。

4.其他工作要求

6所高校晋升副教授有相似的其他工作要求；3所高校晋升教授有类似要求（详见表4-20）。

表4-20 其他工作要求情况

晋升的职称	GC	LG	MJ	PT	QZ	SM	WY
副教授		√	√	√	√	√	√
教授					√	√	√

资料来源：福建省7所新建本科高校，首次职称自主聘任改革制度文本。

在教育教学工作中，教学工作量和教学质量都被所有高校列为必备条件，在职称晋升聘任条件上体现了教学中心地位，反映出大部分高校对育人工作重视不够。"对于教学改革和学生的第二课堂开始了更多的关注,但是这些'条件'与地方本科院校定位契合的表现不明显。"①新建本科高校要实现应用型转变,人才培养是核心内容,教育教学条件若缺乏带领学生共同参与横向项目的研究、将横向项目研究及其成果以及行业企业的实例转化为教学案例等教学内容,或者适应地方行业自编教材等能够培养学生掌握行业知识、综合运用知识,具有应用技术研究、解决技术应用领域问题能力,就不能真正体现新建本科高校培养的人才特征。上述教育教学条件可以作为达到条件即可的要求,而不作为竞争性条件。

（四）教学科研业绩条件分析

1.教学科研业绩条件的结构

从 7 所高校的必备条件角度,教学科研业绩条件根据类别进行分类,大致可以分为学术论文、项目和综合选项。综合选项指的是在选项中选择规定的选项数量可以作为必备条件,综合选项中还有可能包含学术论文、项目的选项。7 所高校中,4 所要求具备学术论文和综合选项条件,2 所要求具备"项目和学术论文"或者"项目和学术论文＋综合选项"的组合条件,1 所要求具备学术论文、项目和综合选项的条件。从表 4-21 可以看出,在参考福建省统一职称评审时期科研成果"学术论文或者学术论文＋综合选项"要求的基础上进行改造,增加了工作业绩条件。从要求的条件看,7 所高校的条件都不低于统一评审的条件。从 7 所高校的条件看,自主权下放高校不会"放水","质量"还是有保障的。

7 所高校对学术论文均是在一定级别的刊物发表的本专业相关的学术论文。从表 4-21 可以看出,学术论文是所有教师晋升高级职称必备的条件,职称评聘的"唯论文"倾向明显。由于有较长一段时期学术论文都是评职称必备的条件,积累了较丰富的评审经验,教师对学术论文有较长时间的准备,在对学术论文质量的评价上有学校和教师双方能够接受的标准,首次自主评聘职称需要平稳过渡,在延续原来统一评审的核心部分的基础上制定条件是过渡期文件制定较好的选择。

7 所高校中 3 所将项目作为除学术论文外的必备条件,其中,1 所晋升高级职称要求教师主持一定数量、级别的科研项目,2 所要求主持或参与一定级别的科研项目、教学质量工程项目、教研项目以及一定经费的横向项目的研究。一定级别的科研项目、科研经费总量是福建省教育厅和社会机构对高校评价排名的重要指标,也是申请各级各类平台的主要指标。提高学校的影响力和争取资源是推动高校办学水平的动力之一,更多的高校将项目摆在职称晋升聘任条件的重要地位是必然趋势。教学研究项目、横向项目可以作为职称晋升聘任的必备条件的高校虽然较少,但是可以看出 7 所高校已经开始从制度层面上改变轻教学、不重视服务社会的现象,进一步凸显以人才培养为本,向应用型定位深度转变。

关于分类,福建省统一评审时期,除了大部分学科专业统一的条件,还分了基础课教师、农技推广教师两类;PT 除了全校统一的聘任条件,还根据学科特性分艺术、体育、临床医学 3 类;其他高校在条件中也有对基础课教师、不同学科设定具有学科特色的条件,没有进行单独分类。7 所高校即使有分类,条件的框架与全校统一的相同,唯有不同的是福建省基础课教师、农技推广类,存在不需要学术论文可以评聘职称的情况(详见表 4-21)。

---

① 李泽彧,陈杰斌.论学校教师专业技术职务聘任条件:基于地方本科院校制度文本分析[J].国家教育行政学院学报,2015(9):64-69.

表 4-21　教学科研业绩要达到的条件

学校名称	副教授			教　授		
	条件 1	条件 2	条件 3	条件 1	条件 2	条件 3
福建省	△或△+☆			△或△+☆		
福建省 基础课教师	基础课 教学 15 年	每年 1 400 小时	1 年考核 成绩优秀			
福建省 农技推广	学术论文、 论著、调研报告、 教材选 1 项	科技开发、 推广、成果 奖选 1 项		学术论文、论著、 调研报告、 教材选 1 项	科技开发、 推广、成果 奖选 1 项	
GC	△	☆		△	☆	
LG	◇	△或△+☆		◇	△或△+☆	
MJ	◇	△或△+☆		◇	△或△+☆	
PT	△	◇	☆	△	◇	☆
QZ	△	☆		△	☆	
SM	△	☆		△	☆	
WY	△	☆		△	☆	

注:学术论文"△",项目"◇",综合选项"☆"。

资料来源:福建省 7 所新建本科高校,首次职称自主聘任改革制度文本,以及福建省统一评审时期条件文本。

2.综合选项

业绩条件根据高校的职能分为人才培养、科学研究、服务社会和其他(指的不是单独体现某个职能)4 类业绩。这 4 类业绩中的任何一种业绩都可以作为教学科研业绩其中的一个必备条件,教师可以在列举的条件中选择对自己有利的条件,本书称之为"综合选项"。

(1)人才培养综合选项:

①教学成果奖。从教学成果奖设立的目的以及包含的内容可以看出,它是对集体或个人在教学水平和教育质量方面的综合评价,其结果体现教师个人或团队的教育教学水平。所有高校将一定层次等级和教师排名的教学成果奖作为晋升副教授、教授要求的选项(详见表 4-22和表 4-23)。教学成果奖是公认具有较高水平的奖项,在评审时容易判断,也是彰显学校实力、影响力的主要指标之一,加上也是统一评审时期的条件,必然成为所有新建本科高校晋升副教授、教师的业绩条件。

②编写教材。编写教材业绩主要指的是主编或参编的教材在一定级别的出版社出版或使用达到一定范围的要求,并且有本人编写达到一定字数的要求。6 所高校将编写教材作为晋升副教授、教授要求的选项(详见表 4-22 和表 4-23),统一评审时期编写教材是业绩条件之一。从教材的定义可以看出,教材对人才培养的重要性,以及延续之前的评审条件是大多数高校将编写教材作为业绩条件的主要原因。

③教研项目。3 所高校将主持教研项目作为晋升副教授、教授要求的选项。3 所高校中有 2 所将参与教研项目作为晋升副教授要求的选项,1 所作为晋升教授要求的选项(详见表4-22和表 4-23)。参与教研项目有着鼓励形成科研团队目的,但是参与存在达到条件难度较低、在项目中的贡献难以衡量等问题,存在滥竽充数的可能性。部分高校采用在项目中的排名或相关的成果加以限定,尽量消除这种可能。同一所高校存在参与教研项目可以作为晋升副教授但不可以作为晋升教授的综合选项的情况,晋升副教授之前的职称是讲师,其要求相对较低,

参与教研项目是较好的培养形式,达到在副教授期间能够主持教研项目的目的。

④教学质量工程项目。4所高校将主持一定等级的教学质量工程项目列入晋升副教授、教授要求的选项;4所高校将参与一定等级的教学质量工程项目列入晋升副教授要求的选项,2所高校将其列入晋升教授要求的选项(详见表4-22和表4-23)。参与一定等级的教学质量工程项目在晋升教授时更少高校作为综合选项,主要是因为与参与教研项目的一样。

⑤教学单项奖。3所高校将教学单项奖作为晋升副教授或教授要求的选项,其中1所同时作为晋升副教授、教授要求的选项,1所作为晋升副教授要求的选项,1所作为晋升教授要求的选项(详见表4-22和表4-23)。教学技能、专业竞赛获奖既是体现教师的教学和专业素质,也是教学的教学业绩。提升高等教育质量是当今高等教育的主基调,教师教学技能和专业水平的提高是大多数高校提升人才培养质量的主要手段之一,将教学单项奖列入综合选项并不多,部分高校对提升教师教学技能和专业水平重视程度不够,开展的相关活动不多。

⑥指导学生专业竞赛获奖。4所高校将指导学生专业竞赛获奖作为晋升副教授要求的选项(详见表4-22),1所高校将指导学生专业竞赛获奖作为晋升教授要求的选项(详见表4-23)。指导学生专业竞赛获奖是学生学习产出的显性指标之一,也是社会对高校评价的指标之一,仅仅超过半数的高校将它列入综合选项,其中可以作为晋升教授的综合选项仅有1所,对学生的学习产出重视程度不够。除此之外,各种学生专业竞赛难度参差不齐,高校未能及时建立相应的认定制度,以及高校学术权力机构长期的惯性思维和对教学成果、项目的"偏见",也是造成仅有1所将其作为晋升教授选项的原因。

⑦指导学生发表论文。没有高校将指导学生发表论文作为晋升副教授的综合选项(详见表4-22)。虽然指导学生发表论文也是学生学习产出的指标之一,但是新建本科高校大部分还没有培养研究生,指导本科生发表论文并不是学生毕业应达到的要求。论文并不是新建本科高校学生主要学习产出,极少数将其作为综合选项是应然的结果。

⑧优秀课程。根据本科教学质量工程项目内涵,部分高校认为优秀课程属于本科教学质量工程项目的一种,有2所高校将优秀课程单列作为晋升教授的综合选项(详见表4-23)。新建本科高校向应用型转变,培养人才的课程理应从原有的知识本位课程向社会本位课程转变,才能达到满足社会需要人才的目标。因此,重视课程的改革,把满足社会需要人才目标的优秀课程作为职称晋升聘任条件,能够促进引导教师向应用型转变,从而达到学校应用型的办学定位和目标。

表4-22　副教授人才培养综合选项

项　　目	福建省	GC	LG	MJ	PT	QZ	SM	WY
编写教材	√	√	√		√	√	√	√
教学成果奖	√	√	√	√	√	√	√	√
教学单项奖						√		√
主持教学质量工程项目		√				√	√	√
参与教学质量工程项目		√				√	√	√
主持教研项目						√	√	√
参与教研项目								√
指导学生专业竞赛获奖	√	√	√				√	
指导学生发表论文								

资料来源:福建省7所新建本科高校,首次职称自主聘任改革制度文本。

表 4-23　教授人才培养综合选项

项　目	福建省	GC	LG	MJ	PT	QZ	SM	WY
编写教材	√	√	√		√	√		√
教学成果奖	√	√	√	√	√	√	√	√
教学单项奖				√				
主持教学质量工程项目		√				√	√	√
参与教学质量工程项目								√
主持教研项目						√	√	√
参与教研项目								√
指导学生专业竞赛获奖							√	
优秀课程				√			√	

资料来源：福建省 7 所新建本科高校，首次职称自主聘任改革制度文本。

（2）科学研究综合选项：

①学术论文。3 所高校将学术论文作为晋升副教授、教授的综合选项（详见表 4-24 和表 4-25），其中 2 所是以"学术论文＋综合选项"作为必备条件，由此可以推断这 2 所高校存在只要学术论文达到要求就可以晋升副教授、教授，而且学术论文也是唯一以单一业绩可以晋升职称的教学科研业绩，量产"论文教授"的可能性比较大。

②专著。专著指的是在一定层次出版社出版的本专业相关的著作，并且有一定的字数要求。7 所高校都将专著作为晋升副教授、教授的综合选项（详见表 4-24 和表 4-25），有的高校专著可以对抵一定级别的论文，并且对抵的数量有限定。专著跟论文一样，是职称评聘相对较成熟的条件，福建省高校统一评审时期同样也是作为可以选择的条件，所有 7 所高校将其作为综合选项也是必然的结果。

③科研项目。5 所高校将主持一定级别科研项目作为晋升副教授、教授的综合选项，2 所高校将主持一定级别科研项目作为晋升副教授、教授必备条件之一的"项目"的选项（详见表 4-21、表 4-24 和表 4-25），也就是所有高校将主持一定级别的科研项目列入职称晋升聘任的条件；4 所高校将参与一定级别科研项目作为晋升副教授的综合选项，3 所作为晋升教授的综合选项，2 所高校将参与一定级别科研项目作为晋升副教授、教授必备条件之一的"项目"的选项，也就是 6 所高校将参与一定级别的科研项目列入晋升副教授的条件，5 所列入晋升教授的条件。科研项目既要求项目团队或个人要有前期研究的基础，也要求项目结题有产出，一定等级的科研项目在一定程度上体现了教师的科研能力和水平，而且在职称晋升聘任过程中相对容易界定，所有 7 所高校都将其列入职称晋升聘任条件也是必然。7 所高校一致将主持科研项目列入职称晋升聘任条件，参与科研项目存在分歧，同一所高校存在参与科研项目可以作为晋升副教授但不可以作为晋升教授的综合选项的情况，产生这个现象的原因和教研项目是一样的。

④科技成果奖。科技成果奖主要包括"发明奖、自然科学奖、科技进步奖、星火奖、社会科学优秀成果奖"[①]。所有高校将一定层次等级和教师排名的科技成果奖作为晋升副教授、教授

---

① 福建省教育委员会职称改革领导小组，福建省职称改革领导小组办公室．关于一九九六学年高等学校教师职务评聘有关工作规定和安排（闽教职〔1997〕010 号）[EB/OL]．(1997-03-17)[2023-05-02]．https://rsc.mzwu.edu.cn/InfoView-510-9633.html.

要求的选项(详见表 4-24 和表 4-25)。所有高校将其列入职称晋升聘任的综合选项的原因与教学成果奖基本相同。

⑤学科带头人。仅有 1 所高校将学科带头人作为晋升教授的综合选项(详见表 4-25)。在本科高校学科带头人一般都由教授担任,有少量的副教授担任,基本上没有讲师担任学科带头人。因此,没有高校将其作为晋升副教授的综合选项,只有极少数将其作为晋升教授的综合选项。

表 4-24　副教授科学研究综合选项

项　目	福建省	GC	LG	MJ	PT	QZ	SM	WY
学术论文		√			√		√	
专著	√	√	√	√	√	√	√	√
译著				√		√	√	
主持科研项目		√			√	√	√	
参与科研项目		√			√		√	
科技成果奖	√	√	√	√	√	√	√	

资料来源:福建省 7 所新建本科高校,首次职称自主聘任改革制度文本。

表 4-25　教授科学研究综合选项

项　目	福建省	GC	LG	MJ	PT	QZ	SM	WY
学术论文		√			√		√	
专著	√	√	√	√	√	√	√	√
译著				√		√	√	
主持科研项目		√			√	√	√	√
参与科研项目		√						
科技成果奖	√	√	√	√	√	√	√	√
学科带头人			√					

资料来源:福建省 7 所新建本科高校,首次职称自主聘任改革制度文本。

(3)服务社会综合选项:

①横向项目。科研项目按来源分为纵向项目和横向项目,企事业单位委托和政府部门非科研专项财政预算的各类研究、服务项目是横向项目的主要来源,开展技术开发、咨询和服务等为委托单位解决实际问题是横向项目的主要内容。5 所高校将一定数量经费的横向项目作为晋升副教授、教授的综合选项,其中 1 所是"横向项目+纵向项目"搭配的形式,这种搭配形式的纵向项目要求比单纯的纵向项目要求更低(详见表 4-26 和表 4-27)。横向项目研究的问题来自社会的需求,项目来源的角度相对纵向项目来源更广,是项目的委托方和受托方直接根据双方协议展开合作,虽然更贴近新建本科高校的应用型办学定位,绝大多数新建本科高校选择将其列入职称晋升聘任条件,但是横向项目相对容易"造假",作为教师的评价指标各校相对慎重。

②科技成果转化。相关科技成果转化基本上类似"在产学研合作及产业经营管理、科技开发、技术推广应用和成果转化等方面,取得显著经济社会效益,学校纯收入 n 万元以上"表述,

广义上的科技成果转化还包含了"横向项目"等内容,本书指的是狭义上的科技成果转化。所有高校都将科技成果转化作为晋升副教授、教授的综合选项(详见表 4-26 和表 4-27)。科技成果转化是外部对高校的评价指标之一,体现高校的水平;是高校增加教育经费收入的途径,体现高校的"造血"能力;是高校应用研究的成果,符合新建本科高校办学定位;也是延续福建省统一评审的条件。因此,所有新建本科高校将其作为职称晋升聘任条件是必然的结果。

③国家发明专利。7 所高校都将国家发明专利作为晋升副教授、教授的综合选项。国家发明专利是外部对高校的评价指标之一,体现高校的水平;是高校应用研究的成果,符合新建本科高校办学定位;国家发明专利的授权经过严密的程序,基本上能够反映成果具备一定的价值;也是延续福建省统一评审的条件。因此,所有新建本科高校将其作为职称晋升聘任条件是必然的结果。

④其他专利。包含了实用新型专利、外观包装专利等除国家发明专利外其他的专利。2 所高校将其他专利作为晋升副教授的综合选项,2 所高校作为晋升教授的选项(详见表 4-26 和表 4-27)。其他专利相较国家发明专利而言难度低,教师容易取得。虽然有 2 所高校将其列入职称晋升聘任条件,但是作为晋升副教授、教授的条件大部分高校还是比较慎重的。

分别有 1 所高校将研究咨询报告、制定行业标准、行业发展规划和软件著作权列入晋升副教授和教授的综合选项(详见表 4-26 和表 4-27)。研究咨询报告、制定行业标准、行业发展规划和软件著作权作为职称晋升聘任条件之前省统一评审的文件中没有相应的内容,是新建本科高校根据学校的定位新增的一些条件。

表 4-26　副教授服务社会综合选项

项　目	福建省	GC	LG	MJ	PT	QZ	SM	WY
横向项目		√			√	√	√	√
科技成果转化	√	√	√	√	√	√	√	√
国家发明专利	√	√	√	√	√	√	√	√
其他专利	√						√	√
研究咨询报告						√		
制定行业标准			√					
行业发展规划			√					
软件著作权						√		

资料来源:福建省 7 所新建本科高校,首次职称自主聘任改革制度文本。

表 4-27　教授服务社会综合选项

项　目	福建省	GC	LG	MJ	PT	QZ	SM	WY
横向项目		√			√	√	√	√
科技成果转化	√	√	√	√	√	√	√	√
国家发明专利	√	√	√	√	√	√	√	√

续表

项 目	福建省	GC	LG	MJ	PT	QZ	SM	WY
其他专利	√						√	√
研究咨询报告						√		
制定行业标准			√					
行业发展规划			√					
软件著作权						√		

资料来源:福建省7所新建本科高校,首次职称自主聘任改革制度文本。

(4)其他综合选项:

其他综合选项主要有一定等级的优秀教师、优秀人才、先进教育工作者、先进个人和劳动模范等条件,选择这些作为职称晋升聘任条件的高校较少(详见表4-28和表4-29)。就这些条件而言,与教学科研业绩没有直接相关,倒是可以说明达到部分基本条件、能力资历条件和教育教学条件的要求。

表4-28 副教授综合评价综合选项

项 目	福建省	GC	LG	MJ	PT	QZ	SM	WY
优秀教师			√		√		√	√
先进教育工作者			√		√			
先进个人					√			

资料来源:福建省7所新建本科高校,首次职称自主聘任改革制度文本。

表4-29 教授综合评价综合选项

项目	福建省	GC	LG	MJ	PT	QZ	SM	WY
优秀教师			√		√		√	√
优秀人才				√	√		√	√
先进个人					√			
劳动模范					√			

资料来源:福建省7所新建本科高校,首次职称自主聘任改革制度文本。

限制学科综合选项是其他综合选项的另一类内容,主要是针对艺术、体育、语言等相对比较特殊的学科,各高校在这些学科的综合选项上做了较多的补充(详见表4-30)。

表4-30 限制学科综合选项内容

学 校	条 件
GC	教学工作量和质量(公共基础课教师)、体育成果奖(体育类)(仅副教授)。本人专业艺术竞赛获奖、指导学生专业艺术竞赛获奖、本人作品入围专业展演、指导学生作品入围专业展演、出版音像作品、出版画册、本人作品获奖、本人作品被收藏、作品被重大设计项目采用(艺术类);本人比赛获奖、指导学生比赛获奖(体育类)
LG	译著(语言类专业);本人专业艺术竞赛获奖、本人作品入围专业展演、出版音像作品、出版画册(艺术类);本人比赛获奖、承担裁判工作(体育类)
MJ	本人举办音乐会(仅副教授);本人专业艺术竞赛获奖、本人作品入围专业展演、指导学生作品入围专业展演、出版音像作品、出版画册、本人作品获奖、作品被重大设计项目采用(艺术类);本人比赛获奖、指导学生比赛获奖(体育类)

学　校	条　件
PT	译著(语言类专业)；本人专业文艺竞赛获奖、指导学生专业文艺竞赛获奖、本人出版音像作品、指导学生出版音像作品、出版画册、指导学生出版画册(艺术类)；本人比赛获奖、指导学生比赛获奖、担任裁判工作(体育类)
QZ	本人专业文艺竞赛获奖、本人作品入围专业展演、本人出版音像作品、出版画册、本人作品获奖、本人作品被收藏(艺术类)；本人比赛获奖、担任裁判工作(体育类)
SM	体育成果奖、指导学生体育成果奖(体育类，仅副教授)；工艺美术大师(艺术类，仅教授)；译著(语言类专业)；本人专业文艺竞赛获奖、指导学生专业文艺竞赛获奖、本人作品入围专业展演、指导学生作品入围专业展演、本人出版音像作品、指导学生出版音像作品、出版画册、本人作品被收藏、指导学生作品被收藏、作品被重大设计项目采用、指导学生作品被重大设计项目采用(艺术类)；本人比赛获奖、指导学生比赛获奖(体育类)
WY	体育成果奖(体育类，仅副教授)；本人专业文艺竞赛获奖、本人作品入围专业展演、指导学生作品入围专业展演、本人出版音像作品、出版画册、本人作品被收藏(艺术类)；本人专业比赛获奖

注：没有标注"仅副教授"的为晋升副教授、教授都有相应的条件，只是要求不同。

资料来源：福建省7所新建本科高校，首次职称自主聘任改革制度文本。

综上所述，就职称晋升聘任条件内容而言，4类条件中基本条件不存在分类问题，其他3类都可能要根据教师所承担的任务、学科特点甚至年龄等情况分类要求；能力资历虽然有部分增加校外实践经历、专业资格等条件，但是从匹配新建本科高校特征的角度还有完善的空间；教育教学工作重教学轻育人现象比较明显，教学工作条件存在"量硬质软"的现象，没有能够反映新建本科高校特征的条件；教学科研业绩是变化最大的内容，福建省7所新建本科高校条件与统一评审条件比较，最大的特点是拓展了条件的内容，人才培养综合选项增加了不少学生学习产出、教学单项奖等内容，一定程度上表现了教学中心地位、学生学习产出导向的理念，服务社会综合选项增加了咨询报告等内容，从条件的内容上讲，在匹配新建本科高校技术服务为主型高校的特征方面有着长足的进步。就职称晋升聘任条件结构而言，各新建本科高校基本相似，基本上延续了原来福建省统一评审条件的模式，可以说都是过渡性的文件，学术论文还是晋升职称的"门槛"，"唯论文"现象比较严重，还未形成各校的特色，没有深入研究职称晋升聘任条件与新建本科高校办学定位匹配的问题。

第二节　福建省新建本科高校修订职称晋升聘任条件匹配分析

一、职称晋升聘任制度修订概述

随着样本新建本科高校发展，不断向应用型深度转变，福建省7所新建本科高校首次制定的职称晋升聘任文件出现了不适应的情况，这7所新建本科高校陆续开展职称晋升聘任文件的修订工作，部分高校还进行多次修订。

(一)职称晋升聘任文件修订年份及内容

7所高校中，6所高校修订职称晋升聘任文件，其中3所高校对实施方案和聘任条件都进行了修订，3所高校只对聘任条件进行修订。聘任条件进行修订的6所高校中5所有很大的变化,1 所(WY)修订前后条件基本上没有变化,只是小部分条件完善,不再进一步分析(详见表 4-31)。

表 4-31　7 所新建本科高校职称晋升聘任文件修订年份及内容

年　份	GC	LG	MJ	PT	QZ	SM	WY
2014	△◇						
2015		△◇		△◇		◇	
2016							
2017		◇		◇			
2018				◇			◇
2019			◇				

注:实施方案修订"△";聘任条件修订"◇"。

资料来源:福建省 7 所新建本科高校,职称晋升聘任改革修订前后制度文本。

(二)职称晋升聘任实施方案对比分析

由于 MJ、SM、WY 只对聘任条件进行修订,聘任办法没有进一步修订,这 3 所高校的职称晋升聘任程序没有变化,程序有变化的 3 所高校(如图 4-1 至图 4-3 所示)。总体而言,GC、LG、PT 3 所高校在岗位设置、人选推荐上基本上没有变化,职称评聘程序有一定的变化,但是变化不大。职称评聘程序主要变化有 2 所高校在首版的"代表作送审"变化为"科研成果鉴定",扩大了可以作为同行专家鉴定的内容,这是适应新建本科高校教师教学科研业绩的多样性的必然结果,特别是 LG 有专门的研发型教师的科研成果由学校组织鉴定,突出应用型高校的特征。从这种变化可以看出,新建本科高校的职称晋升聘任逐步摆脱传统学术型的束缚,逐渐往匹配新建本科高校的办学定位靠拢。

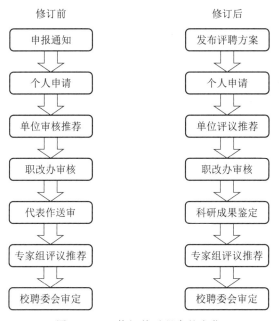

图 4-1　GC 修订前后程序的变化

资料来源:GC,职称晋升聘任改革修订前后制度文本。

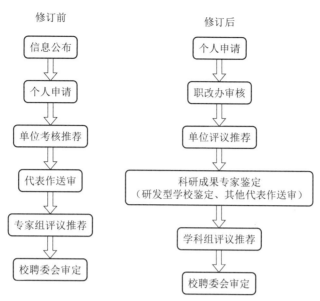

图 4-2　LG 修订前后程序的变化

资料来源：LG，职称晋升聘任改革修订前后制度文本。

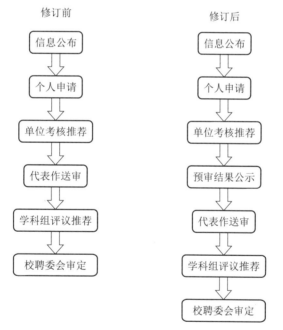

图 4-3　PT 修订前后程序的变化

资料来源：PT，职称晋升聘任改革修订前后制度文本。

（三）聘任条件模式分析

职称晋升聘任已经完成一次及以上修订的高校中，2 所没有采用不分类的模式，有 4 所高校采用了分类制定聘任条件的模式（详见表 4-32），比首版只有 1 所采用分类的多了 3 所，接近 7 所高校的 50％，分类制定聘任条件的模式逐步成为职称晋升聘任主流模式。从 7 所高校晋升副教授、教授的分类的数量而言（详见表 4-33 和表 4-34），部分晋升副教授要多于晋升教授的分类,减少的类别主要是教学型教授,从这一侧面可以一定程度上反映以下几个方面的问题:一是在部分高校,教学中心地位还未真正落实;二是教学评价制度体系还不健全、完善。

表 4-32　7 所新建本科高校修订前后职称晋升聘任条件分类与否情况

年　份	GC	LG	MJ	PT	SM	WY
2013	▲	▲		◆	▲	
2014	▲		▲			
2015		◆		◆	◆	▲
2016						
2017		◆		◆		
2018				◆		▲
2019			◆			

注:分类"◆";不分类"▲"。1 所未修订,下同。

资料来源:福建省 7 所新建本科高校,职称晋升聘任改革修订前后制度文本。

表 4-33　7 所新建本科高校修订前后副教授条件类别数量

年　份	GC	LG	MJ	PT	SM	WY
2013	1	1		4	1	
2014	1		1			
2015		2		4	4	1
2016						
2017		3		5		
2018				6		1
2019			6			

资料来源:福建省 7 所新建本科高校,职称晋升聘任改革修订前后制度文本。

表 4-34　7 所新建本科高校修订前后教授条件类别数量

年　份	GC	LG	MJ	PT	SM	WY
2013	1	1		4	1	
2014	1		1			
2015		2		4	1	1
2016						
2017		3		4		
2018				5		1
2019			6			

资料来源:福建省 7 所新建本科高校,职称晋升聘任改革修订前后制度文本。

二、修订文件的高校个案分析

(一) PT

PT 在 2013 年首次自主制定职称晋升聘任条件时就使用分类制定条件,分类不是以教师工作的角度而是以学科特点为主要依据,从工作类型的角度应属于教学科研并重型,分成通用类、艺术类、体育类、临床医学 4 类(文件中 4 类均没有明确命名,为了本书撰写方便笔者归纳命名,其中"通用类"适用于所有教师,艺术类包含音乐类、工艺美术类);2015 年版与首次制定的文件分类相同;2017 年版在原有的基础上增加教学为主型副教授类;2018 年版在分类上做了较大的改变,以教师工作的主要任务为依据进行一次分类,分为教学为主型、教学科研并重型和科研为主型,在此基础上又根据学科特点对教学科研并重型和科研为主型进行二次分类,分为教学科研并重型(理工医类)、教学科研并重型(人文社科类)、教学科研并重型(术科类)、科研为主型(理工医类)和科研为主型(人文社科类)5 个类别,2018 年版教授分 5 类、副教授分 6 类,教学为主型只在副教授进行分类,在教授没有此类别。

1.基本条件

2015 年之后的修订版均有增加因师德师风被处分申报限制内容;2018 年版增加思想政治素质和对延迟申报的起算年限做出明确规定。除了增加的条款,基本条件的内容总体变化不大,历次版本在表述上会略有不同。从文件上看,PT 对思想政治素质和师德师风的认识更加深刻,也更重视落实教育的立德树人根本任务。

2.能力资历条件

历次修订没有变化的能力资历条件有高校教师资格、任职年限和指导青年教师的条件要求。高校教师资格和任职年限上级有相关文件要求,而且是历年来评职称必备的资格、资历要求,指导青年教师是大多数高校对青年教师培养的传统模式。历次修订能力资历条件变化具体见表 4-35。

表 4-35　PT 修订前后能力资历条件变化情况

项　　目	副教授	教　授
学历 2013、2015、2018	本科以上,其中 35～40 周岁硕士,35 周岁以下博士	本科以上,其中 40～45 周岁硕士,40 周岁以下博士
学历 2017	教学为主型本科以上,其中 40 周岁以下硕士;其他类型同上	同上
继续教育 2013、2015、2017	72	72
继续教育 2018	90	90
国境外访学、参加国际学术会议 2018		45 周岁以下,6 个月以上,或 3 次国际性学术会议,且会议发言
实践能力 2013	与育人工作 2 选 1	
实践能力 2015	必备	必备
实践能力 2017	必备	必备
实践能力 2018	45 岁以下。理工医类 6 个月,其他 3 个月	

资料来源:PT,职称晋升聘任改革修订前后制度文本。

最新 2018 年不再要求的能力资历条件有外语、专业水平、学科建设和健康等要求。由于全国统一职称外语考试取消,在外语要求方面没有相应的标准,各高校又还未形成自身的外语水平要求,对外语的要求不具有可操作性,取消外语要求是必然的结果;专业水平、学科建设和健康等要求由于条件过于"柔性",在职称评审操作过程中难以评判,可操作性不强,取消了相应要求。

在历次修订中有一定变化的能力资历条件有学历、继续教育和实践能力。继续教育历次修订都有要求,2017 年之前版要求 72 学时,2018 年版要求 90 学时,增加继续教育学时的要求,其他要求没有变化。

学历要求变化出现在 2017 年版对教学为主型副教授提出不同的要求,与其他 3 版比,减少了 35 周岁以下需要博士的要求,有无这个要求的差别在于 2017 年版的 35 周岁以下的硕士可以聘任教学为主型副教授,而其他版本的不可以,通常情况下,硕士毕业到晋升副教授最小年龄大概在 33 岁左右(26 岁硕士毕业＋助教 2 年＋讲师 5 年),如果从解决长期从事教学工作的教师职称问题的角度,有无 35 周岁以下需要博士的要求影响不大,如果从鼓励教师做好教书育人工作,那么 35 周岁以下没有博士的要求更合理些;由于人才市场各学科博士的供给不平衡,新建本科高校在引进艺术、体育等学科博士困难,一定年龄一刀切地要求具有博士学位,必然产生学科不平衡的现象,对引进技能型教师会产生负面影响。

除了公共课教师,其他教师实践能力的要求从 2013 年版与育人工作 2 选 1 的可选要求,到 2015 年版、2017 年版的必备要求,再到 2018 年版的 45 岁以下教师的必备要求,从可选到必备要求的变化,既是体现了对教师实践能力的重视,也是匹配新建本科高校办学定位,推动新建本科高校向应用型转变的具体表现之一。

2018 年版新增一定年龄教师在国境外访学或参加国际学术会议的要求。国境外访学或参加国际学术会议是高校国际化的途径,新建本科高校既可以利用这些途径吸取国境外高校、学科发展的经验,同时也在自我宣传。随着新建本科高校的发展,国际化是必然的趋势,提出国际化的相关要求也是顺应高校发展的需求,有一定年龄的限制也避免了"唯海外留学经历"的倾向。

3.教育教学条件

历次修订对承担课程门数的要求没有变化。2017 年版教学为主型副教授增加每学年至少开设一门公选课的要求。最新 2018 年版不再有其他教学工作要求(详见表 4-36)。此类工作基本上是教学常规的工作,是对教师的基本要求,在新建本科高校教学常规管理日益规范的情况下,对其他教学工作不再作为聘任职称的要求。

在历次修订中有一定变化的教育教学条件有育人工作、教学工作量和教学质量。除公共课教师另外做指导学生学科(技能)竞赛、创新创业项目等工作经历外,其他教师育人工作的要求从 2013 年版与实践能力 2 选 1 的可选要求,到 2015 年版、2017 年版的必备要求,再到 2018 年版的与指导研究生 2 选 1 的可选要求(详见表 4-36),育人工作日益得到重视,从职称晋升聘任的要求角度反映了高校落实全员育人的政策要求。

教学工作量从 2013 年版到 2015 年版的教学时数变化,到 2017 年版的不同课程教师和教学为主型副教授单独更多的教学工作量要求,再到 2018 年版按不同类型教师不同的教学工作量要求(详见表 4-36),教学工作量要求的变化主要是随着根据不同类型教师承担的教学科研工作量的不同进行分别规定。

教学质量的要求变化较大,2013 年版在有教学质量等级要求的条件下,同时有类似"末位淘汰"性质的条款,对教学质量评价相对较差的教师晋升进行限制,在没有相对科学合理的办法,并且教师基本能够接受的教学质量等级评价时,无疑是较为合理的方案;2015 年版只有教学质量等级的要求;2017 年版对晋升教学为主型副教授除了与其他教学有相同的教学质量等级要求,还有"5 年累计 6 学期学生评教排名连续在所在学院参评教师的前 20％"的要求,教学质量成为晋升教学为主型副教授的一个有别于其他类别晋升的门槛条件。2018 年版对晋升教学为主型副教授的教学质量还是有额外要求，"申报评聘前两年考核评价结果良好以上，其中教学为主型副教授评聘前两年教学质量考核评价结果均须优秀"，要求从 2017 年版的学生评教排名改为教师的教学质量考核评价等级，可见学校已经完善了教师的教学质量评价制度。2018 年版新增"40 周岁以下教师申报评聘副教授、教授，须获过校级以上各类教学竞赛奖项 1 次以上"的教学竞赛获奖要求（详见表 4-36）。教学竞赛获奖虽然从获奖等级的要求大幅度降低，但是从鼓励性质的可选的综合选项变为一定年龄教师的必备要求，充分体现了 PT 在努力提高教师教育教学能力，为教师提高教学质量工作打基础，从而推动教学质量全面提高，以满足学生对高质量教育的需求。

表 4-36　PT 修订前后教育教学条件要求

项　　目	副教授	教　　授
育人工作 2013	与社会实践 2 选 1	
育人工作 2015	必备	
育人工作 2017	必备	
育人工作 2018	与指导研究生 2 选 1	与指导研究生 2 选 1
教学工作量 2013	每学年 240	每学年 220
教学工作量 2015	每学年 260	每学年 240
教学工作量 2017	教学为主型 340，基础课、公共课 360，其他每学年 260	每学年 240
教学工作量 2018	教学科研并重型 200，教学为主型 300，科研为主型 72	教学科研并重型 220，科研为主型 72
教学质量 2013	教学效果良好。近五年，有两次及以上学生、同行、督导组等综合评教排名在本单位后 10% 的，任期顺延一年	
教学质量 2015	考核评价结果良好以上	
教学质量 2017	考核评价结果良好以上，其中教学为主型副教授要求且近 5 年累计 6 学期学生评教排名连续在所在学院参评教师的前 20%	
教学质量 2018	申报评聘前两年考核评价结果良好以上，其中教学为主型副教授评聘前两年教学质量考核评价结果均须优秀	
教学竞赛 2018	40 周岁以下，须获过校级以上各类教学竞赛奖项 1 次以上	

资料来源：PT，职称晋升聘任改革修订前后制度文本。

4. 教学科研业绩条件

（1）教学科研业绩类别。

从表 4-37 可以看出，PT 历次修订教学科研业绩条件类别基本上沿用 2013 年首次自主制定的"学术论文＋项目＋综合选项"的模式。2015 年版、2017 年版艺术类的要求"学术论文＋项目"少了"综合选项"，以及 2017 年版"教学为主型副教授"的"学术论文＋育人＋综合选项"比较特别。2018 年所有类别的条件均回归到"学术论文＋项目＋综合选项"的模式。不论是哪一年版的模式，学术论文都是教学科研业绩的必备条件，都没有摆脱"唯论文"的现象，从条件结构的角度与应用型高校的定位不相匹配。

表 4-37　PT 修订前后各类型教学科研业绩条件

类　型	副教授			教授		
	条件 1	条件 2	条件 3	条件 1	条件 2	条件 3
通用类 2013、2015、2017	△	◇	☆	△	◇	☆
艺术类 2013	△	◇	☆	△	◇	☆
艺术类 2015、2017	△	◇		△	◇	
体育类 2013、2015、2017	△	◇	☆	△	◇	☆
临床医学类 2013、2015、2017	△	◇	☆	△	◇	☆
教学为主型 2017	△	□	☆			
教学科研并重型 2018	△	◇	☆	△	◇	☆
教学为主型 2018	△	◇	☆			
科研为主型 2018	△	◇	☆	△	◇	☆

注:学术论文"△",项目"◇",育人"□",综合选项"☆"。

资料来源:PT,职称晋升聘任改革修订前后制度文本。

(2)各类业绩分析。

①学术论文。根据论文发表的刊物将学术论文分为权威刊物(A 级),核心刊物(B 级),未列入 A、B 级本科高校学报(C 级),其他 CN 级刊物(D 级)。这种分级是福建省大多数新建本科高校的做法,虽然具体内容有一定的差异,每年有一定的变化,但是总体上差异、变化都不大(详见表 4-38)。从其他成果替代学术论文的要求看,2017 年及之前版可以用一定要求的专著、教材、译著、作品和达到一定课时的公共课替代一定级别的学术论文,2018 年版不能替代。从对教学研究论文的要求看,2017 年及之后版除科研为主型外晋升副教授都有教学研究论文的要求,说明了高校对教学工作越来越重视。从学术论文要求的难易程度来看,2017 年及之前版基本上差不多,晋升教授的要求 2015 年版和 2017 年版通用类减少一篇 B 级论文,艺术类一篇 B 级论文与其他类型持平,增加其他的没有变化;晋升副教授的 B 级及以上论文的要求没有变化,C 级及以下论文在 2015 年版和 2017 年版晋升副教授的要求有减少或降低等级;2018 年版与 2017 年版相比,教学科研并重型(术科)晋升副教授的艺术类和体育类学术论文条件相同,晋升教授有所降低,减少一篇 A 级增加一篇 B 级;教学科研并重型(理工医)晋升副教授、教授都提高了要求;教学科研并重型(人文社科)晋升副教授提高了要求,晋升教授条件不变;教学为主型副教授的要求有所提高。从 2018 年版各类的比较,理工医类的要求明显高于人文社科和艺术类,存在同一种工作类型不同学科类型的教师,其他的条件要求相同,论文的要求有高有低,从文件的角度表现出不公平的问题。

表 4-38　PT 修订前后各类型学术论文要求

项　目	副教授	教　授
通用类 2013	2C+2B+C 教研	3B+2A,4B+A(公共课 260 学时)
通用类 2015	2C+2B+C 教研	2B+2A,3B+A(公共课 280 学时)
通用类 2017	C+2B+D 教研	2B+2A,3B+A(公共课 280 学时)
艺术类 2013	3C+2B、3C+B+专著或作品	B+2A,B+A+专著或作品

续表

项 目	副教授	教 授
艺术类 2015	C+2B+C 教研	2B+2A
艺术类 2017	C+2B+D 教研	2B+2A
体育类 2013	3C+2B、3C+B＋专著或教材	2B+2A、2B+A＋专著或教材
体育类 2015	C+2B+C 教研、C+B+C 教研＋专著或教材	2B+2A、2B+A＋专著或教材
体育类 2017	C+2B+D 教研、C+B+D 教研＋专著或教材	2B+2A、2B+A＋专著或教材
医学类 2013	3C+2B、3C+B＋专著或教材	2B+2A、2B+A＋专著或教材
医学类 2015	2C+2B、2C+B＋专著或教材	2B+2A、2B+A＋专著或教材
医学类 2017	C+2B+D 教研、C+B+D 教研＋专著或教材	2B+2A、2B+A＋专著或教材
教学为主型 2017	2C+2C 教研、2C+专著或译著或作品	
教学科研并重型（理工医）2018	2A、4B+D 教研	3A
教科研并重型（人文社科）2018	3C+A+D 教研、C+3B+D 教研	2B+2A
教学科研并重型（术科）2018	2C+A+D 教研、C+2B+D 教研	3B+A
教学为主型 2018	2B 教研、4C 教研	
科研为主型（理工医）2018	3A	6A
科研为主型（人文社科）2018	2B+2A	4A

资料来源：PT,职称晋升聘任改革修订前后制度文本。

②研究项目。2015 年版和 2017 年版对项目的要求相同,其中晋升副教授有科研项目和教研项目的选项,比 2013 年版单一的科研项目要求增加了教研项目选项(详见表 4-39)。2017 年及之前版,同一版通用类、艺术类、体育类、临床医学类的项目要求相同,2017 年版教学为主型副教授以"担任班主任或兼职辅导员,在辅导学生方面成绩突出,获得校优秀班主任等校级以上荣誉"育人工作要求作为单独的必备要求,没有教科研项目的要求。2018 年版基本上按工作类型要求教科研项目,科研为主型的要求高于教学科研并重型和教学为主型;教学科研并重型的理工医类和人文社科类要求相同,术科类明显低于理工医类和人文社科类;教学为主型副教授也从育人工作要求改为教科研项目要求,与教学科研并重型的理工医类和人文社科类要求相同。从项目的类型角度,2018 年版比 2017 年及之前版增加了"横向项目"作为教科研项目的选项,横向项目是新建本科高校服务地方的形式之一,将横向项目列入项目要求的可选条件,符合新建本科高校应用型定位。2018 年版项目的要求,如果教学为主型副教授改为只要求教研项目,科研为主型改为只要求科研项目和横向项目,更能体现各类的特点。

表 4-39　PT 修订前后各类型研究项目要求

项　目	副教授	教　授
通用类、艺术类、体育类、临床医学类 2013	校级①	市厅级①
通用类、艺术类、体育类、临床医学类 2015、2017	校级①③	市厅级①
教学为主型 2017	□	
教学科研并重型(理工医)(人文社科)2018	B 级①②③	2 B 级①②③、A 级①②③
教学科研并重型(术科)2018	C 级①②	B 级①②③
教学为主型 2018	B 级①②③	
科研为主型(理工医)(人文社科)2018	2 B 级①②③、A 级①②③	A 级①②③

注：①科研项目；②横向项目；③教研项目；□育人工作。

资料来源：PT，职称晋升聘任改革修订前后制度文本。

③综合选项。通用类 2015 年版和 2017 年版比 2013 年版在晋升副教授的条件中增加了主持教研项目和市级以上劳动模范的选项，在晋升教授的条件中增加了主持或参与一定等级教研项目和制定一定等级行业技术标准、技术规范或发展规划，并已得到实施的选项，其他条件只是在表述、排名等方面进行修改、完善。艺术类 2015 年版和 2017 年版没有综合选项，2013 年版综合选项具有明显的艺术学科特点。体育类和临床医学类 2017 年及之前版总体变化不大，主要在表述、排名等方面进行修改、完善。2018 年版，3 种类型的综合选项有差别，同一种工作类型的综合选项的内容相同。

从表 4-40 可以看出，不同类型要求的选项内容有差别，相同类型晋升不同等级职称的选项要求相同但存在等级和数量要求的差别。选项的等级只是在同个选项中划分等级，不同选项相同等级并不一定是对等的。作为教师选择选项有两种主要的想法，一种是自身擅长的，还有一种是难度低的，如果选项的难易程度没有把握好，极有可能出现难度低的扎堆出现，难度高的基本上无人问津，从而造成高校难以完成所有的办学目标；教学为主型副教授没有对所有的选项做教学类的限定，如果把科(教)研成果限定为教研成果，把多发表学术论文限定为多发表教研论文，把参与科研项目改成参与教研项目，把应用型成果限定为应用型成果转化为教学内容，则综合选项体现教学为主就会更加明确。

表 4-40　PT 2018 年版综合选项要求

项　目	副教授			教　授	
	教学科研并重型	教学为主型	科研为主型	教学科研并重型	科研为主型
作品成果	B	B 教学类	A	A	A
教学竞赛及指导学生获奖	B	2B	A	A	A
科(教)研成果	C	C	B	B	A
综合荣誉	C	C 教学类	B	B	A
应用型成果	C		B	B	A
多发表论文	B	B	A	A	A
参与科研项目	B	B	A	A	A

资料来源：PT，职称晋升聘任改革修订前后制度文本。

2018年版比2017年及之前版综合选项的变化,减少的主要是教科研项目,横向项目和主持一定等级的科研项目、教研项目,参与教研项目没有列入综合选项,只有参与一定等级的科研项目作为选项,还有临床医学一定等级的本科质量工程项目和行业学会任职以及体育专业比赛获奖没列入综合选项;增加的综合选项主要是应用型成果政策咨询报告、实用新型专利和教师教学能力相关的教师教学竞赛获奖,指导学生竞赛获奖由原来的艺术、体育和临床医学扩大到所有晋升职称的教师。

学术论文和教科研项目都作为必备条件,多发表学术论文可以做选项,而教科研项目只有参与一定等级的科研项目作为选项,有一定的"唯论文"和重科研轻教研的倾向。总的来说,综合选项增加的应用型成果更契合新建本科高校应用型定位和多样化成果的特征,增加教学相关的条件反映更加重视教学,但是各类型教师综合选项内容基本上涵盖所有综合选项类别,综合选项与教师分类的契合度不高。

综上所述,PT修订的条件中,删除的内容主要是可操作性不强或者是政策不再要求的条件,使得文件的可操作性更强,增加或加强的条件主要是与提高教育教学质量和契合新建本科高校应用型定位相关,总体朝着向应用型转变的方向前行,也表现出更加重视教学的迹象。但是,文件存在的问题依然明显,学术论文还是晋升职称的必备条件,"唯论文"倾向还是比较明显;对于综合选项有着较好的归类,在等级的划分上有值得商榷的地方,同种工作类型基本条件、能力资历要求、教育教学工作要求都相同的情况下,不同学科类型的要求有明显差异,令人产生不公平的感觉;设定的条件不能很好地体现各类型教师的特点;从文件整体上看,分类的目的主要是适应不同特点教师的需要,并没有从办学定位出发,统筹控制师资队伍的结构达到适应学校发展需要的目标,分类的目的比较片面。

(二) MJ

MJ在2014年首次自主制定职称晋升聘任条件时没有分类。2019年版采用了分类的模式,分类的模式大体上与PT相同,以高校的职能为主要依据进行一次分类,分为教学科研并重型、教学为主型和科研为主型,其中科研为主型包含了社会服务和应用推广类型,在此基础上又根据学科特点对教学科研并重型和科研为主型进行二次分类。以教学科研并重型为主体,教学科研并重型按人文社科类(非艺术、体育、外语)、人文社科类(艺术、体育、外语)、马克思主义理论课教师、理工类4类进行分类评聘。

1.基本条件

修订版增加"违背教师职业道德的人员实行'一票否决'"和"上级有明文规定的依上级规定",删除了当年度达到法定退休年龄且未办理延长退休年龄手续的教师,不能晋升高一级职务条款。删除的内容属于上级规定不能申报的内容,其他基本条件只是在表述上做些修改,内容基本上没有变化。

2.能力资历条件

能力资历条件的变化(详见表4-41),修订版没有变化的跟PT一样,也是高校教师资格、任职年限和指导青年教师这3个条件。修订版不再要求的能力资历条件也和PT一样,也是外语、专业水平、学科建设和健康4个条件。

表 4-41　MJ 职称晋升聘任工作能力资历条件修订前后要求

项　目	副教授	教　授
学历 2014	本科以上,40 周岁以下硕士	本科以上,40～45 周岁硕士,40 周岁以下博士
学历 2019	本科以上,1974 年以后出生硕士,1984 年以后出生博士,艺术体育外语类 1989 年以后出生博士,业绩突出者学历可适当放宽	本科以上,1974 年以后出生硕士,1979 年以后出生博士,艺术体育外语类 1984 年以后出生博士,业绩突出者学历可适当放宽
继续教育 2014	72	72
继续教育 2019	90	90
访学 2014		国内或国境外访学
访学 2019	1974 年以后出生,国境外访学与实践能力 2 选 1	
实践能力 2019	1974 年以后出生,与国境外访学 2 选 1	
教学技能 2019	1974 年以后出生教学类竞赛 1 次以上,科研为主型教师可不做此要求	
岗前培训 2019	完成学校新教师岗前培训课程,考核合格	

资料来源:MJ,职称晋升聘任改革修订前后制度文本。

修订前后有一定变化的能力资历条件有学历、继续教育和访学的要求。继续教育要求只是学时增加。首版要求晋升教授必须要有国内或国境外访学的经历,修订版新增一定时间之后出生的教师,晋升副教授、教授要有国境外访学或者实践能力 2 选 1 的要求,访学由必备条件转化为可选条件。

学历要求变化较大的是原来是对一定年龄的教师提高学历要求,修订版是对一定时间之后出生的教师提高要求。二者的主要区别在于,前者如果学历达不到年龄到了照样可以参评,后者是在要求范围内的教师一定要达到要求的学历;前者"唯学历"的倾向不明显,后者"唯学历"的倾向比较明显;虽然对于艺术体育外语类推后 5 年出生的教师进行要求,但是从目前这些学科的博士人才市场的供给来看,未来很长一段时间内,新建本科高校引进艺术、体育等学科的博士困难,必然对这些学科师资队伍建设产生负面影响,同时也会对引进技能型教师产生负面影响。

修订版新增的能力资历条件有实践能力、教学技能和岗前培训。新增一定时间之后出生的教师实践能力与访学 2 选 1 的可选要求,实践能力的要求从无到可选要求,体现了 MJ 开始关注教师的实践能力,逐步向匹配新建本科高校特征的方向靠拢。与 PT 一样教学技能竞赛获奖的要求,只是在范围界定有所不同,是对一定时间之后出生的教师(科研为主型除外)提出要求。新增了完成学校新教师岗前培训课程,考核合格,说明 MJ 重视对新入职的教师进行校本培训,使得新教师尽快适应、融入 7 所新建本科高校的工作。

3.教育教学条件

所有类型晋升副教授、教授均有育人工作的要求(详见表 4-42),从 2014 年"与指导学生创新创业训练项目、实践教学 3 选 1"的可选条件,修改为必备条件,体现了对育人工作的重视。所有类型晋升副教授、教授均有指导学生创新创业训练项目或承担完整的实践教学环节指导并且考核良好以上的指导学生要求,并且表述一致;教学科研并重型、科研为主型有完成教学计划要求的指导学生实验实习、社会调查、毕业论文或毕业设计等其他教学工作的要求,并且表述一致;3 种类型对课程要求不同,其中教学为主型要求主讲 2 门以上全日制本科生的公共基础课或核心课程,科研为主型只要求 1 门;3 种类型对教学工作量要求不同,其中晋升教学为主型副教授要求达到所在二级学院平均教学工作量的1.3倍以上,教学科研并重型按二级学院要求,科研为主型按1门课程的教学工作量,教学工作量没有统一规定课时数的要求,更多的是达到二级学院的规定,带有较明显的校院二级管理的特点;晋升教学为主型副教授、教授要求一线本科教学经历8年、10年,近3年教学水平综合评价达到学校相关要求,对晋升教学为主型副教授、教授有更高的教学资历和教学水平要求。从对教学型职称教师的教学水平综合评价提出单独的要求可以看出,MJ已经或者即将构建完善的教学评价体系,为今后提高教学质量提高了制度保证。

表4-42　MJ修订前后各类型教育教学条件

类　型	经　历	课　程	工作量	育　人	指导学生	教学水平综合评价
副教授2014		2	300	可选		
教授2014		2	260			
教学为主型副教授	8	2公共基础或核心课程	学院平均1.3倍	√		√
教学为主型教授	10	2公共基础或核心课程	2门课程	√		√
教学科研并重型		2	学院规定	√	√	
科研为主型		1	1门课程	√	√	

资料来源:MJ,职称晋升聘任改革修订前后制度文本。

4.教学科研业绩条件

从表4-43可以看出,MJ的教学科研业绩条件首版采用"项目+学术论文"或者"项目+学术论文+综合选项"的模式,修订版不同分类采用不同的模式,教学为主型采用"重大的教学类业绩"或者"学术论文+综合选项",教学科研并重型采用"重大的教学类业绩"或者"项目+学术论文"或者"项目+学术论文+综合选项",科研为主型采用"重大的科研业绩"或者"项目+学术论文"或者"项目+学术论文+综合选项"。教学为主型的重大的教学类业绩主要包含一定等级的教学成果奖、教学竞赛获奖、主持教研项目;教学科研并重型重大的教学科研业绩比教学为主型增加了科技成果奖,其他内容相同;科研为主型的重大的科研业绩为科技成果奖。由此可见,各类型教师的要求与重大教学科研业绩之间匹配度较高,能够体现各类型的特点。从条件结构上的变化,虽然修订版并没有将学术论文作为所有教师职称晋升的必备条件,但是教授取得重大的教学科研业绩所占的比例不高,对于大多数教师而言学术论文还是必备条件,"唯论文"倾向依然存在。

表4-43　MJ修订前后不同类型职称晋升聘任教学科研业绩条件

类型	副教授		教　授	
	条件1	条件2	条件1	条件2
2014	◇	△或△+☆	◇	△或△+☆
教学为主型	▲或●或★		▲或●或★	
	△	☆	△	☆

续表

类型	副教授		教 授	
	条件1	条件2	条件1	条件2
教学科研并重型	◆或▲或●或★		◆或▲或●或★	
	◇	△或△☆	◇	△或△+☆
科研为主型	◆		◆	
	◇	△或△☆	◇	△或△+☆

注:学术论文"△",教科研项目"◇",综合选项"☆",科技成果奖"◆",教研项目"★",应用型成果"○",教学成果奖"▲",教师教学竞赛获奖"●"。

资料来源:MJ,职称晋升聘任改革修订前后制度文本。

(1)学术论文。MJ 将教学科研并重型人文社科类的学术论文要求基本上与首次制定的不分类的条件相同(详见表4-44),理工类的要求高于人文社科类的要求;教学为主型的要求以教学研究论文为主,一定级别数量的著作、作品可以有限次地替代一定级别的学术论文;科研为主型的学术论文要求高于其他两种类型,其中理工类的要求高于人文社科类。学术论文的要求是在延续首次制定的条件基础上根据分类调整学术论文的要求,体现了较好的延续性,更加契合各类型的特点。

表 4-44   MJ 修订前后学术论文要求

项　　目	副教授	教　授
2014	2C+3B,3C+2B+综合选项	3B+2A,4B+A+综合选项、5B+综合选项
教学为主型	3B 教研,2B 教研+著作或 2 作品	3B 教研,2B 教研+著作或 2 作品
教学科研并重型 (人文社科类)	2C+3B,3C+2B+综合选项	3B+2A,4A,4B+A+综合选项
教学科研并重型 (艺术、体育、外语类)	2C+3B,3C+2B+综合选项	3B+2A,4A,4B+A+综合选项
教学科研并重型 (马克思主义理论课类)	2C+3B,3C+2B+综合选项	3B+2A,4A,4B+A+综合选项
教学科研并重型 (理工类)	C+4B,2C+3B+综合选项	2B+3A,5A,3B+2A+综合选项
科研为主型	人文社科类 2B+2A,2B+A+综合选项;理工类 B+3A,B+2A+综合选项	人文社科类 5A,3A+2 综合选项;理工类 6A,4A+2 综合选项

注:A 在权威期刊发表的学术论文;B 在核心期刊发表的学术论文;C 在本科学报发表的学术论文。

资料来源:MJ,职称晋升聘任改革修订前后制度文本。

(2)研究项目。除了教学为主型,其他各类型基本上延续了首次制定的条件,研究项目是职称晋升的必备条件(详见表4-45)。增加了主持一定级别、到校金额的各类成果转化及产业化的成果转化项目作为科研为主型的可选项目,取得本学科相关的专业技术职务任职资格或全国执业资格的执业资格作为除了艺术、体育、外语类其他教学科研并重型晋升副教授的可选项目,从项目增加的内容看,主要是与服务社会相关的内容,更加契合应用型的定位。教学科研并重型的可选项目包含了成果转化项目之外所有的项目,科研为主型主要以主持科研项目为主,可选项目根据不同类型的特点在要求和项目内容上均有所区别,较能体现各类型的特点;除教学为主型外所有的类型都有横向项目的内容,更契合学校应用型的定位;所有类型的横向项目、参与科研项目、参与本科质量工程项目、专业比赛获奖等要求都不是单独存在的,需要与主持一定等级的纵向项目搭配形成项目可选条件,尝试用这种搭配形式消除对横向项目和参与纵向教科研项目存在项目真实性、学术性和教师科研能力的疑问。主持科研项目在某种程度上体现了教师完成科研项目的能力,这种搭配可以保证教师具有一定的完成科研项目的能力,解决对这类项目的疑问,又能鼓励教师服务企事业单位、融入科研团队,是值得借鉴解决横向项目和参与纵向教科研项目被质疑的一种办法。

表 4-45　MJ 修订前后项目要求

项　　目	副教授	教　　授
2014	市厅级①④、校级 ①④＋②⑤⑦、校级①④＋专业比赛获奖(术科)	省级①④、市厅级 ①＋②⑤⑦、市厅级①④＋专业比赛获奖(术科)
教学为主型		
教学科研并重型 (人文社科类)	市厅级重点①④、市厅级①④＋②⑤⑦、⑨	2 省级①、省级④、省级①＋⑤⑦、市厅级①＋②
教学科研并重型 (艺术、体育、外语类)	市厅级①④、市厅级①④＋②⑤⑦、校级①④＋②、校级①④＋专业比赛获奖	省级①④、市厅级①＋②⑤⑦、①④＋专业比赛获奖
教学科研并重型 (马克思主义理论课类)	市厅级①④、市厅级①④＋⑤⑦、市厅级①④＋②、⑨	2 省级①④、省级④、省级①＋⑤⑦、市厅级①＋②
教学科研并重型 (理工类)	市厅级①④、市厅级①④＋②⑤⑦、⑨	2 省级①④、市厅级①＋②
科研为主型	国家级①、省级重大①、省级①＋⑤、2 市厅级①＋②、⑧	国家级①、省级重大①、2 省级①＋②、⑧

注:①科研项目;②横向项目;③教研项目;④本科质量工程项目;⑤参与科研项目;⑥参与教研项目;⑦参与本科质量工程项目;⑧成果转化项目;⑨执业资格 。

资料来源:MJ,职称晋升聘任改革修订前后制度文本。

(3)综合选项。

①人才培养综合选项。MJ 2019 年版的人才培养综合选项主要有 8 个类别,比 2014 年首次制定的条件增加了 5 个类别,增加了 1.67 倍,增加的内容分别是:编写一定字数的教材,教师教学竞赛、专业竞赛获奖的教学单项奖,主持本科教学质量工程项目,主持教学改革研究项目,精品在线开放课程、精品资源共享课等优秀课程,人才培养综合选项的内容更加完善。从表 4-46 和表 4-47 可以看出,从选项的覆盖面角度除了主持教研项目的覆盖面较低,主持本科教学质量工程项目已在教学科研并重型作为研究项目的可选项目,其他项目在各类型中的覆盖面较高;以科研为主型晋升职称的在 MJ 中属于少数,只有指导学生的 2 个选项。由此可见,MJ 从教师较为单一地从获得教学成果奖、学生学习产出角度鼓励教师提升人才培养质量,转变为从教师的教学技能、教学内容、课程教学到学生的学习产出多个方面鼓励教师提升人才培养质量,体现了 MJ 对人才培养质量的重视。

表 4-46　MJ 修订前后晋升副教授人才培养综合选项

项　目	首　次	教　学	教科1	教科2	教科3	教科4	科　研
教材		✓					
教学成果奖	✓	✓	✓	✓	✓	✓	
教学单项奖		✓	✓	✓	✓	✓	
主持教学质量工程项目		✓					
主持教研项目		✓			✓		
指导学生专业竞赛获奖	✓	✓	✓	✓	✓	✓	✓
指导学生创新创业项目							✓
优秀课程		✓					

注:"首次"指的是样本高校 2014 年首次制定的条件,其他的为 2019 年修订的类型;"教学"指的是教学为主型;"教科1、2、3、4"分别指教学科研并重型的人文社科类(非艺术、体育、外语)、人文社科类(艺术、体育、外语)、马克思主义理论课教师、理工类 4 个类别;"科研"指的是科研为主型。以下 MJ 的综合选项均相同。

资料来源:MJ,职称晋升聘任改革修订前后制度文本。

表 4-47　MJ 修订前后晋升教授人才培养综合选项

项　目	首　次	教　学	教科1	教科2	教科3	教科4	科　研
教材		✓	✓	✓	✓	✓	
教学成果奖	✓	✓	✓	✓	✓	✓	
教学单项奖		✓	✓	✓	✓	✓	
主持教学质量工程项目		✓					
主持教研项目		✓			✓		
指导学生专业竞赛获奖	✓		✓	✓	✓	✓	✓
指导学生创新创业项目							✓
优秀课程		✓	✓	✓	✓	✓	

资料来源:MJ,职称晋升聘任改革修订前后制度文本。

②科学研究综合选项。MJ 的科学研究综合选项基本没有变化(详见表 4-48 和表 4-49),只是在教学科研并重型晋升教授中增加担任学科带头人的选项,这个选项是对教师担任学科带头人工作的一种认可。随着新建本科高校的发展,学科带头人基本上是教授,在副教授能够担任学科带头人的本身科研成果相对较多,此选项的教师晋升职称意义不是太大,但是作为对教师的岗位考核有较大的意义。

表 4-48　MJ 修订前后晋升副教授科学研究综合选项

项　目	首　次	教　学	教科1	教科2	教科3	教科4	科　研
专著	✓	✓	✓	✓	✓	✓	✓
译著	✓	✓	✓	✓	✓	✓	
科技成果奖	✓		✓	✓	✓	✓	✓

资料来源:MJ,职称晋升聘任改革修订前后制度文本。

表 4-49　MJ 修订前后晋升教授科学研究综合选项

项　目	首　次	教　学	教科1	教科2	教科3	教科4	科　研
专著	√	√	√	√	√	√	√
译著	√	√	√	√	√	√	√
科技成果奖	√		√	√	√	√	√
学科带头人			√	√	√	√	

资料来源：MJ，职称晋升聘任改革修订前后制度文本。

③服务社会综合选项。2019 年版的服务社会综合选项主要有 6 个类别，比 2014 年首次制定的条件增加了 4 个类别，增加了 2 倍（详见表 4-50 和表 4-51），增加的内容分别是：编制一定等级的行业标准、发展规划，新产品获得一定级别的奖励，教学科研并重型艺术、体育、外语类教师取得本学科相关的专业技术职务任职资格或全国执业资格的执业资格作为晋升副教授的综合项目，服务社会综合选项的内容更加完善，体现了学校对服务社会的重视，更加契合应用型定位。

表 4-50　MJ 修订前后晋升副教授服务社会综合选项

项　目	首　次	教　学	教科1	教科2	教科3	教科4	科　研
科技成果转化	√					√	√
国家发明专利	√		√	√		√	√
行业标准			√			√	
行业发展规划			√		√	√	√
新产品			√	√			
执业资格				√			

资料来源：MJ，职称晋升聘任改革修订前后制度文本。

表 4-51　MJ 修订前后晋升教授服务社会综合选项

项　目	首　次	教　学	教科1	教科2	教科3	教科4	科　研
科技成果转化	√					√	√
国家发明专利	√		√			√	√
行业标准			√	√		√	
行业发展规划			√	√	√		√
新产品			√			√	

资料来源：MJ，职称晋升聘任改革修订前后制度文本。

④其他综合选项。较少用到其他综合选项，2019 年版仅有一定等级的优秀教师这个选项作为教师晋升教学为主型副教授的综合选项，2014 年首次制定的条件一定等级的优秀人才不作为综合选项。

综上所述，修订的条件中总体而言与 PT 相似，删除的内容主要是可操作性不强或者政策不再要求的条件，使得文件的可操作性更强，增加或加强的条件主要是与提高教育教学质量和契合新建本科高校应用型定位相关，总体学校朝着向应用型转变的方向前行，也表现出更加重视教学的迹象。职称晋升聘任条件与相应的教师类别匹配度较高，比较符合各类工作、学科的特点。但是,从条件结构上看,唯论文的倾向依然存在;从文件的行文来看,过于复杂;从公平性角度,同种工作类型基本条件、能力资历要求、教育教学工作要求都相同的情况下,不同学科类型的要求有明显差异,令人产生不公平的感觉。

(三) SM

SM 在 2013 年首次自主制定职称晋升聘任条件时没有分类。2015 年版对晋升副教授的条件采用了分类的模式,对晋升教授没有分类。以高校教师工作的任务为主要依据进行一次分类,分为教学为主型、教学科研并重型、科研为主型和服务推广型 4 种类型。没有再根据学科特点进行二次分类,教学为主型、科研为主型和服务推广型 3 类占二级学院副高职数的 25% 以内,教学科研并重型的职数要超过 75%,是各新建本科高校聘任副教授的主体,职数比例的控制有利于学校统筹师资队伍建设,但是在二级学院切分比例因为基数小,意义不是很大。聘任文件只对晋升副教授的条件进行修订,修订的内容主要是教育教学工作要求和教学科研业绩条件,基本条件、能力资历条件和其他等级职称的条件按原文件执行。

1.教育教学条件

教育教学条件的变化(详见表 4-52),育人工作的要求修订前后没有变化,还是与实践能力要求 2 选 1。所有类型有其他教学工作的要求,并且修订前后表述一致。4 种类型对课程要求不同,其中教学为主型要求主讲 2 门以上公共课、基础课或专业课程的讲授工作,并且每学年至少开设 1 门公选课,其他 3 种类型只要求 1 门。4 种类型对教学工作量要求不同,其中教学为主型的教学工作量要求是教学科研并重型和服务推广型的 1.2 倍,科研为主型是教学科研并重型的 1/3,教学工作量由学校统一规定课时数,不利于校院二级管理工作的开展。晋升教学为主型副教授,要求教龄满 20 年或年龄满 45 周岁,对晋升教学为主型副教授有教学的资历要求。4 种类型有不同的教学质量要求,教学科研并重型和服务推广型要求任现职以来年度教学质量考核均为良以上,科研为主型则要求合格以上,教学为主型要求任现职以来年度教学质量综合评价在良好以上,其中有 4 年为优秀,或者近 3 年连续为优秀,且近 5 年累计 6 学期学生评教排名连续在所在学院参评教师的前 20%,对教学为主型的要求远高于其他 3 种类型。

总体而言,教育教学工作的要求是按教学为主型、教学科研并重型和服务推广型、科研为主型的顺序从高到低排列的,对不同类型有着针对性的要求。

表 4-52 SM 修订前后各类型教育教学条件

类 型	经 历	课程门数	工作量	育 人	公选课门数	教学质量
副教授 2013		2	280	可选		成绩优良
教学科研并重型		1	300	可选		成绩良
教学为主型	20 年、45 岁	2	360 专业课、380 公共课	可选	1	1 良+4 优;2 良+近 3 年优
科研为主型		1	100	可选		成绩合格
服务推广型		1	300	可选		成绩良

资料来源:SM,职称晋升聘任改革修订前后制度文本。

2.教学科研业绩条件

新建本科高校教学科研业绩条件首版采用"学术论文+综合选项"的模式,修订版不同分类采用不同的模式,科研为主型采用"学术论文＋项目＋综合选项",其他类型延续"学术论文＋综合选项"的模式(详见表4-53)。学术论文条件可以由一定要求的专著、教材、作品等有限次替代。从条件的结构来看,学术论文还是教师聘任职称的必备条件,教师晋升职称"唯论文"倾向明显。

表 4-53　SM 修订前后各类型教学科研业绩条件

类　　型	条件 1	条件 2	条件 3
2013	△	☆	
教学科研并重型	△	☆	
教学为主型	△	☆	
科研为主型	△	◇	☆
服务推广型	△	☆	

注:学术论文"△",教科研项目"◇",综合选项"☆"。

资料来源:根据 SM 职称晋升聘任改革修订前后制度文本整理。

(1)学术论文。所有的类型都没有将教学研究论文作为必备的学术论文要求,只作为可选的要求;一定要求的著作、教材、作品等可以有限次地替代一定级别的学术论文,科研为主型和教学科研并重型可以用教材替代一定等级的学术论文,而教学型和服务推广型不能替代,这种要求完全无法体现各个类型的特点;科研为主型的学术论文要求高于其他 3 种类型,学术论文要求从高到低的顺序依次为科研为主型、教学科研并重型、教学为主型和服务推广型(详见表 4-54)。

表 4-54　SM 修订前后各类型学术论文要求

项　　目	副教授
2014	2C＋2B＋C 教研;3C＋B＋C 教研＋专著、译著、教材;4B
教学科研并重型	2C＋2B＋C 教研;4C＋B ＋专著、译著、教材
教学为主型	2C＋2C 教研;2C＋著作、作品
科研为主型	3B＋A;2B＋A＋教材、著作
服务推广型	4C;2C＋著作、作品

注:A 在权威期刊发表的学术论文;B 在核心期刊发表的学术论文;C 在本科学报发表的学术论文。

资料来源:SM,职称晋升聘任改革修订前后制度文本。

(2)研究项目。科研为主型有单独的科研项目要求,要求主持一定级别的纵向项目,其他 3 个类型没有相应的要求。科研为主型不论是学术论文还是科研项目都比其他类型的要求要高得多,只是教学的工作量要求比其他类型低,从整体的难度而言比其他类型高得多,选择这个类型的人员必然很少。科研为主型的类型在新建本科高校应都是为少数人设计的,这一类型不是新建本科高校教师类型的主流。

(3)综合选项。

①人才培养综合选项(详见表 4-55)。修订版的人才培养综合选项主要有 8 个类别,比2013 年首次制定的条件增加了 2 个类别,增加的数量为首次制定条件的 1/3,增加的内容分别是:一定排名的参与教研项目、指导本科生毕业设计(论文)获一定级别的奖励的指导学生论文,增加的内容仅作为教学为主型的综合选项,从人才培养综合选项内容的变化来看,总

体变化不大。从人才培养综合选项在各类型的分布来看,教学为主型的人才培养综合选项最多为 6 项,教学科研并重型为 5 项,服务推广型为 1 项,科研为主型为 0 项,服务推广型和科研为主型的人才培养综合选项极少。这可以认为是为了体现类型的特点,但是教学成果奖作为体现教师教学最有分量的成果,竟然不能作为教学为主型的综合选项,这种搭配值得商榷。

表 4-55　SM 修订前后各类型人才培养综合选项

项　目	首　次	教　科	教　学	科　研	服　务
教材	√	√	√		
教学成果奖	√	√			
主持教学质量工程项目	√	√	√		
参与教学质量工程项目	√	√			
主持教研项目	√	√		√	
参与教研项目				√	
指导学生专业竞赛获奖	√			√	√
指导学生论文				√	

注:"首次"指的是 SM 2014 年首次制定的条件,其他的为 2019 年修订的类型;"教学"指的是教学为主型;"教科"指的是教学科研并重型;"科研"指的是科研为主型;"服务"指的是服务推广型。以下 SM 的综合选项均相同。

资料来源:SM,职称晋升聘任改革修订前后制度文本。

②科学研究综合选项(详见表 4-56)。新建本科高校的科学研究综合选项数量上总共 5 项,比首次制定的条件减少了学术论文这一项,其余的没有变化。科学研究综合选项最多的是教学科研并重型有 4 项,其次是服务推广型有 3 项,科研为主型有 1 项,教学为主型为 0 项,科研为主型多了主持一定级别的科研项目必备要求,可选的科学研究综合选项仅有科技成果奖这个较难取得的项目,无疑增加了科研为主型的难度。

表 4-56　SM 修订前后各类型科学研究综合选项

项　目	2013	教　科	教　学	科　研	服　务
学术论文	√				
专著	√	√			
译著	√	√			
主持科研项目	√	√			√
参与科研项目	√	√			
科技成果奖	√			√	√

资料来源:SM,职称晋升聘任改革修订前后制度文本。

③服务社会综合选项(详见表 4-57)。修订版的服务社会的综合选项主要有 6 个类别,比首次制定的条件增加了 2 个类别,增加了 50%,增加的内容分别是:经济、社会、文化等领域应用研究成果被某一级政府采纳的研究咨询报告和在地方服务中取得突出业绩受到某一级政府表彰的服务地方获奖,增加的内容在一定程度上完善了服务社会综合选项的内容。服务社会综合选项最多的是服务推广型有 6 项,科研为主型有 2 项,教学科研并重型和教学为主型为 0 项,教学科研并重型占了 75%以上,服务社会综合选项不能作为其职称晋升聘任的选项,就

无法起到鼓励大部分教师开展服务社会的工作,必将对新建本科高校向应用型转变产生一定的负面影响。

表 4-57　SM 修订前后各类型服务社会综合选项

项　目	2013	教　科	教　学	科　研	服　务
横向项目	√				√
科技成果转化	√				√
国家发明专利	√			√	√
其他专利	√			√	√
研究咨询报告					√
服务地方获奖					√

资料来源:SM,职称晋升聘任改革修订前后制度文本。

④其他综合选项。SM 较少用到其他综合选项,修订版仅有一定等级的优秀教师这个选项作为教师晋升教学为主型副教授的综合选项。

从表 4-58 可以看出,科研为主型选项明显偏少,可供选择的面窄,难度较大,其他 3 个类型选择面相对较宽。

表 4-58　SM 修订前后各类型综合选项的数量

项　目	2013	教　科	教　学	科　研	服　务
人才培养综合选项	6	5	6		1
科学研究综合选项	6	4		1	3
服务社会综合选项	4			2	6
其他综合选项	1		1		
合计	17	9	7	3	10

资料来源:SM,职称晋升聘任改革修订前后制度文本。

综上所述,修订前后条件总体变化不大,主要变化在根据类型特点进行组合搭配上;从条件结构上看,唯论文倾向依然明显。教学为主型、科研为主型在科研要求、教育教学工作方面与教学科研并重型和服务推广型有明显的差别,不具有可比性;教学科研并重型和服务推广型在教育教学工作方面相同,综合选项方面部分相同,但是学术论文的要求教学科研并重型明显高于服务推广型;部分的业绩搭配没有针对各类型的特点,分类的特点不够明显,分类带有一定的宏观调控师资队伍和满足不同教师特点需求的目的,但是制定的条件对 MJ 向应用型转变可能产生一定的负面影响。服务推广型有单独的比例要求,SM 试图从分类的手段,推进 MJ 向应用型转变,但是作为技术服务为主型的新建本科高校最具有服务推广型特征的横向项目没有作为必备条件,而学术论文却是必备的要求,即便有了分类的保障,没有条件的导向一样难以实现推进 MJ 向应用型转变的目的。

(四) LG

LG 在 2013 年首次自主制定职称晋升聘任条件时没有分类,2015 年增加了研发型高级职称晋升聘任的指导意见,2017 年重新修订采用了分类的模式。2017 年修订版对分类明确定义,从文件的不同类型的条件来看,事实上从工作的角度分为教学科研并重型、教学为主型、研

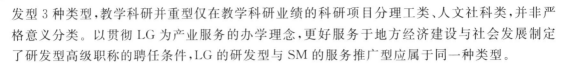

发型 3 种类型,教学科研并重型仅在教学科研业绩的科研项目分理工类、人文社科类,并非严格意义分类。以贯彻 LG 为产业服务的办学理念,更好服务于地方经济建设与社会发展制定了研发型高级职称的聘任条件,LG 的研发型与 SM 的服务推广型应属于同一种类型。

1. 基本条件

修订版增加"因师德师风缺失、影响恶劣,两年内不能申报高一级资格"的条件,其他条件主要是在表述上做些修改,内容没有太大的变化。

2. 能力资历条件

修订版没有变化的能力资历条件分别是任职年限、高校教师资格和外语这 3 个条件,修订版不再要求的能力资历条件是专业水平、学科建设和健康 3 个条件(详见表 4-59)。这两种变化的原因与 PT、MJ 相似。

表 4-59　LG 修订前后能力资历条件情况

项　　目	副教授	教　　授
学历 2013	本科以上,40 周岁以下硕士	本科以上,40～45 周岁硕士,40 周岁以下博士
学历 2019	硕士以上,原则上 40 岁以下博士	硕士以上,原则上 45 岁以下博士
继续教育 2013	72	72
继续教育 2017	90	90
指导青年教师 2013	协助,与指导研究生 2 选 1	指导,与学术报告 2 选 1
指导青年教师 2017		担任过青年教师导师
实践能力 2013	与育人工作 2 选 1	
实践能力 2017	45 周岁以下教师,必备	
访学 2017	45 周岁以下(研发型除外),国外高水平大学或研究机构访学。其中,中文类、思政类教师,国内高水平大学或研究机构访学。与国际学术会议 2 选 1	
国际学术会议 2017	3 次赴国外参加国际性学术会议,且发表论文并做报告。与访学 2 选 1	
计算机应用能力 2017	具有开展教育教学、科学研究和管理工作所需的能力	
教学技能 2017	45 周岁以下(研发型除外),须获得教学类竞赛 1 次	
岗前培训 2017	参加省级教育主管部门组织的岗前培训,并取得合格证书	

资料来源:LG,职称晋升聘任改革修订前后制度文本。

修订前后有一定变化的能力资历条件有学历、继续教育、实践能力和指导青年教师。继续教育要求也只是在学时增加。学历要求变化较大,修订版要求所有教师晋升都必须达到硕士以上,对于没有达到学历学位要求的,教学科研业绩翻倍要求,对于年轻教师要求更高,要求 40 岁以下的年轻教师晋升副教授要有博士学位,对于博士的要求按年龄划分,超过某个年龄不再要求,不会因为对一定时间出生的固定群体必须获得博士学位的要求而出现明显的"唯学历"倾向。LG 对学历要求的提高跟其教师学历结构中博士比例高有关,近年来引进的教师基本上是博士,具备提高学历层次的条件。

实践能力的要求从首版与育人工作 2 选 1 的可选要求,变为修订版一定年龄教师的必备要求,学校更加重视教师与业界的沟通交流,提升教师的实践能力,促进福建省新建本科高校向应用型转变。指导青年教师的要求从晋升高级职称可选要求变为晋升教授的必备要求,指导青年教师主要起着"传帮带"的作用,作为指导教师需要有一定的资历和能力,作为晋升教授的要求还是比较实际的。

修订版新增的能力资历条件有计算机应用能力、教学技能、岗前培训和访学或者国际学术会议。新增计算机应用能力的要求符合当前新的产业形态和生活方式的需求,随着第四次工业革命的不断深化,互联网、大数据、智能化是新的产业形态和生活方式的核心要素,计算机应用能力应是高校教师必备的主要能力之一。但是从具有开展教育教学、科学研究和管理工作所需的计算机应用能力的要求以及没有进一步指明计算机应用能力要求细化的相关文件来看,这个条件在 LG 职称晋升聘任的过程中是一条无法执行的要求,制定的条件不具有可操作性。与 PT、MJ 一样新增了教学技能竞赛获奖的要求,只是在范围界定上有所不同,是对一定年龄的教师(研发型除外)提出要求。省级教育主管部门组织的岗前培训取得合格证书是取得高校教师资格的前提条件,LG 提出的岗前培训要求其实与具有高校教师资格重复,没有实际意义。访学和国际学术会议搭配成为 2 选 1 的选项,体现 LG 开始重视国际化。

3.教育教学条件

教育教学条件的变化详见表 4-60。育人工作从首版与社会实践经历搭配作为晋升高级职称 2 选 1 的选项,转变为修订版与指导学生竞赛等搭配作为晋升副教授 2 选 1 的选项,对于晋升教授不再要求,从搭配的角度感觉更合理些,但是 LG 对育人工作的要求并没有加强,反而有些弱化。

表 4-60　LG 修订前后各类型教育教学条件情况

类　　型	经　　历	课　程	工作量	育　　人	指导学生	教学质量
副教授 2013		2	280	可选	可选	良好
教授 2013		2	280	可选	可选	良好
教学为主型副教授	讲师 8	1	学校同类平均数之上	可选	可选	优秀
教学为主型教授	副教授 10	1	学校同类平均数之上			优秀
教学科研并重型副教授		1	学院规定	可选	可选	良好
教学科研并重型教授		1	学院规定			良好
研发型副教授		1	学院规定	可选	可选	良好
研发型教授		1	学院规定			良好

资料来源:LG,职称晋升聘任改革修订前后制度文本。

修订版 3 种类型对课程门数的要求相同,只要求 1 门,比首版要求数量更少;教学工作量从首版的全校统一具体课时数转变为修订版没有具体数量的要求,修订后 3 种类型的要求有所不同,教学为主型要求学校的平均数之上,教学科研并重型和研发型要求按二级学院的要求完成,带有较明显的校院二级管理的特点。晋升教学为主型副教授、教授要求任现职 8 年、10 年,教学质量考核评价优秀,对晋升教学为主型副教授、教授有更高的资历和教学质量要求。从教学质量评价的条件要求来看,LG 有较完善的教学评价制度体系保障教学质量。

4.教学科研业绩条件

LG 教学科研业绩条件首版采用"研究项目＋学术论文"或者"研究项目＋学术论文＋综合选项"的模式,修订版不同分类采用不同的模式(详见表 4-61)。教学为主型采用的模式可以归纳为"学术论文＋综合选项"的模式;教学科研并重型采用的模式可以归纳为"学术论文＋研究项目＋综合选项"的模式,具体为晋升副教授采用"学术论文＋研究项目＋综合选项"或者

"学术论文＋综合选项＋综合选项"，晋升教授采用"学术论文＋研究项目＋综合选项"或者"学术论文＋研究项目＋综合选项＋综合选项"，在同一种模式中出现两个综合选项，前者的内容可能与后者相同，但是要求不同，前者的要求一般高于后者；研发型采用"应用成果或专业比赛获奖＋研究项目或应用成果"的模式，前后两个应用成果的内容不同。LG 修订前后教学科研业绩的要求可以说出现根本性改变，修订后 3 种类型采用了不同的模式，较好地体现了各类型的特点。

表 4-61　LG 修订前后各类型教学科研业绩条件

类　型	副教授			教　授		
	条件 1	条件 2	条件 3	条件 1	条件 2	条件 3
首次 2013	◇	△或△＋☆		◇	△或△＋☆	
教学科研并重型 2017	△	◇或☆	☆	△	◇或◇＋☆	☆
教学为主型 2017	△	☆		△	☆	
研发型 2017	○或▼	◆或○		○或▼	◆或○	

注：学术论文"△"，研究项目"◇"，综合选项"☆"，应用成果"○"，专业比赛获奖"▼"，成果转化"◆"。"首次"指的是 2013 年首次制定的条件，其他的为 2017 年修订的类型；"教学"指的是教学为主型；"教科"指教学科研并重型；"研发"指的是研发型。以下 LG 的综合选项均相同。

资料来源：LG，职称晋升聘任改革修订前后制度文本。

（1）成果。LG 教学科研并重型修订版在一定程度上延续了首版学术论文要求，艺术、体育、公共基础课教师学术论文要求明显低于其他教师，但是没有提出其他的要求；教学为主型的要求，虽然从数量和质量的面上看要求低于教学科研并重型，但是学术论文仅限于教学研究论文，论文的要求并不低（详见表 4-62）。首版一定要求的综合选项可以替代一定级别的学术论文，综合选项较多，包含了专著、教材、教学成果奖等多种选项，替代的次数有限制，学术论文还是必备的条件；修订版一定要求的专著可以替代 A 级论文，一定要求译著、教材可以替代 B 级论文，艺术类教师一定要求的作品可以替代 A、B 级论文，专著、译著和教材替代次数没有限制，作品的替代仅限一次。教材不能替代 A 级论文，反映了 LG 有一定的"重科研轻教学"的倾向。

表 4-62　LG 修订前后各类型成果情况

项　目	副教授	教　授
首次	2C＋3B、4B、2B＋A、2A、4C＋B＋综合选项、3C＋B＋2 综合选项	3B＋2A、B＋3A、5B＋综合选项、4B＋2 综合选项
教学科研并重型 2017	2B＋A、2A；艺术、体育、公共基础课 3B	3B＋2A、4A；艺术、体育、公共基础课 3B＋A
教学为主型 2017	2B 教研	3B 教研＋A 教研
研发型 2017	应用成果或专业比赛获奖	应用成果或专业比赛获奖

注：A 在权威期刊发表的学术论文；B 在核心期刊发表的学术论文；C 在本科学报发表的学术论文。

资料来源：LG，职称晋升聘任改革修订前后制度文本。

2017 年版研发型的成果主要是应用成果，包含了科技成果转化、国家发明专利、其他专利、行业标准、研究咨询报告、成果作品展播、专业竞赛获奖、学术论文（详见表 4-63）。与 2015 年版的成果选项多项相同，没有行业发展规划选项，增加了其他专利、研究咨询报告、成果作品展播、专业竞赛获奖、学术论文 5 个选项；与教学科研并重型的项目中的综合选项多项相同，没有教研项目、科研项目、横向项目和科研成果奖的相关选项,增加了其他专利、专业竞赛获奖、学术论文3个选项。没有学术论文的必备要求,修订版中学术论文可以作为必备条件的备选项,必备条件要求共有3项,达到要求的学术论文不论多少只能作为一项,其他种类的选项没有这样的限定要求,意味着只有学术论文不能达到研发型的必备条件。由此可见,LG在职称晋升聘任过程中开始弱化论文的要求,论文作为必备的门槛条件的现状逐步被打破,修订版表明没有论文也可以晋升研发型高级职称。从选项的内容看,对成果的要求突出应用性,修订版拓展了条件的渠道,条件更匹配应用型高校的特征。所取得的授权发明、实用新型专利转化(平均每项专利转让合同到校金额10万元以上),所进行的科技成果技术应用获得推广内容包括省级及以上认定、审定或批准的新技术、新产品、新品种、新标准和新成果,或者有企业提供的应用证明,平均每项技术推广合同到校金额20万元以上。从部分选项的内容来看,不仅要求有应用成果产出,而且要求产出的成果能为选项创造价值,应用成果的创新水平较高,条件有逐步向创新服务为主型高校转变的趋势。

表 4-63 LG 修订版研发型应用成果情况

项　　目	副教授(2015)	教授(2015)	副教授(2017)	教授(2017)
科技成果转化	√	√	√	√
国家发明专利	√	√	√	√
其他专利			√	
研究咨询报告			√	√
行业标准	√	√	√	√
行业发展规划	√	√		
成果作品展播			√	√
专业竞赛获奖			√	√
学术论文				√

资料来源:LG,职称晋升聘任改革修订制度文本。

(2)研究项目。研发型晋升副教授、教授的项目采用一定的横向项目、成果类可以作为条件(详见表4-64)。LG对教学科研并重型的研究项目分理工类和人文社科类,两类的内容和要求基本上一样,备选项区别在行业标准仅限于理工类,咨询报告、艺术展演或比赛获奖仅限于人文社科类;科技成果奖、社会科学优秀成果奖都是科研成果奖,具体名称因为学科的不同而不同,LG对不同学科的两类科研成果奖的要求相同;横向项目要求理工类的到校经费高于人文社科类,这是个普遍存在的现象,不同学校存在的差别只是在两类的比例上。两类的差别不大,没有必要采用分类的形式,可以在相应的条款中加以说明,这样制定的文件更简洁,不会显得冗长。对于晋升副教授与教授之间主要区别是:晋升教授所有综合选项的要求更高;晋升教授在选项的要求上是相当于2个省级研究项目的要求,而晋升副教授是相当于1个省级研究项目的要求;艺术展演或比赛获奖仅可作为晋升副教授的综合选项;参与一定级别的研究项目的综合选项,晋升教授要求与主持一定级别的纵向研究项目进行搭配,而晋升副教授没有这样的要求。从表4-65可以看出,教学科研并重型的教科研项目要求不只是通常所说的教科研项目,还包含了科研成果奖、国家发明专利、行业标准、研究咨询报告、艺术展演或比赛获奖等成果类的备选项,从归类的角度不够合理。

表 4-64 LG 修订前后各类型研究项目情况

项　目	副教授	教　授
首次	省级①③④、市厅级①+⑤⑥⑦、②	省级重大①、国家级③④、②
教学科研并重型 2017	省级①③④、②、项目选项	国家级①③④、省级重大①③④、②、2 省级①③④、省级①③④+项目选项
教学为主型 2017		
研发型 2015	联合企业申报并主持市级①+项目选项、②+项目选项、市级⑨+项目选项	联合企业申报并主持省部①+项目选项、②+项目选项、省级⑨+项目选项
研发型 2017	②、研究项目累计经费、⑧	②、研究项目累计经费、⑧

注:①科研项目;②横向项目;③教研项目;④本科质量工程项目;⑤参与科研项目;⑥参与教研项目;⑦参与本科质量工程项目;⑧成果转化;⑨校企共建产业技术平台校方负责人。

资料来源:LG,职称晋升聘任改革修订前后制度文本。

表 4-65 LG 修订版教学科研并重型两类研究项目情况

项　目	副教授		教　授	
	理工类	社科类	理工类	社科类
主持纵向项目	√	√	√	√
横向项目	√	√	√	√
参与纵向项目(综合选项)	√	√		
主持纵向项目+参与纵向项目(综合选项)			√	√
主持纵向项目(综合选项)	√	√	√	√
横向项目(综合选项)	√	√	√	√
科研成果奖(综合选项)	√	√	√	√
国家发明专利(综合选项)	√	√	√	√
行业标准(综合选项)	√		√	
咨询报告(综合选项)		√		√
艺术展演、比赛获奖(综合选项)		√		

资料来源:LG,职称晋升聘任改革修订制度文本。

到账经费的横向项目或研究项目累计经费或成果转化学校的收益作为项目的选项,项目的要求契合研发型的特征。对项目的要求以到校经费作为衡量的标准,成果转化的要求理工类与人文社科类没有区别,其他项目经费要求理工类高于人文社科类。项目的选项基本上以"价值"导向,与 2015 年的校企合作取得一定等级的项目或平台有了较大的变化。

(3)综合选项。尽管研发型成果选项的内容与首版的服务社会综合选项很多相同,但因研发型采用"成果+项目"的模式,所以没有综合选项。教学科研并重型和教学为主型的综合选项只有人才培养和个别的综合荣誉选项,没有科学研究和服务社会选项。

人才培养综合选项详见表 4-66。LG 修订版教学科研并重型和教学为主型的人才培养的综合选项主要有 13 个类别,比首版增加了 9 个类别,增加了 2.25 倍,增加的内容分别是:教师教学竞赛的"教学单项奖"、主持或参与本科教学质量工程项目、主持或参与教学改革研究项目、指导学生发表论文、指导学生获得专利、优秀课程、自制实验设备等 9 个类别。LG 列出的人才培养选项比较全面,特别是自制实验设备是所有新建本科高校中只有 LG 列入职称晋升聘任条件的综合选项,人才培养综合选项的内容更加完善。教学为主型的选项数量为 8 项,比教学科研并重型 11 项少 3 项,二者相同的有 6 项。从项目内容上看,教学科研并重型没有教材和优秀课程的选项,教学为主型虽然有以上两项,但是没有指导学生取得的成果的学生学习产出类的成果和自制实验设备的选项,不论是教学为主型还是教学科研并重型都是 LG 教学工作的主体,综合选项的类别越多,教师的选择面也就越宽,所列的选项应该都作为这两种类型的综合选项。教学为主型采用"学术论文+综合选项"的模式,教学科研并重型采用"学术论文+项目+综合选项"的模式比教学为主型增加"项目"的要求,相同的综合选项教学为主型要求高于教学科研并重型应是合理的。LG 从教师较为单一地从获得教学成果奖、学生学习产出角度鼓励教师提升人才培养质量,转变为教师的教学技能、教学改革项目、教学质量工作、教学内容、课程教学和学生的学习产出多个方面鼓励教师提升人才培养质量,体现了 LG 对人才培养质量的重视。

表 4-66 LG 修订前后版本各类型人才培养综合选项情况

项 目	副教授	教授	副教授		教 授	
	首次	首次	教学	教科	教学	教科
教材	√	√	√		√	
教学成果奖	√	√	√	√	√	√
教师教学竞赛			√	√	√	√
主持教学质量工程项目			√	√	√	√
参与教学质量工程项目			√	√	√	√
主持教研项目			√	√	√	√
参与教研项目			√	√	√	√
指导学生专业竞赛获奖	√			√		√
指导学生创新创业项目	√			√		√
指导学生发表论文				√		√
指导学生获得专利				√		√
优秀课程			√		√	
自制实验设备				√		√

资料来源:LG,职称晋升聘任改革修订前后制度文本。

综上所述,修订的基本条件和能力资历条件中总体而言与 PT、MJ 相似,删除的内容主要是可操作性不强或者是政策不再要求的条件,使得文件的可操作性更强,增加或加强的条件主要是与提高教育教学质量和契合新建本科高校应用型定位相关,但还是在一定程度上存在"重科研轻教学"的现象。总体 LG 朝着向应用型转变的方向前行,呈现逐步转向创新服务型的趋势;也表现出更加重视教学的迹象。职称晋升聘任条件与相应的教师类型匹配度较高,比较符合各类工作、学科的特点,修订前后聘任条件变化较大,特别是教学科研业绩条件的变化更多,基本上打破了学术论文是职称晋升聘任"门槛"的现象。但是,部分条件的归类不够合理,部分业绩条件的搭配还有优化的空间。

(五)GC

GC 只是对原有的条件做了完善性的修订,条件没有进行分类等模式的改变。

1. 基本条件

原有的基本条件没有减少,主要在表述上进行修改完善。增加了科研项目中由于严重逾期未验收等受到学校科研项目管理处罚的在一定时期内不得晋升的规定,加强对科研项目的管理力度,对部分积极申请科研项目而不努力完成的教师在职称晋升中给予处罚。

2. 能力资历条件

修订前后基本上没有变化的能力资历条件分别是学历、任职年限、外语、专业水平、继续教育和晋升教授的学术讲座或报告或者指导过硕士研究生或者系统指导青年教师6个条件,修订版不再要求的能力资历条件是高校教师资格、岗前培训和健康要求3个条件。

修订前后有一定变化的能力资历条件有晋升副教授的实践能力,从首版的与指导学生竞赛2选1的可选项,变为修订版一定年龄必备条件,其他要求相同。访学要求从首版的40周岁以下的申报人员,在任现职期间须有累计半年以上国内著名大学或境外研修访学等学术研修经历,海外留学回国人员不作要求,变为修订版的原则上,任现职期间须有半年以上国内著名大学或境外的研修访学经历,1980年1月1日以后出生的人员须有半年以上境外研修访学经历,海外留学回国人员不作此要求。访学要求从一定年龄教师的要求变为所有教师的要求;增加了一定时间后出生的教师必须有境外访学的经历。

3. 教育教学条件

在育人工作方面,GC首版只对晋升副教授的教师有育人工作的必备要求,修订版对晋升副教授、教授都将育人工作作为必备的要求,进一步体现对育人工作的重视;并对条件进一步完善,要求经学生工作部(处)组织评价考核合格,使得育人工作能够落到实处,更好地落实全员育人的要求。在教学工作量方面,增加了对主持重大科研项目和横向项目人员减免教学工作量和每学年课堂最低教学工作量的规定,其他延续了首版的要求。

在教学质量方面,从首版的近两年课堂教学质量学生测评成绩平均80分以上且得分排名位于所在单位前70%,督导评价须达良好以上,变为修订版的经校教务处组织评价和认定,教学效果良好。教学质量要求由3个指标的刚性要求,转化为学校组织评价的等级要求。

4. 教学科研业绩条件

教学科研业绩条件的模式从首版"学术论文+综合选项"的模式,变为修订版"项目+成果"的模式,具体模式为"项目+学术论文"或者"项目+学术论文+综合选项"的模式。教学科研业绩的要求变化较大,从只重视学术论文变为既重视项目也重视学术论文,从模式上看教学科研业绩条件从首版的学术论文一个门槛,变为修订版的项目和学术论文两个门槛,"唯论文"的倾向还是非常明显。

(1) 研究项目。晋升副教授对项目的要求(详见表4-67)采用"主持一定级别的科研项目或教学质量工程项目"或者"主持一定到校经费的横向项目"或者"主持一定级别的科研项目或教学质量工程项目+参与一定等级的科研项目或教学质量工程项目"或者"主持一定级别的科研项目或教学质量工程项目+执业资格或教学效果优秀"的模式。第一种模式的科研项目级别要求低于教学质量工程项目,从项目级别对等的角度,存在重科研轻教学的现象;后两种采用组合模式主持项目的级别低于第一种模式;从主持一定要求的科研项目、教学质量工程项目、横向项目均可以作为必备条件——项目的选项,在职称晋升聘任的条件中人才培养、服务社会的业绩与科学研究业绩一样重要；第四种模式执业资格、教学效果优秀作为业绩搭配的组成部分，更加契合新建本科高校的办学定位和重视人才培养质量。

表 4-67　GC 修订版研究项目情况

版　　本	副教授	教　授
修订	市厅级①、省级④、②、校级①④＋⑤⑦⑨⑩	省级①④、②

注：①科研项目；②横向项目；③教研项目；④本科质量工程项目；⑤参与科研项目；⑥参与教研项目；⑦参与本科质量工程项目；⑧成果转化项目；⑨执业资格；⑩教学评价优秀。

资料来源：GC，职称晋升聘任改革修订制度文本。

晋升教授对项目的要求采用主持一定级别和经费的科研项目或者一定到校经费的横向项目或者限定在公共基础课教师范围的一定级别教学质量工程项目 3 种模式。与晋升副教授的条件相比，项目的要求均为主持；级别或经费均高于副教授的要求；少了晋升副教授的第四种模式。提高人才培养质量是所有教师的责任，本科教学质量工程仅限于公共基础课教师覆盖面小，有一定的重科研轻教学的倾向。

从修订版的项目要求可以看出，GC 制定的职称晋升聘任条件更加契合应用型的定位，重视人才培养质量和社会服务，但是重科研轻教学的倾向还是比较明显。

（2）成果。修订前后相比学术论文的要求，晋升副教授高质量的学术论文要求基本相同，减少了低级别学术论文，学术论文要求相差不大，晋升教授的学术论文要求基本上是按照首版的要求进行修订（详见表 4-68）；修订版没有对 A 类学术论文再细分制定要求，从职称文件的编撰角度使得文件相应更加简洁，但是从业绩的质量角度又对不同质量的 A 类论文没有区分，对鼓励教师出高水平成果有一定的负面影响；首版一定要求专著、教材可以有限次替代相应级别的学术论文，修订版对替代的次数没有限制，意味着有专著、教材没有学术论文也可以达到必备条件——成果的要求；修订前后均有教学改革研究方面的论文没有不超过 1 篇的规定，而科研论文没有相应限制，存在重科研轻教学的倾向；综合选项仅作为成果的有限次替代学术论文的内容。

表 4-68　GC 修订前后学术论文情况

版　　本	副教授	教　授
首次	2C＋3B、4C＋1B＋专著或教材、C＋2A、2C＋A	3B＋2A、4B＋A＋专著或教材、5B＋2 专著或 2 教材、3A、B＋3A、B＋2A
修订	3B、2B＋综合选项	3B＋2A、3A、3B＋A＋综合选项、2A＋综合选项

注：首版中 A 要求还细分了等级，数量更少的刊物要求更高。

资料来源：GC，职称晋升聘任改革修订前后制度文本。

（3）综合选项。由于教学科研业绩条件的模式的变化，综合选项的内容变化比较大（详见表 4-69 至表 4-71）。由于增加了项目这一必备条件，与首版相比，修订版综合选项减少的主要是与项目相关的内容。人才培养综合选项增加了编写教材和教学单项奖；科学研究综合选项增加了专著；社会服务综合选项，在原来的除横向项目外的 2 项基础上，增加其他专利、研究咨询报告、行业标准、行业发展规划、新产品 5 个选项，大幅度地增加了社会服务综合选项。修订版增加了获省级及以上优秀教师荣誉的综合荣誉内容。限制学科综合选项的内容变化不大，增加了限定公共基础课教师教学工作量和质量与现代语言类的译著。

表 4-69　GC 修订前后人才培养综合选项情况

项　目	首　版		修订版	
	副教授	教授	副教授	教授
编写教材			√	√
教学成果奖	√	√	√	√
教学单项奖			√	√
主持教学质量工程项目	√	√		
参与教学质量工程项目	√	√		
指导学生专业竞赛获奖	√		√	√

资料来源：GC，职称晋升聘任改革修订前后制度文本。

表 4-70　GC 修订前后科学研究综合选项情况

项　目	首　版		修订版	
	副教授	教授	副教授	教授
学术论文	√			
专著			√	√
主持科研项目	√	√		
参与科研项目	√	√		
科技成果奖	√	√	√	√
学科带头人		√		

资料来源：根据 GC 职称晋升聘任改革修订前后制度文本整理。

表 4-71　GC 修订前后社会服务综合选项情况

项　目	首　版		修订版	
	副教授	教授	副教授	教授
横向项目	√	√		
科技成果转化	√	√	√	√
国家发明专利	√	√		√
其他专利			√	
研究咨询报告				√
行业标准			√	√
行业发展规划				√
新产品			√	√

资料来源：GC，职称晋升聘任改革修订前后制度文本。

　　综合选项内容更加完善，增加的内容主要是社会服务和人才培养职能的选项，体现 GC 更加契合应用型定位和重视人才培养质量。

三、福建省新建本科高校职称晋升聘任条件总体情况匹配分析

　　选择的福建省 7 所新建本科高校在定位上相似度高，主要是分析职称晋升聘任条件与办学定位和教师需求的匹配情况。职称晋升聘任 4 类条件中，基本条件主要是体现高校教师的

职业要求,不再进行匹配分析。

(一) 能力资历条件

能力资历条件主要体现某一类高校教师的特征,福建省 7 所新建本科高校都应匹配该类高校的特征。实践能力作为新建本科高校专业教师应具备的主要能力之一,通常采用校外工作、实践经历作为条件。在 7 所新建本科高校中,所有高校都将它作为能力资历的条件要求,部分高校修订前将其作为可选择的要求,修订后作为必备的要求,可见这些高校都已经认识到教师只有具备业界的工作或实践经历才能满足应用型人才培养的需求,是培养学生掌握相关行业知识和强的实践应用能力的基础。对同一个能力要求,部分高校根据教师学科、岗位等特点有针对性地提出不同的要求,以匹配教师岗位多样性的特征和教师需求多元化的特点。

在 7 所新建本科高校中,能力资历要求不仅要匹配新建本科高校的特征,也要适应环境的变化,当前正处于第四次工业革命的技术变革时期,所有高校的条件没有体现相应的要求。虽然部分高校还是有较高学历的要求,但是在破除"唯学历"的背景下,学历条件有被删除的趋势,研究能力和创新能力在能力资历条件中将难以体现。

在 7 所新建本科高校中,高校教师资格证、任职年限等在统一评审时对所有类型高校教师都要求的能力资历条件还基本保持原样,大多数高校基本上没有变化。教学技能作为高校教师职业必须具备的基本技能,从理论上讲在教师取得高校教师资格证就已经具备相应的基本技能,但是随着教育技术的发展,出现了许多新的有效的教育手段。在各校陆续重视教师发展的背景下,逐步发现教师现有的教学技能已经不适应教育技术发展的需求,部分高校开始对教学技能提出要求,通过教学技能竞赛和校本培训的继续教育等形式满足教师自身发展需求。

(二) 教育教学条件

在选择的福建省 7 所新建本科高校中,不约而同地加强了育人工作的要求,充分认识到落实立德树人的教育根本任务的重要性,但是,在将育人工作转化为职称晋升聘任条件方面还没有较大的突破,还不能很好地体现育人工作取得的实效。

7 所新建本科高校修订后的制度在教学工作量方面最大的变化更多的是满足教师的不同需求,主要根据教师分类或者教师的工作任务选择提出不同的要求,不同的高校有着不同的做法。在指导学生毕业论文等其他教学工作方面,对于条件不够刚性的条件在修订的制度中基本上被删除。

教学质量的要求基本上是应用教学质量评价相关制度的结果,部分高校有较明确的教学质量评价等级要求,条件有一定的刚性;还有一部分高校对教学质量评价没有明确等级要求,条件显得柔性,在职称晋升聘任中容易被忽视。

所有高校的教育教学条件都不能体现新建本科高校的特征,单独看相应的条件跟其他类型高校至多看出管理上的差异,没有类型上的本质区别。当然,具有特征的教育教学工作的要求可能在教学质量评价等其他制度中有相应的要求。

(三) 教学科研业绩条件

在选择的福建省 7 所新建本科高校中,所有高校的教学科研业绩条件的内容上都比省统一评审的条件有了大幅的拓展,拓展的主要是教学业绩条件和服务社会业绩。从内容拓展来讲,与技术服务为主型的新建本科高校相匹配。

大多数高校的教学科研业绩条件基本上是"学术论文+综合选项",或者是"学术论文+研究项目＋综合选项"，学术论文和研究项目是这些高校教学科研业绩条件的重要组成部分；还有少部分是教学成果奖、科技成果奖等重大成果项目的要求，与学生的学习产出、横向项目和服务社会成果应是技术服务为主型高校教师教学科研条件重要组成的特征不相匹配。部分高校的服务推广型的教学科研业绩条件，有的高校采用"论文＋综合选项"的模式，个别采用"应用成果＋项目"的模式。两种模式比较，采用后者明显更能够与技术服务为主型的新建本科高校相匹配。虽然条件的内容大多数高校基本上涵盖了新建本科高校的产出，但是条件结构导致大多数高校"唯论文"的倾向依然明显，实际上并不能真正匹配新建本科高校的办学定位，产出多样性的特征，也不能匹配教师的多元化需求。

综上所述，就职称晋升聘任条件内容而言，4类条件中基本条件不存在分类问题，其他3类都可能要根据教师所承担的任务、学科特点甚至年龄等情况分类要求；能力资历虽然有部分增加校外实践经历、专业资格等条件，但是从匹配新建本科高校特征的角度还有完善的空间；教育教学工作"重教学轻育人"现象比较明显，教学工作条件存在"量硬质软"的现象，没有能够反映新建本科高校特征的条件；教学科研业绩条件是变化最大的内容，选择的福建省7所新建本科高校条件与统一评审条件比较，最大的特点是拓展了条件的内容，人才培养综合选项增加了不少学生学习产出、教学单项奖等内容，一定程度上表现了教学中心地位、学生学习产出导向的理念，服务社会综合选项增加了咨询报告等内容，匹配新建本科高校技术服务为主型高校的特征。就职称晋升聘任条件结构而言，各高校基本相似，基本上延续了原来福建省统一评审条件的模式，可以说都是过渡性的文件，大多数高校"唯论文"的倾向依然明显，没有深入研究职称晋升聘任条件与新建本科高校办学定位和教师需求匹配的问题，还未形成各校的特色。

第五章 案例高校职称晋升聘任改革实践

根据新建本科高校特征和职称晋升聘任制度改革理论,结合案例高校的特点,按照职称晋升聘任条件与学校办学定位匹配的思路,笔者作为文件起草的主持人亲身参与案例高校改革行动,在案例高校职称晋升聘任改革与实践中,通过制订改革方案和记录实践过程,收集整理文献资料、教师需求信息,编制职称聘任制度文件,收集制度文件在实施过程中专家及教师的反馈意见,分析、总结案例高校职称晋升聘任制度改革的成功和失败经验。

第一节 案例高校职称晋升聘任改革背景与实践过程

2013年年初,案例高校(在本节中,以下简称"学校")指定笔者牵头制定职称晋升聘任相关文件;2017年年底,学校决定修订相关文件,再次指定笔者牵头执笔。首版和修订版均通过教代会和党委会后实施。

一、职称晋升聘任改革背景

(一)首次制定职称晋升聘任文件的背景

在《福建省高校教师等专业技术职务聘任制实施办法(试行)》的指导下,由高校自主制定职称晋升聘任实施方案,职称晋升聘任实施方案包含了聘任办法和聘任条件,2013年由高校自主聘任教师的职称。职称晋升聘任文件既关系到学校的导向又事关教职工的切身利益,是学校人事管理制度最重要的文件之一,也是教师最关注的事情。首次制定职称晋升聘任文件是以政府政策为依据外部推动的高校制度改革,从自主权下放到2013年学校按自主制定的职称晋升聘任文件开展自主聘任教师职称不足一年的时间,学校很难在制度上能够有大的创新。因此,首次制定文件选择了以平稳过渡为主要目标,解决职称自主聘任没有文件依据的问题,兼顾学校的办学定位、师资队伍中教授数量较少的问题。

(二)修订职称晋升聘任文件的背景

由于文件首次制定以稳妥推进为目标,制定文件的时间较短,思考不够深入,首次制定的职称晋升聘任文件实施5年后,不适应学校发展需要的问题越来越凸显,产生问题的主要原因是学校内外部关系的变化。

1.外部环境的推动

(1)新建本科高校的办学定位。在高等教育大众化走向普及化的阶段下,高校必然走分类发展道路。不论是高等教育内部规律,还是外部的政策要求,新建本科高校向应用型转变是必然的趋势。新建本科高校办学定位应用型,必定有别于学术型高校和高职高专院校,在应用型高校的分类中,属于以技术服务为主型高校,新建本科高校的人才培养、科学研究和社会服务的职能有其鲜明的特征。

(2)地方的需求。新建本科高校生源主要来自本省,所在设区市是生源的重要组成部分。从供需关系的角度,新建本科高校是供给侧,培养的人才要满足需求方——地方的需求。由于各地的经济社会发展和产业差异,对人才有着不同的需求,地方的具体需求没有办法进行描述,只能从路径和任务出发描述怎样做才能满足地方的需求。产教融合、校企合作是新建本科高校人才培养的主要路径,人才培养要贴近地方企事业单位的生产,更多的地方企事业单位的案例进入课堂,更多的学习时间在生产、建设、管理、服务等第一线完成。科研和社会服务主要面向新建本科高校的所在设区市,以为地方经济社会发展解决一些实际问题、提供技术服务为主要任务。

(3)外部评价。外部评价一种是以教育主管部门或者与其密切相关的单位组织对高校的"官方"评价,这种评价对公办高校的领导有较大的影响力;另一种是第三方的高校排名,这种评价对高校的招生会有较大的影响。前者虽然有明确的指标,但是没有对高校分类进行评价,使用的是同样的标准;后者部分第三方评价指标及权重没有公开,分类基本上不是以学术型、应用型分类或者不分类进行评价。从现有的外部评价来看,对新建本科高校向应用型转变的促进作用不大,甚至可能产生负面影响。

2.内部矛盾和问题

(1)首版与学校定位的矛盾。2016年,学校定位"整体向应用型转变";2018年,学校被确定为福建省第一批示范性应用型本科高校。随着学校向应用型深度转变,学校的规章制度必然要进行修订,职称晋升聘任文件是其中的一个重要文件。原有论文是"门槛"的"论文+综合选项"的模式,是在统一评审时期的职称晋升聘任条件基础上稍作修改编制而成的,该条件在1997年发布,是高等教育精英教育时期的产物,带有浓烈的学术型色彩,已经不适应当前高等教育大众化时期新建本科高校应用型定位和多样化成果的要求。

(2)首版与学校推行校院二级管理的矛盾。首版二级学院有考核、推荐排名的权力,通俗地讲二级学院有将所有合格的教师推荐给学校,并给出推荐的排名和理由供学校聘任委员会参考,最终挑选哪位教师晋升由学校聘任委员会决定。首版赋予二级学院的职称晋升聘任的权力较小,基本上还是处于学校统一管理的状态。学校推行校院二级管理必然要将人财物的管理权下放给二级学院,职称晋升聘任是人事管理的重要组成部分,师资队伍建设是二级学院发展的核心内容,师资队伍要建成怎么样、怎么建都应是以二级学院为主体,从管理的责权利统一出发应赋予二级学院的职称晋升聘任更大的权力。

(3)学校高级职称职数供给紧张和教师队伍结构失衡问题。首版设有二级学院岗位和学校竞争性岗位,学校竞争性岗位的条件略高于二级学院岗位的条件,由于二者差距不大,在论文发表具有一定优势、学校优势的学科专业容易达到条件并具备竞争优势。首版实施5年后,学校高级职称特别是教授的比例和数量有较大幅度的增长,但是不同学科专业发展不平衡,有的学科专业比例高出学校平均值非常多,出现教师队伍结构失衡的现象。在高级职称职数充足的情况下,要改变教师队伍结构失衡的现象相对容易;在高级职称职数供给紧张的情况下,改变教师队伍结构失衡的现象相对较难,改变的意愿也更为迫切。

(4)实际操作过程中的问题。实际操作过程包含了两个方面:一是要处理好学校与教师的意愿的矛盾问题。按照首版的规定重大修订需要经过学校教代会审议通过,从学校的角度要保证能够实现发展目标,职称晋升聘任条件越高越好;从需要晋升的教师的角度,职称晋升聘任条件越容易达到越好,学校与教师的意愿存在矛盾冲突,文件修订既要考虑学校的发展目标又要考虑教师是否能接受。二是要解决首版在执行中,教师提出的应照顾到不同学科专业特点、不同特长教师和操作性不强等职称晋升聘任过程中反映出来的各种具体问题。

两次改革的背景差异,决定了改革理念、目标的不同。学校决定修订职称晋升聘任文件是内外部因素推动的结果,其中内因起主导作用。内外部推动因素归纳起来修订职称晋升聘任条件主要解决以下问题:一是如何匹配学校应用型定位问题;二是如何找到与学校战略目标、教师意愿的平衡点问题;三是如何更好地满足地方需求的问题;四是如何提高外部评价成绩的问题;五是如何解决不同学科专业特点、不同特长教师的多样化需求,以及教师产出多样化问题;六是如何解决不适应校院二级管理问题;七是如何解决师资队伍结构失衡,提高有限职数的产生的效益问题。前面5个问题的根本动因是由职称制度与高校定位和目标不匹配而引发的,学校本位和社会本位价值观是支配职称制度改革的价值观,体现学校本位、个体本位和社会本位价值,匹配学校的定位是修订职称晋升聘任文件的根本目的。后面两个问题反映的是学校内部管理的问题。

(三)实践背景

2013年首次制定职称晋升聘任文件时,笔者担任人事处副处长,牵头起草完全是职务使然。2017年笔者牵头组织撰写学校申请"福建省示范性应用型本科高校"的材料,对学校向应用型转变有了进一步的认识,在材料中编写了学校向应用型转变今后3年的主要工作任务。制度可以对教师的教育活动、教育行为进行约束、指导和调控,以保证教师遵循而不违背教育生活的逻辑结构并达到预期目的。制度是学校向应用型深度转变的保障。制度编入学校向应用型转变今后3年的主要工作任务,职称聘任制度是其中一个重要的文件,2017年年底,学校启动职称晋升聘任制度的修订工作。

2017年年初,笔者的博士论文已经开题,论文研究设计中有制定职称晋升聘任文件实践的内容,但是已经调离人事处,从职务的角度难以有实践的机会,于是,主动与分管人事工作的领导沟通,阐述了本人作为原文件起草人对原文件相当熟悉,了解原文件内容的制定背景,又对新建本科高校有一定的研究,熟悉学校的总体情况,是制定学校发展战略主要参与者,掌握学校的发展规划和办学目标,最后,学校指定笔者牵头修订职称晋升聘任制度文件。

二、制定、修订职称文件工作流程概述

职称文件无论是首次制定还是修订,工作方法、流程基本相同,都是从征集职称晋升聘任相关文件存在的问题、不足和查阅相关资料等收集信息开始,紧接着对收集的信息进行分析,梳理出修订思路,提供决策,根据修订思路制订工作计划,按计划实施修订制度工作,将修订的信息反馈给相关单位和个人,就修订版征求相关人员意见,再开始收集信息并重复上述程序(图5-1)。经过多次重复以上程序之后修订版成为学校最终的职称晋升聘任制度。职称晋升聘任制度的修订基本上按照收集信息、分析信息、决策、计划、实施、反馈6个环节开展工作。

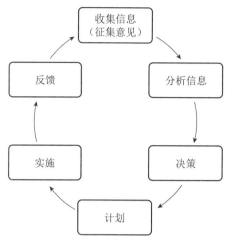

图 5-1　职称晋升聘任制度修订 6 个环节

三、职称晋升聘任改革思路

首次制定和修订职称晋升聘任制度都是根据改革的内外部环境,梳理出需要解决的相关问题,以问题导向决定改革思路。根据首次制定和修订职称晋升聘任文件的背景分析,拟定了不同的思路。

(一)首次制定职称晋升聘任文件思路

1.实现平稳过渡目标

以政府政策为依据外部推动的高校制度改革,决定了必须在政府政策框架下进行改革;以平稳过渡为主要目标,意味着进行稳妥式改革而非激进式改革。根据《福建省高校教师等专业技术职务聘任制实施办法(试行)》的要求高校制定的职称晋升聘任实施方案要经过教职工代表大会审议通过,改革后的职称晋升聘任制度必须能够让大部分教职员工所接受,也就意味着职称晋升聘任制度与原有省统一评审的制度不能变化太大,标准不能提高太多。因此,学校选择主要在《福建省高校教师等专业技术职务聘任制实施办法(试行)》的要求框架和福建省统一评审相关文件的基础上结合学校的实际情况进行制定,最终能够在教代会中顺利通过,解决职称自主聘任没有文件依据的问题。

2.兼顾学校办学定位

原有执行的职称晋升聘任文件是福建省 1997 年制定的,虽然在多年的执行中有一定的补充和完善,但是职称晋升聘任的条件等核心内容基本没有变化,总体而言还是精英教育时期的产物,带有较浓厚的学术型高校的色彩。学校自升格本科以来定位为应用型,以论文为主要门槛的职称晋升聘任条件难以匹配学校应用型定位,职称晋升聘任条件必然得随之改变,但是受到学校平稳改革目标的影响,考虑教职工的接受程度,只能在原来的省统一评审文件的基础上进行制定。在原来的省统一评审文件的基础上,能力资历条件主要增加部分如"实践工作经历"等匹配应用型定位的条件;教学科研业绩条件,参考"学术论文或者学术论文+综合选项"的模式,采用"学术论文+综合选项"的模式,匹配应用型定位的条件都融入综合选项之中。制定的职称晋升聘任文件虽然还是未能摆脱学术论文作为职称晋升聘任的"门槛",但是综合选项作为必备的教学科研业绩要求,一定程度上能够反映应用型的定位,达到了兼顾学校办学定位的目的。

3.优化师资队伍结构

新建本科高校的教授数量较少,既有学校教师与老本科高校相比整体水平相对较低的因素,也有在省统一评审时竞争力不足的因素。学校自主评审、自主聘任不需要与其他高校竞争,消除了学校教授数量较少的外部影响因素。学校2008年实施岗位设置管理改革,对每个二级学院进行定编定岗,正高、副高的职称数量是有限的,而且当时就有部分发展较好的二级学院正高、副高职称的人数已经超过职数的限额,也有部分二级学院职数剩余很多。总之,各二级学院之间发展不平衡,师资队伍职称结构差异大。如果按照岗位设置的职数限额内聘任,部分发展好的二级学院的教师势必因没有职数而无法聘任,发展较差的二级学院本身整体水平较弱,能够得到聘任的教师不多,学校教授数量在一段时期内难以快速增长;如果没有对二级学院进行职数控制,学校岗位设置管理工作将面临失控的风险。因此,学校选择了在原有岗位设置的基础上,设置了各单位的基本职数和学校用于竞争的职数,分别制定了"本单位内岗位"和"学校竞争性岗位"晋升条件,后者的条件略高于前者。这两类可以晋升岗位基本上解决了所有教师晋升的通道问题,不会存在因为本单位没有剩余的职数而不能申报的现象,更多的教师能够申请晋升,解决了教授数量较少的问题,优化了师资队伍的职称结构。

学校根据以上思路制定文件,在教代会中以无记名投票表决的方式,得到82.4%赞成票,通过了该文件,并顺利通过后续流程得以发布实施。2013年以来,每年晋升教授10个左右,较好地优化了师资队伍的职称结构。

(二)修订职称晋升聘任文件思路

1.匹配学校办学定位

职称晋升聘任制度文件匹配学校办学定位的核心是职称晋升聘任条件,而职称晋升聘任条件的核心在教学科研业绩条件。修订前的教学科研业绩条件是"学术论文+综合选项"的模式,学术论文成为"门槛",教师的工作业绩主要体现在论文上,教师晋升职称都要跨过学术论文这一"门槛",从战略人力资源管理的战略匹配角度,不能匹配新建本科高校成果多样化的特征,也不符合教师的多样化需求,这种模式必须改变。最终的教学科研业绩条件应是多个"通道",每个通道用不同的教学科研业绩作为"门槛",以匹配新建本科高校成果多样化特征和教师多样化需求的预期。

2.匹配业绩多样性

要匹配成果多样化的特征和教师的多样化需求,不论是从相关研究文献,还是省内已经修订职称文件的高校,职称晋升聘任条件采用分类的办法是当时的主流,修订工作最初也因此选择了分类制定职称晋升聘任条件,与上一章分析福建省7所新建本科高校的结果相似,将教师岗位分为教学型、教学科研型、科研型和服务推广型4个类型。分类制定职称晋升聘任条件一定程度上能够匹配新建本科高校成果特征和教师多样化需求。教学科研业绩条件选择一定数量的一定级别(级别由学校制定)作为晋升条件,表现形式都是穷举一定级别一定数量的业绩。

在制定文件的过程中,分类模式修订的职称晋升聘任条件在征求意见时有很多的异议,主要有:对于教学科研业绩选择的异议较少,主要集中在拓宽选择面和业绩之间对等的问题,这些问题相对容易解决;对于表现形式很多人认为文件太复杂、冗长,且不容易比较教师的专业水平,在推荐上有较大的难度;各类型没有比例的控制,如何能匹配学校的定位;各类型条件的"门槛"是否能够体现这一类型教师的真正内涵;各类型条件的标准难度不一,会出现"水往低处流",最终教师都选择难度较低的类型,难度较高的类型的业绩会没有人想选,达不到分类应有的效果；条件与教师类型是否能真正对应起来；晋升副高选择一个类型，晋升正高时是否要选择同一个类型，如果不需要分类的意义何在；分类晋升后是否按类型对教师进行考核，如果按分类进行考核，现有的教师属于什么类型。

解决各类型没有设定比例问题，表面上看相对容易，对学校而言也有意义。但是职称晋升聘任采用校院两级管理，高级职称职数由二级学院设置，二级学院高级职称职数较少，能够作为当年晋升的更少，按比例部分类型的职数可能少于一个，还有原来已经聘任的职称到底归属哪个类型，已经聘任的职称无法归类，也谈不上各类职称结构的控制。采用分类的办法仅仅能够一定程度上满足教师多样化需求的目标，如果不能解决结构比例的问题，分类模式同样达不到优化师资队伍结构，特别是导向学校应用型定位的目的。分类模式虽然与教师的需求能够一定程度上匹配，但是在实际操作上，制度条件的科学性和聘后管理制度达不到相应的要求，同样难以满足匹配学校的定位的根本目的，达不到匹配的效果，对提出的问题没有办法很好解决，一些问题也无法通过沟通让决策层和教师接受。文件冗长的问题，按照原有的表现形式难以解决，因此放弃了分类的模式。

在放弃分类模式的同时，收集到许多很好的建议，归纳起来主要有：不以某种业绩为"门槛"，达到一定等级和一定数量的任何类型业绩都具备申报资格；采用定量的方式，教学科研业绩量化总分达到一定数量具备申报资格。根据职称具有体现学术水平的内涵，刚开始写作组选择了前者。

采用达到一定等级和一定数量的任何类型业绩都具备申报资格的模式，首先对教学科研业绩进行分类，将其分为成果类和项目类，然后针对晋升教授或副教授的条件再分为 A、B 两类，并且在这两类中分等级，比如市级采纳的咨询报告作为 A 类最低的成果，一份被省级采纳的咨询报告相当于两份市级采纳的咨询报告，各种成果根据不同的"质量"分成若干个等级。

对应的教学科研业绩条件也相对简单，比如晋升教授的条件为 A 类成果多少项＋A 类项目多少项。文件在征求意见时，对于晋升教授和副教授的条件大家认为这样表述简单明了，操作性强；教学科研业绩的分类和等级上，认为这样的教学科研业绩的分类和等级太粗糙，存在较多不合理的地方，以及既要有成果又要有项目增加了教师的晋升难度，这两种是比较集中的异议；对偏向定量的人员认为还是要用定量的模式能够充分体现教师的教学科研业绩。

查阅相关文献信息，职称晋升聘任条件量化是曾经一段时期的热点，但是也有很多的弊端，量化可以是解决以上问题的思路。在关于量化的研讨中有以下主要思路，一是将包含基本条件、能力资历条件、教育教学条件和教学科研业绩条件都量化；二是只对教育教学条件和教学科研业绩条件进行量化，所有的教学科研业绩都可以作为教学科研业绩条件；三是只对教学科研业绩条件进行量化，而且要达到一定要求的业绩才能作为教学科研业绩条件。

第一种思路所有条件都量化是众多已有相关研究文献的主要观点之一，如果按这种思路直接根据得分进行聘任就可以了，没有必要通过专家鉴定，二级学院推荐也没有必要，这种做法在操作过程中非常简单，结果不容易产生争议。但是职称晋升聘任是对教师的综合评价，更是对教师的学术、专业水平的评价，各个条件的赋分和权重是否合理，能否真正判断教师达到某一学术、专业水准，学校本身没有相应的基础，当时没有找到同类高校采用这种思路案例，在全部量化的方式下各个条件的赋分和权重难度非常大，会严重影响职称晋升聘任制度改革的进度。

第二种思路主要体现的是教师做了多少教育教学工作，主要体现的是量而不是质，而职称晋升聘任要体现教师的学术、专业水平，主要表现的是质而不是量，这种思路与职称晋升聘任本身的目的相悖。

第三种思路根据职称晋升聘任要体现教师的学术、专业水平,选择具有一定水平的教学科研业绩,只对教学科研业绩条件量化主要是因为大部分基本条件、能力资历条件和教育教学条件没有相应的量化基础,要将它们量化并让教师接受需要较长的时间,而且不一定合理。这3类条件大多数是只要具备就行,通常难以区分高低,大多数条件不具备竞争性的特征,教学科研业绩原有一定的等级区分,也具有一定的权威性,将它们量化相对容易并且能够让教师在较短的时间内接受。

达到一定水平的各种类型的教学科研业绩都可以作为"标志性业绩",标志性业绩可以是论文、专著、专利、咨询报告、成果奖、指导学生竞赛获奖、项目等,论文只是众多标志性业绩的一种,所有教师没有论文一样可以聘任相应的职称,彻底打破"唯论文"的情形。这个变化不是一蹴而就的,在修订的过程中前期主要选择的是"成果+项目+综合选项"的模式,一定要求的成果、项目和综合选项都是聘任的必备条件,需要3个类型的教学科研业绩才能达到条件,虽然拓宽了成果和项目的内容,没有必须是论文和纵向项目的必备要求,但是3个类型的教学科研业绩的要求无疑是提高了标准,而且这个模式在实际操作中相对比较复杂,这也是前期的修订版认可度相对较低的主要原因之一。在对收集信息的研讨中有一种观点认为,项目申请的过程中纵向项目需要展示项目负责人已有的成果并通过专家评审后才能取得,横向项目是委托方认可后才能取得,能够申请到项目说明项目负责人的已有基础和研究能力都是得到认可的,跟成果一样能够体现教师的学术、专业水平,没有必要分开要求。事实上学校存在不少教师可以拿到一定级别的纵向项目和横向项目,但是产出的成果达不到原有的学术标准要求。综合选项的内容基本上是项目和成果,也可以合并在一起。

经过自上而下和自下而上的形式多次沟通讨论,大家形成较一致的观点,职称必须达到一定的学术、专业水平的内涵;项目和成果一样能够体现教师的学术、专业水平,没有必要分开要求;在打通成果和项目以及各种业绩下,定量的方式能形成较直观的标准,容易让教师接受。因此,最终选择了定量的第三种思路。对于教学科研业绩还是分为 A、B 两类,从职称晋升聘任条件匹配学校应用型办学定位出发,教学科研业绩条件包含了教学、科研和社会服务的教师工作业绩,作为教师晋升教授、副教授的"菜单",教学科研业绩条件采用某类的教学科研业绩累计多少分及以上的模式,也就是"菜单模式"。

3. 匹配校院两级管理

匹配校院两级管理主要是通过扩大二级学院在师资队伍建设方面的自主权,也就是说下放更多的权力给二级学院。职称晋升聘任二级学院的自主权主要有:哪个等级的职称二级学院可以自主聘任;二级学院在岗位设置上有哪些自主权;在职称拟聘人选上二级学院有哪些自主权。作为校院两级管理,大家的意见比较一致,主要有:一是中级职称评审权在学校转变为由二级学院在学校的基本条件、能力资历条件和教育教学条件的基础上,教学科研业绩由二级学院自主制定,二级学院自主评审,学校统一聘任;二是赋予二级学院高级职称岗位设置自主权,二级学院在职数范围内,可以根据师资队伍实际情况设置高级职称岗位;三是赋予二级学院高级职称拟聘人选推荐权,可以根据单位实际制定晋升副高及以上职称的推荐办法,在职数范围内自主推荐达到学校申请资格条件人员。这些权力下放给二级学院,能不能聘任、聘任"谁"为中级职称基本上由二级学院"说了算";年度要聘任多少高级职称人员、拟聘人选是"谁"基本上由二级学院"说了算"。从职称晋升聘任的角度,基本上凸显了二级学院的管理权。

4.解决学校教师队伍结构失衡的问题

深入调研学校产生教师队伍结构失衡问题,剖析职称晋升聘任条件,"竞争性岗位"比"本单位岗位"的晋升条件高不了多少,对于大部分教师而言基本上没有难度,是导致部分学科在自主聘任后高级职称人数快速增加的主要原因。因此,修订时取消了各系列竞争性岗位晋升以解决各学科师资队伍失衡问题,增加了专任教师、科学研究副高及以上的"直接聘任"的岗位,直接聘任不受各二级学院职数的限制,不占用二级学院的职数,不经过正常晋升的聘任程序。直接聘任程序简化为个人申请→聘任委员会办公室审核→聘任委员会主任(校长)签批聘任。直接聘任的条件要求从质量而言远远高于正常晋升的条件要求,比如正常晋升副教授只要是 40 分以上标准的条件就可以作为晋升的条件,直接聘任副教授的条件要 160 分以上标准的条件。直接聘任主要是给特别优秀的人才留的通道,目的是留住优秀的人才,针对的是少数教师。修订前后的变化从本质上是大大提高了本单位没有职数教师晋升的条件,降低能够达到条件的人数,从而避免本单位没有职数的学科"量产"。

(三)配套相关内容的修订

在选定职称晋升聘任文件核心部分的思路后,其相关的文件内容必须与之相配套。

1.聘任程序

为了能够匹配新的职称晋升聘任思路,职称晋升聘任程序从原来的"信息公布→个人申报→单位考核推荐→资格审核组审查→代表作送审→学科组评议推荐→聘委会审定"转变为"信息公布→个人申报→所在单位初审→代表性业绩同行专家评审→单位考核推荐→学校资格复审→学科组评审→聘委会审定"(图 5-2)。程序的主要变化有:增加了所在单位初审环节;将代表作送审改为代表性业绩同行专家评审并提至单位考核推进之前;将学科组评议推荐改为学科组评审。

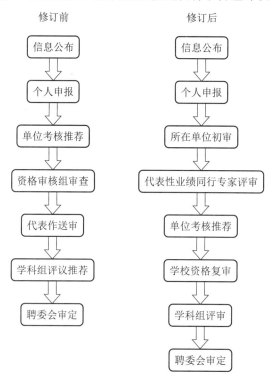

图 5-2　学校修订前后程序的变化

资料来源:案例高校 LY,职称晋升聘任改革修订前后制度文本。

程序的修订是根据职称评审的模式,能够在较低管理成本的情况下达到顺利完成职称晋升聘任工作的目的。增加所在单位初审环节主要是为了突出体现二级学院的主体责任,体现二级学院责权利的统一。二级学院通过初审能够更好地掌握受评议人的信息,能够在单位考核推荐中推选出更有利于二级学院师资队伍结构优化的人选。把代表性业绩同行专家评审改到单位考核推荐之前操作,可以先筛选一批未能通过专家评审的人员,二级学院可以在推荐之前得到同行专家对所有受评议人的评审意见,可以将专家意见作为推荐的重要依据之一,减小二级学院推荐的难度。

学科组评议推荐改为学科组评审,由于二级学院是在当年公布的职数范围内进行推荐,只要能够通过后续的程序都可以聘任,教师之间晋升的竞争对象主要是同二级学院的教师,经二级学院推荐的教师之间已经不存在竞争的关系,所以学科组没有必要推荐排名,减少了学科评议组对受评议人的推荐排名环节,只要判断受评议人专业水平是否达到相应的要求即可。

2.专家评审

从聘任程序的变化来看,改变最大的是专家评审中的代表作送审变化为代表性业绩同行专家评审。变化前后相同的是校外同行专家对受评议人的专业水平的评审,通过校外专家评审筛选达到一定专业水平的人员这一根本目的没有发生变化,按未达到、基本达到和达到 3 个等次给予评审结论,主要是对受评议人的专业水平是否达相应标准的评价;不同的是送审的内容由代表作改为代表性业绩,之前的代表作基本上是论文或专著,修订后的代表性业绩可以是所有的教学科研业绩,代表性业绩可以没有指定达到一定水平的要求,包含了成果和项目由受评议人自主选择,这一变化拓宽了送审的内容,让教师拥有更多的选择空间。这一变化主要为匹配新建本科高校多样化成果的特征,让所有达到的工作业绩都可以作为教师晋升职称的代表性业绩。还有一个变化是根据教师提出的减少教师、学校的工作量和成本意见,将同行专家评审通过的结论由当年有效改成 3 年内有效,如果受评议人当年未能聘任,次年申报时可以选择是否送审。

3.解决聘任过程中的问题

一是原有的文件在聘任过程中出现了多起争议,有的争议因为找不到文件依据难以处理;有的争议让人感觉没有充分的理由。增加争议处理条款,受评议人对各环节的结论有异议的,可以申请争议处理,明确争议受理组织为人事争议仲裁委员会。同时明确了同行专家评审结果、学科评议组评审结果不属于争议的内容,主要是因为这两个环节的评审都是校外专家评审,从学术、专业的角度具有权威性,而且属于需要保密的评审环节。增加争议处理条款,解决了教师有异议申诉无门、相关单位处理无据的问题,还有不按程序乱申诉的问题,有效控制因争议而对学校产生的负面影响,减少相关部门因此而产生的"内耗"。

二是将原有的《LY 专任教师职称聘任申请条件》改为《LY 专任教师职称聘任申请资格条件》,这个修改主要是想将达到条件可以聘任观念扭转为达到条件有资格参与聘任,解决教师提出的我达到条件学校为什么不聘任我的问题。

当然,修订的文件还在其他方面做了较大的修改,比如在实验系列增设正高级职务,增设科学研究系列,增加了取得非学校自主评审系列专业技术任职资格的聘任办法等许多职称制度的重大变化,这些与本书内容关系不密切,不再进一步深入探讨。

以上职称制度修订前后主要变化,除了匹配校院两级管理和解决师资队伍结果失衡问题相对独立,其他方面都是相互关联的,最核心的还是教学科研业绩条件的思路选择,其决定了职称晋升聘任条件的体系,影响到职称晋升聘任的程序等职称制度文件的核心内容。

第二节 案例高校职称晋升聘任条件变化分析

首次职称晋升聘任条件案例高校和福建省其他 7 所新建本科高校一起在前文(第四章第一节)与省统一评审时期的条件结果相似,以下主要分析首次职称晋升聘任条件与 2018 年修订文件(以下简称"修订版")的变化。

一、基本条件的变化分析

基本条件是高校教师的最起码的要求,大多数教师一般情况下都不会出现这些负面清单内容,在修订过程中只有完善的建议,没有反对列入条件的意见(详见表 5-1)。修订版本增加发生一级教学事故的,一年内不得申报;在"一票否决"生效期内或教学质量评价不合格者,实行"一票否决"申报限制内容。除了增加的条款外,基本条件的内容总体变化不大,修订前后在表述上会略有不同,更加适合学校的现状。基本条件的修订是高校教师职业的基本要求,从横向比较来看各高校的相似度较高,这些基本要求也是教师们的共识,由此,教师对基本条件的内容认可度较高。"一票否决"的内容包含了师德师风情况、学术道德等方面,具体内容有专门的配套文件,即便今后的政策形势变化只要修订配套文件即可,不必要对职称晋升聘任文件进行修订。

表 5-1 修订前后基本条件变化情况

项　　目	条　　件
遵纪守法 2013、2018	受到党纪行政处分期间,不得申报
职业道德 2013、2018	谎报业绩的,3 年内不得申报
履职情况 2013	年度考核基本合格的,1 年内不得申报;年度考核不合格的,2 年内不得申报;因聘期考核不合格低聘的,3 年内不得申报
履职情况 2018	年度考核基本合格及以下的,1 年内不得申报;上一聘期考核不合格,下一聘期内不得申报正常、破格晋升
职务责任 2013	无
职务责任 2018	发生一级教学事故的,1 年内不得申报
2018	在"一票否决"生效期内或教学质量评价不合格者,实行"一票否决"

资料来源:案例高校 LY,职称晋升聘任改革修订前后制度文本。

用"一票否决"的做法,契合基本条件难以精细评价和非竞争性条件的属性。内容上主要是指违反了学校在思想政治素质、师德师风等方面相关规定的情形,对思想政治素质、师德师风等方面的认识更加深刻,也更重视落实教育的立德树人根本任务。除了对职业要求、履职情况进行完善,LY 更加重视教学常规和教学质量的要求,力图体现教学中心地位,提高教育教学质量。

二、能力资历条件的变化分析

能力资历条件除了具有高校教师资格、任职年限、继续教育、正常工作能力等条件没有变化,其他条件都有一定的变化,有的增加内容、有的被删除、有的做了修订完善(详见表5-2)。

表 5-2 修订前后能力资历条件变化情况

项　目	副教授	教授
学历 2013	具备大学本科以上学历,其中 40 周岁以下具备硕士学位	具备大学本科以上学历
学历 2018	大学本科学历及以上	
外语要求 2013	规定等级	规定等级
外语要求 2018	无	无
实践能力 2013	45 周岁以下应用型专业教师须参加社会实践脱产 3 个月或非脱产累计 6 个月以上(具备博士学位的脱产 1 个月或非脱产累计 3 个月以上),申报 2015 年及以后晋升聘任的人员开始执行;需提交社会实践总结报告 1 篇(晋升副教授字数不少于 4 000 字,晋升教授不少于 5 000 字)	
实践能力 2018	公共课教师、艺术体育等术科类教师、师范教育模块教师、专业基础课教师参加社会实践累计 3 个月,其他教师须参加社会实践累计 12 个月及以上(具备博士学位的累计 6 个月及以上);须提交社会实践总结或行业调研报告 1 篇(字数不少于 3 000 字)	
指导青年教师 2013	无	在教学科研方面指导过 1 名以上青年教师
指导青年教师 2018	无	系统指导过 1 名以上中级及以下职称的教师
学科建设 2013	无	在学科建设中发挥过重要作用
学科建设 2018	无	无

资料来源:案例高校 LY,职称晋升聘任改革修订前后制度文本。

修订版增加了入校前无高校教学经历的教师须取得学校认定的课程主讲资格,且入职培训考核合格,主要是因为前些年招聘的毕业生很大一部分是非师范类毕业,在教学技能方面存在缺陷,学生、教学督导等反映这些教师教学能力较差、效果不佳等问题。提高教学质量是充分体现以学生为中心、以教学为中心的理念,关注教师发展,通过对教师教学技能等教师职业岗前培训,提高教师的教育教学能力,达到提高教学质量目的,满足学生对高质量教育的需求。

修订版删除了外语要求、各级职称的学历、学科建设等要求。跟其他删除外语要求福建省 7 所新建本科高校一样,主要是没有全国统一考试,缺乏统一标准,在修订过程中提出了由专业自主测试教师的专业外语水平,由于测试的权威性、公平性等问题,不被认可,最终采用删除这一条件。删除学历主要原因有 3 个:一是在修订文件时国家提出反对"唯学历",为响应国家政策;二是学历要求主要在招聘新教师时是有明确要求的;三是现有学校教师 80% 以上具有硕士学位,但是博士学位还不到 30%,学历学位要求提高博士可能性不大,单纯的学历要求就目前学校的现状没有实际意义。原有在学科建设中发挥过重要作用的条件太软,不具有可操作性,在修订中将其改为作为学科带头人、专业带头人、平台等负责人在学科、专业、平台中发挥过重要作用,在征求意见中反对意见较多,理由是申报时大多数需要教授作为负责人,真正副教授作为负责人的很少,之后改为负责人或主要参与者,增加副教授具备条件的概率也不被认可,最终只好放弃这个条件。这 3 个删除的条件,在职称晋升聘任条件体系中反映了教师个体具备的外语能力、研究能力和团队协作等方面的素质能力要求,没有这些条件要求可能造成教师在这些方面能力弱化,从长远看会对学校在国际化、基础研究能力和团队建设等方面产生负面影响。笔者力图促成这些条件列入职称评价体系,但是在实践中没有办法做到广为接受并达成目的。事后反思,这种失败的主要原因:一是对职称晋升聘任条件体系的研究还是不够深入,没有充足的证据来说服它们的必要性;二是与领导、教师沟通上还有问题,不能引起他们的重视和兴趣。

修订版对实践能力和指导青年教师的条件进行了完善。指导青年教师的初衷没有变化,由于许多专业青年教师不多,根据实际情况将对象改为中级及以下职称教师。实践能力的要求主要是从契合新建本科高校人才培养的需要的角度,根据不同角色的教师有着不同的要求,修订版对不同课程类型的教师提出不同的要求,比首次制定简单地从年龄和应用型专业教师的要求更加精准;拓展了文字材料的要求,在原来的社会实践总结基础上增加了行业调研报告,减少了字数的要求。

三、教育教学条件的变化分析

由于学校教育教学改革的深入,各项配套政策的修订,案例高校为教育教学条件都做了相应的修订(详见表5-3)。

表5-3　修订前后教育教学条件要求

项　目	副教授	教授
育人工作2013	1年的育人工作	参与育人工作
育人工作2018	育人工作经历1年以上或第一导师	育人工作经历1年及以上
课程门数2013	2	2
课程门数2018	1	1
教学工作量2013	每学年不低于14标准学分	每学年不低于16标准学分
教学工作量2018	每学年不低于81标准学时	每学年不低于90标准学时
指导学生2013	指导学生实验实习、毕业论文等	无
指导学生2018	无	无
教学质量2013	教学效果良好	
教学质量2018	教学档案完整规范,教学效果良好;教学质量评价不合格者,实行"一票否决"	

资料来源:案例高校LY,职称晋升聘任改革修订前后制度文本。

(一) 育人工作

晋升教授的育人工作要求从参与育人工作改为具有育人工作经历1年及以上,主要目的是落实立德树人的根本任务,让教师既要教书也要育人。晋升副教授的育人工作要求在具有育人工作经历1年及以上增加了担任学生竞赛、创新创业项目的第一导师作为可选项,主要是承担后者工作的教师不断增多,担任这些项目的导师也具有育人的效果,在多数教师的要求下增加了这一选项。育人条件的新增部分,虽然并不太符合育人工作的属性要求,弱化了对教师育人工作的要求,但是代表了多数教师需求,从双边匹配理论和制度需要被广为接受出发,它的存在有着合理性和必然性。

（二）课程门数与教学工作量

课程门数是因教学工作量要求的变化引起的。教学工作量原有的标准学分的表现形式在年度考核及学校其他文件中统一被标准学时所取代。首版的教学工作量最低是每周 7 或 8 学时的要求，与省统一评审时的教学工作量要求差不多，从年度考核的权重来看，基本上占了教师的教学、科研和服务社会工作的 70％比例；而修订版最低的标准学时要求只占 30％，主要是因为学校对教师实施"菜单式管理"，教师可以在教学工作不低于 30％，科研服务社会不低于 30％以下的一定比例，选择 3 种工作的工作量，但是每年总的工作量必须达到一定的要求。从"菜单式管理"可以看出，教师自主选择教学、科研和服务社会的比重，包含了按主要工作任务进行分类的各类型教师的职责，可以说比分类更加细化，教师可以根据自己的兴趣、需要在一定区域内自主安排，教师的选择空间更大。

（三）指导学生

按照培养方案要求，指导学生实验实习、毕业论文、毕业设计、社会调查和课外科技创新实践等，条件偏柔性，也是常规工作，大多数认为在职称晋升聘任的实践中没有实际作用，删除了此条件。

（四）教学质量

修订版在原有教学效果良好的教学质量要求基础上，增加了教学档案完整规范和教学质量评价不合格者，实行"一票否决"。前者主要是迎接教育部审核评估的自主评估过程中，发现了教学档案不规范问题比较严重，增加相应条款，目的是通过评职称的指挥棒作用来解决这个问题；后者主要考虑限制一些教学质量特别差的教师职称晋升，对于教学质量评价不合格的情形目前还未出现过。

在修订过程中，对教学质量条件有过更多的想法。在修订的前期，教学质量条件要求教师将科研、服务社会的项目和成果转化为教学案例等教学内容，试图改变较多的教师存在的照本宣科，教学内容不能契合新建本科高校人才培养需要的现象，以课堂教学内容为突破口，提高学校的人才培养质量。在实践中，由于对这个变化的研究不够深入，不能说服大多数人，没有引起大家的共鸣，最终没能将这个条件列为教学质量条件要求。有关教学质量条件最终又基本上回到了原点，这恰好说明了学校教学质量体系构建不完善，在执行层面还存在很大的改进空间。

四、教学科研业绩条件的变化分析

首次制定采用"论文＋项目"的模式，修订版采用按某类的教学科研业绩累计多少分及以上的模式，教学科研业绩条件体系发生了根本性的变化。晋升副教授的要求为 B 类及以上的业绩累计 120 分及以上，晋升教授的要求为 A 类的业绩累计 240 分及以上，只要一定要求的教学科研业绩的分值达到就行。

从表 5-4 采用这种模式晋升副教授、教授的教学科研业绩不一定要达到一定的数量，只有一项高质量教学科研业绩也可以达到条件；所有列入表格的教学科研业绩都可以作为必备条件，可以作为必备条件选择的内容大量增加，首次制定学术论文是教学科研业绩的必备条件，没有论文不能晋升，修订版学术论文只是众多可选择的必备条件中的一种，破除了教师职称晋升"唯论文"现象。

表 5-4 各类教学科研业绩标准基本表(试行)

业绩名称	单项分值
教育厅中青年一般项目 省教育科学规划一般项目 省科协一般项目 省中国特色社会主义理论体系研究中心一般项目 省高等教育学会项目 其他厅级一般项目 市科技计划项目 市社科项目 国家重点实验室或工程中心开放性课题或教育部人文社科基地项目(均到账 10 万元以上)	40
单个理工类横向项目 20 万元以上,单个文科类横向项目 10 万元以上	
奇迈创新基金单个项目(30 万元以上)	
个人科研成果直接转化学校到账金额累计达到 5 万元	
10 万字至 20 万字的专著 1 部	
我校认定的 B 类学术论文 1 篇	
龙岩市科学技术奖三等奖、龙岩市专利奖二等奖	
指导国家级大学生创新创业训练计划项目 1 项或省级 2 项	
同时具备以下两项:指导学生专业竞赛甲类省级一等奖、乙类全国性三等奖	
指导学生参加专业竞赛甲类全国性三等奖 指导学生参加专业竞赛乙类全国性二等奖	
参编国家级规划教材撰写 3 万字以上 主编的教材获省级优秀教材奖	
省教育厅或全国专业学会/协会举办的专业类教师教学技能综合比赛二等奖	
入选省级教学类案例	
教育厅重点项目 教育厅产学研项目 JK 项目 教育厅高校青年自然基金 省教育科学规划重点项目 省科协重点项目 省高校杰出青年科研人才培育计划 省高校新世纪人才支持计划、其他厅级重点项目	60
龙岩市科学技术奖二等奖、龙岩市专利奖一等奖(均按排名第一 60,第二 40)	
省级教学技能综合竞赛二等奖 省教育厅或全国专业学会/协会举办的专业类教师教学技能综合比赛一等奖	
指导学生参加"互联网＋"大学生创新创业大赛省级铜奖 指导学生参加"挑战杯"创业计划大赛省级银奖 指导学生参加"挑战杯"课外学术科技作品大赛省级二等奖	
指导学生参加甲类专业竞赛全国性二等奖 指导学生参加乙类专业竞赛全国性一等奖	
我校认定的 B 类教改论文 1 篇	

续表

业绩名称	单项分值
省自然科学基金面上项目、高校联合项目、青创项目、软科学项目、区域发展项目、星火项目 省发展和改革委、省经信委一般项目 省社科规划一般项目、青年项目、西部项目、后期资助项目、普及出版资助项目、除教育部外其他国家部委项目	80
省本科高校教育教学改革研究一般项目 省级本科高校教育教学改革研究重点项目 省级精品在线开放课程 省级虚拟仿真实验教学项目 教育部产学合作协同育人项目 指导大学生创新创业项目入选省级优秀项目	
20万字及以上专著1部	
在有效期内的授权发明专利1项	
制定行业标准（省级）1项	
个人科研成果直接转化学校到账金额累计达到30万元	
我校认定的A类学术论文1篇、《中国教育报》（理论版）上发表的学术论文且不低于2 200字	
研究咨询报告被市人民政府或厅级党政部门采纳1份	
龙岩市科学技术奖一等奖、省专利奖三等奖（均按排名第一80,第二60,第三40)	
省级教学技能综合竞赛一等奖	
省级教学成果奖二等奖（排名第一80,第二60,第三至第五40)	
指导学生参加"互联网＋"大学生创新创业大赛省级银奖 指导学生参加"挑战杯"创业计划大赛省级金奖 指导学生参加"挑战杯"课外学术科技作品大赛省级一等奖	
指导学生参加专业竞赛获得甲类全国性一等奖	
参编国家级规划教材撰写5万字以上 主编的教材获国家级优秀教材奖	
入选省级综合类案例、入选国家级教学类案例	
省科技计划引导性项目、对外合作项目、自然基金重点项目、中央引导地方专项 省社科基金重点项目、省经信委重点项目、发改委重点项目	100
指导大学生创新创业项目入选国家级优秀项目	
省杰出青年基金项目、区域重大项目、高校产学合作项目 省社科重大项目 教育部人文社会科学青年项目、一般项目 全国教育科学规划部级项目	120
省级本科高校教育教学改革研究项目重大项目	
教育部科学研究优秀成果奖三等奖、省科技或社科成果奖三等奖、省专利奖二等奖（均按排名第一120,第二100,第三至第五80)	
个人科研成果直接转化学校到账金额累计达到50万元	
SCI、SSCI二区的学术论文1篇	
新产品证书、新品种证书	
我校认定的非教育学科教师A类教改论文1篇	
指导学生参加"挑战杯"创业计划大赛国赛铜奖 指导学生参加"挑战杯"课外学术科技作品大赛省级特等奖	
省级教学成果奖一等奖（排名第一120,第二100,第三至第五60)	

续表

业绩名称	单项分值
国家自然科学基金青年项目 国家社科基金青年项目、西部项目 教育部人文社科基金各类重点项目 教育部"新世纪优秀人才支持计划"项目 全国艺术规划青年项目、国家艺术基金青年项目 全国教育规划青年项目	160
研究咨询报告被省人民政府采纳	
国家级本科高校教育教学改革研究一般项目 国家级精品在线开放课程 国家级虚拟仿真实验教学项目	
SCI、SSCI 一区,《求是》《新华文摘》全文转载的学术论文,在《人民日报》(理论版)、《光明日报》(理论版)上发表的学术论文且不低于 2 200 字	
省级教学技能综合竞赛特等奖	
国家行业标准、新药证书	
省级教学成果奖特等奖(排名第一160,第二120,第三至第五80)	
指导学生参加"互联网＋"大学生创新创业大赛国赛铜奖或省级金奖,指导学生参加"挑战杯"大学生创业计划大赛国赛银奖 指导学生参加"挑战杯"大学生课外学术科技作品大赛国赛二等奖	
国家级教学技能综合竞赛二等奖	200
教育部科学研究优秀成果奖二等奖、省科技或社科成果奖二等奖、省专利奖一等奖(均按排名第一200,第二160、第三至第五120)	
指导学生参加"互联网＋"大学生创新创业大赛国赛银奖 指导学生参加"挑战杯"大学生创业计划国赛金奖 指导学生参加"挑战杯"大学生课外学术科技作品大赛国赛一等奖	
国家自然科学基金面上项目 国家社科基金一般项目 全国教育规划一般项目 全国艺术规划一般项目、国家艺术基金一般项目 省科技重大专项	240
国家自然科学基金重大、重点项目,杰出青年科学基金项目 国家社会科学基金重大、重点项目 教育部重大攻关招标项目	
个人科研成果直接转化学校到账金额累计达到100万元	
研究咨询报告被国家有关部委采纳	
省科技或社科成果奖一等奖、教育部科学研究优秀成果奖一等奖(排名第一240,第二200,第三至第五160)	
国家科技进步奖二等奖(排名第一、二240,第三至第五200,第六至第八160)	
国家科技进步奖一等奖(排名第一、二、三240,第四至第六200,第七至第八160)	
在《中国科学》《中国社会科学》发表的学术论文	
国家级教学技能综合竞赛一等奖及以上	
国家级本科高校教育教学改革研究重点项目	

续表

业绩名称	单项分值
国家级教学成果奖二等奖及以上(排名第一 240,第二 200,第三 120,第四至第五 100)	240
指导学生参加"互联网＋"大学生创新创业大赛国家级金奖 指导学生参加"挑战杯"课外学术科技作品大赛国家级特等奖	

资料来源:案例高校 LY,职称晋升聘任改革修订后制度文本。

从文件对条件的描述来看(详见表 5-5 和表 5-6),首次制定采用对条件穷举的方式,职称晋升聘任文件要修订需要经过特定的程序,不可能经常修订,因此必须绞尽脑汁进行穷举,在职称晋升聘任文件制定过程中要尽量考虑周全。首版要好几页才能表述清楚的,修订版只要一句话就可以,职称晋升聘任文件更为简洁。

表 5-5　修订前后晋升副教授教学科研业绩条件要求

项　　目	条　　件
2013	在 C 类以上刊物正式发表本专业学术论文 5 篇以上,其中须有教学改革研究方面的论文 1 篇,并且主持市(厅)级以上科研、教改项目(不含教育厅 B 类和校内项目)或具备下列条件中的 2 项: 1. 其中 B 类以上刊物发表本专业学术论文 1 篇以上,或合计在 C 类以上刊物发表本专业学术论文 7 篇以上,或正式出版本专业专著、译著(译著只限语言专业,下同)10 万字(不累计,下同)以上; 2. 主持校级以上科研项目 1 项; 3. 担任校级以上教改项目负责人; 4. 作为首席指导教师指导学生参加省级以上学科竞赛并获省级三等奖 4 项或省级二等奖 2 项或省级一等奖 1 项或国家级奖项 1 项,或作为首席指导教师指导学生完成省级创新创业训练项目 1 项,或作为首席指导教师指导在校学生在 C 类刊物上正式发表论文 2 篇; 5. 参与(排名前 3)省(部)级项目 1 项,或参与(排名前 8)国家级项目 1 项; 6. 获得市(厅)级科研成果三等奖(排名前 2)或二等奖(排名前 3)或一等奖(排名前 4)或省(部)级科研奖项 1 项; 7. 获得校级教学成果奖一等奖(排名前 2)或二等奖(排名第 1)或省级教学成果奖项 1 项; 8. 独立承担科技开发、技术创新项目,或在产学研合作及产业经营管理、科技开发、技术推广应用、成果转化等方面,取得显著经济社会效益,学校纯收入 5 万元以上; 9. 取得与本人从事学科方向一致的国家发明专利 1 项(排名前 2),或取得其他类型国家专利 2 项(独立或第一完成人); 10. 研究咨询报告(排名前 2)被市人民政府采纳的; 11. 本人或作为首席指导教师所指导的本校学生在表演、创作、设计、创编等专业文艺竞赛中获得市级一等奖 1 项以上或省级二等奖 1 项以上,或入围省级专业展演 2 项以上或入围全国专业展演 1 项; 12. 由市级以上文化主管部门、音协举办的教师或作为首席指导教师指导本校学生个人独唱、独奏、作品音乐会 1 场以上,或在省级以上出版社出版个人独唱、独奏、作品音像制品 1 部(美术类教师出版画册须 16 开本且作品 30 幅以上); 13. 个人创作、设计的作品参加省级以上文化教育主管部门、美协,音协举办的专业性比赛、展览、演出获三等奖以上奖项 1 项,或被省级专业机构收藏 1 件以上; 14. 本人或作为主教练在全国运动会、全国大学生运动会以上比赛中获前八名 1 次以上,或在全国单项比赛、全国大学生单项比赛中获得前六名 1 次以上,或在福建省运动会比赛获得前五名 1 次以上,或在福建省大学生运动会中获前三名 1 次以上,或在福建省大学生单项比赛中获第三名 1 次以上; 15. 作为主裁判执裁全国性以上比赛 1 次以上
2018	B 类及以上的业绩累计 120 分及以上

资料来源:案例高校 LY,职称晋升聘任改革修订前后制度文本。

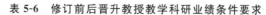

表 5-6 修订前后晋升教授教学科研业绩条件要求

项目	条件
2013	在 C 类以上刊物发表本专业系列学术论文 5 篇以上,其中 A 类刊物发表 2 篇以上(在 B 类刊物发表 2 篇或正式出版本专业专著、译著 20 万字以上的仅可抵算 1 篇 A 类刊物论文),并且主持省(部)级项目 1 项或具备下列条件中的 2 项: 1. 合计在 A 类刊物发表本专业系列学术论文 3 篇以上; 2. 主持市(厅)级以上科研项目(不含教育厅 B 类和校内项目)1 项; 3. 参与(排名第 1)省(部)级项目 1 项,或参与(排名前 3)国家级项目 1 项; 4. 获得市(厅)级科研成果奖三等奖(排名第 1)或二等奖(排名前 2)或一等奖(排名前 3)1 项,或省(部)级科研成果奖三等奖(排名前 3)或二等奖(排名前 4)或一等奖(排名前 5)1 项; 5. 担任省级以上教改项目负责人; 6. 获得省级教学成果奖三等奖(排名第 1)或二等奖(排名前 2)或一等奖(排名前 3); 7. 独立承担科技开发、技术创新项目,或在产学研合作及产业经营管理、科技开发、技术推广应用、成果转化等方面,取得显著经济社会效益,学校纯收入 15 万元以上; 8. 取得与从事学科方向一致的国家发明专利(独立或第一发明人)1 项; 9. 研究咨询报告(独立或第一完成人)被市级人民政府采纳,或研究咨询报告(排名前 2)被省人民政府采纳的; 10. 作为首席指导教师所指导的学生获得国家级学科竞赛二等奖 2 项或一等奖 1 项以上; 11. 本人或作为首席指导教师所指导的本校学生在表演、创作、设计、创编等专业文艺竞赛中获得省级二等奖 2 项或一等奖 1 项以上,或入围全国专业展演 2 项以上; 12. 由省级以上文化教育主管部门、音协举办的教师或作为首席指导教师指导本校学生个人独唱、独奏、作品音乐会 1 场以上,或在省级以上出版社出版个人独唱、独奏、作品音像制品 2 部(美术类教师出版画册须 16 开本且作品 50 幅以上); 13. 个人创作、设计的作品参加省级以上文化教育主管部门、美协、音协举办的专业性比赛、展览、演出获二等奖以上奖项 1 项,或被国家级专业机构收藏 1 件或省级专业机构收藏 2 件以上; 14. 本人或作为主教练在全国运动会、全国大学生运动会以上比赛中获前五名 1 次以上,或在全国单项比赛、全国大学生单项比赛中获得前三名 1 次以上,或在福建省运动会比赛获得前三名 1 次以上,或在福建省大学生运动会中获第一名 1 次以上,或在福建省大学生单项比赛中获第一名 1 次以上或前二名 2 次以上; 15. 作为主裁判执裁全国性比赛 2 次或国际性比赛 1 次以上
2018	A 类及以上的业绩累计 240 分及以上
2018	A 类及以上的业绩累计 240 分及以上

资料来源:案例高校 LY,职称晋升聘任改革修订前后制度文本。

从条件的内容上看,总体变化不大,从表 5-4、表 5-5 和表 5-6 可以看出,受评议人独立完成或者排名第一的教学科研业绩比首次制定的内容略有增加,排名第二及以后的内容大幅减少,更强调受评议人"主持",减少"参与",更加体现受评议人在项目或成果起到的作用,体现其学术专业水平;首次制定综合选项的内容在修订版中作为必备条件的选项要求有所提高。

从条件的结构上看,虽然修订前后选择的教学科研业绩内容变化不大,但是各个教学科研业绩的重要性发生了重大的变化,首次制定的教学科研业绩条件是"学术论文+综合选项",只有学术论文是必备的条件,其他的条件作为综合选项,可以说学术论文在教学科研业绩中"分量"起码占一半以上;修订版将所有具有一定学术、专业水平的教学、科研、服务社会的成果和项目都可以作为必备条件,学术论文与其他教学科研业绩一样重要,可以说学术论文在教学科研业绩中"分量"起码"被稀释"10 倍以上。学术论文的重要性被削弱,其他教学、科研、服务社会的业绩的重要性加强;改变了必备条件受学术论文的限制,增加了教学、科研、服务社会的成果和项目等作为必备条件的选项,实现了职称晋升聘任条件破除"唯论文"的倾向,匹配了新建本科高校教学科研业绩多样化的特征。

从表现形式来看,在职称文件中就某类的教学科研业绩累计多少分及以上这么一句话,细化的内容在配套文件中描述。按首次制定职称制度的程序,配套的教学科研业绩标准要一起通过教代会审议,在文件制定的过程中,有部分学术委员会委员认为,教学科研业绩的内容和具体标准的判断属于学术权力,应独立于职称晋升聘任实施方案(包含职称晋升聘任条件)之外,并不按其程序审定,而是要按学术、教学评价文件的程序审定。没有配套的教学科研业绩标准的职称晋升聘任条件,教师们不能根据条件要求将自己"准确代入",不能判断对自己的利弊,这无疑加大了职称晋升聘任实施方案通过教职工代表大会审议的风险。从高校管理的二元权力判断,配套的教学科研业绩标准的制定确实属于学术权力,经过大家充分讨论和对风险的评估,认为可以通过加强沟通和学校承诺等方式降低风险,如果第一次真的无法通过,再将配套的教学科研业绩标准一起审议,最终通过的可能性还是比较大;教学科研业绩的内容和具体标准独立于职称晋升聘任实施方案之外,按学术文件的程序制定和修订,今后的修订工作经过的程序相对简单,即便有大的修订也不用经过教代会,可以根据学校发展的需要进行调整修改,较长时间保持制度的适应性,不像职称晋升聘任文件重大的修改还必须通过教代会审议通过,文件修订困难。基于这些考虑,最终选择了教学科研业绩的内容和具体标准作为一个学术性文件,而不作为职称晋升聘任文件的附件。因此,在修订的职称晋升聘任实施方案正式发文时,并没有具体的教学科研业绩内容和标准,在职称晋升聘任实施方案发文之后才开始制定。

为了降低这个风险,先行公布了"职称晋升聘任申报资格条件 A/B 类教学科研业绩标准"的框架,并向教职工代表承诺按此框架制定相应的标准,请代表们监督。具体标准框架为 B 类业绩 40 分的标准,以首次制定的 B 类论文或者市厅级项目为参照标准,B 类业绩仅限于晋升副教授使用;A 类业绩 80 分的标准,以首次制定的 A 类论文或者省级项目为参照标准,A 类业绩所有晋升的职称都可以使用;单项最高分 240 分的标准,以国家自然科学基金面上项目为参照标准,可以作为直接聘任为教授的资格条件;单项 160 分的标准,以国家自然科学基金青年项目为参照标准,可以作为直接聘任为副教授的资格条件。

有了这个框架能够让教职工和决策层大致感受到教学科研业绩条件的情况,得到了较多数的认可,但是,没有明确的内容还是有少数代表教师"不放心",从而不能接受;由于岗位设置的原因,部分二级学院的职数已经用完,这些学院的教师在近几年内无法晋升教授或者副教授,也损害了部分代表当前的利益。2018 年在教代会无记名投票表决中赞成票为 71.6%,教代会审议通过了修订的文件,在经过相应的程序后发布实施。

根据既定的"职称晋升聘任申报资格条件 A/B 类教学科研业绩标准"框架,学校制定并发布了《LY 学院职称聘任职称晋升聘任申报资格条件 A/B 类教学科研业绩标准基本表(试行)》。单项 40 分以上 80 分以下(不含 80 分)为 B 类业绩,单项 80 分以上(含 80 分)为 A 类业绩;B 类业绩分了 40 分和 60 分两档,A 类业绩分了 80 分、100 分、120 分、160 分、200 分和 240 分 6 个档次,对教学科研业绩划分了更细的等次。例如,首次制定 A 类论文不分档次,从表 5-4 可以看出,修订版分为 80 分、120 分、160 分和 240 分 4 个档次,更加重视"质量",改变了之前"重数量轻质量"的情况;相比部分福建省 7 所新建本科高校教学研究项目的等级要低于科研项目,案例高校采用了相同级别的教学研究项目和科研项目归在同一等级,A 类业绩各个等级都有教学和服务社会的业绩内容,这些业绩都可以作为必备条件,体现了更加重视教学和服务社会,改变了之前重科研轻教学和重学术轻应用的情况,更加契合学校的定位,更加匹配教师的需求。

综上所述,从职称晋升聘任条件的文本来看,案例高校职称晋升聘任还是按照基本条件、能力资历条件、教育教学条件和教学科研业绩这 4 类条件。基本条件总体变化不大,基本上是根据高等教育发展和学校实际情况完善补充,这种情形跟其他已修订福建省 7 所新建本科高校差不多;能力资历条件变化相对较大,主要是根据国家对"学历""外语"等政策性变化和在实际操作中比较柔性的"学科建设"要求删除了相关的条件,其他的条件变化不大只是在原有基础上完善补充;教育教学条件主要是根据学校管理的变化,实质性的变化内容不多,主要是删除了在实际操作中比较柔性的"指导学生"要求;教学科研业绩条件变化最大,在内容上增加受评议人主持的,减少参与的,在结构上彻底改变,原来的"学术论文＋综合选项"变成"菜单",大大降低了学术论文的重要性,其他教学、科研和服务社会的项目或成果与学术论文具有同等的重要性,破除了"唯论文"的现象,更加匹配新建本科高校的特征。从职称晋升聘任制度改革实际操作来看,作为本次修订工作的牵头人和实践者,深刻体会到研究和沟通是制定改革的关键环节,成败往往取决于它们。会造成失败的主要原因有二:一是研究不够全面深入,看到了问题,也提出了解决方案,但是方案不被认可,研究解决问题的方案不成熟;二是沟通存在问题,没有很好的说明材料,分析无法引起共鸣,无法说服决策层或者大部分教师。反之就是成功的主要原因。

第三节　案例高校职称晋升聘任条件匹配分析

修订的职称晋升聘任制度基本上解决了案例高校修订背景提出的相关问题,从制度设计层面基本上实现了修订的根本目的。截至 2020 年,案例高校职称晋升聘任文件已经实践了两年,案例高校的职称晋升聘任条件效度如何? 通过与 2020 年中共中央和国务院发布的《深化新时代教育评价改革总体方案》内容和前文梳理新建本科高校职称晋升聘任条件的特征比较,职称晋升聘任环节中专家反馈的意见,用案例高校部分指标数据变化情况分析来检查职称晋升聘任条件是否匹配学校的办学定位和效度。

一、职称晋升聘任条件分析

(一) 基本条件

基本条件主要是对高校教师职业相关的要求,没有受到高校分类的影响,《深化新时代教育评价改革总体方案》对基本条件的遵纪守法、职业道德、履职情况和职务责任 4 个方面都有相对应的要求。从表 5-7 可以看出,案例高校职称晋升聘任基本条件 4 个方面契合《深化新时代教育评价改革总体方案》内容和前文梳理新建本科高校职称晋升聘任条件的特征以及教师需求。

表 5-7　基本条件与教育评价要求和理论梳理的条件特征对比

案例高校	教育评价要求	理论梳理的条件特征
受到党纪行政处分期间不得申报	全面落实新时代高校教师职业行为准则	遵纪守法
谎报业绩的,3 年内不得申报;在"一票否决"生效期内,实行"一票否决"	坚持把师德师风作为第一标准	职业道德
年度考核基本合格及以下的,1 年内不得申报;上一聘期考核不合格,下一聘期内不得申报正常、破格晋升	把认真履行教育教学职责作为评价教师的基本要求	履职情况
发生一级教学事故的,1 年内不得申报	引导教师上好每一节课、关爱每一个学生	职务责任

(二) 能力资历条件

从表 5-8 可以看出,《深化新时代教育评价改革总体方案》在能力资历方面要求较少,文件要求"探索建立应用型本科评价标准",还没有成型的应用型本科评价体系,能力资历条件一定程度上能反映新建本科高校的办学定位,在能力资历方面要求较少是必然的;从《深化新时代教育评价改革总体方案》已有的要求来看,除了专业水平方面案例高校没有相应的要求,其他条件没有违背文件"负面清单"的要求,契合文件对应用型高校评价"突出培养实践应用能力"的要求;实践能力不同学科教师、不同岗位的差异化要求,契合文件"根据不同学科、不同岗位特点,坚持分类评价"的要求;案例高校与前文梳理新建本科高校职称晋升聘任条件的特征比较,缺失了科研创新能力、专业水平、计算机应用能力和外语能力 4 项能力内容。

能力资历条件虽然完善了教师实践能力,使之能够更加匹配新建本科高校技术服务为主型、教学研究型的定位,但是缺失科研创新能力、专业水平、计算机应用能力和外语能力 4 项能力,能力资历要求缺失较多,不能完整地反映新建本科高校教师岗位的能力资历要求。能力资历条件应是案例高校职称晋升聘任条件的科学性不够之处,主要表现为没有完整体现新建本科高校师资队伍应有的特征和教师顺应时代的发展需求。第一,删除学历条件之后,没有新增其他的条件以体现教师具备的基本科研能力;第二,在没有计算机能力统一标准的情况下,放弃了对计算机能力的要求,可能导致教师跟不上"第四次工业革命"的步伐,达不到服务地方创新驱动发展的要求;第三,在没有外语能力统一标准的情况下,放弃了对外语能力的要求,可能对教师提升专业水平,推动学校国际化方面有一定的负面影响;第四,首版专业水平的要求不够刚性,较多人认为在职称晋升聘任过程中不起作用,不如删除,在没有对专业水平要求的情况下,可能造成在同行专家评价过程中,专家不好按照学校的要求把握尺度,只能是以专家个人认为的标准进行评价。以上缺失的 4 项能力资历都是出于不同的原因必须"破而后立"的内容,然而,事实证明"破易立难",也正因为"立难"这些要求将被有意识无意识地逐步淡化,最终完全缺失,造成职称晋升聘任指挥棒作用的导向出现偏差。

表 5-8　能力资历条件与教育评价要求和理论梳理的条件特征对比

案例高校	教育评价要求	理论梳理的条件特征
具有高等学校教师资格		高校教师资格
大学本科学历及以上		学历
任中级 5 年及以上,或具备研究生学历并获得博士学位且任中级 2 年及以上。任副高 5 年以上		任职年限

续表

案例高校	教育评价要求	理论梳理的条件特征
结合从事的教学科研等工作需要，完成规定的继续教育学时	不得将国(境)外学习经历作为限制性条件	继续教育
公共课教师、艺术体育等术科类教师、师范教育模块教师、专业基础课教师参加社会实践累计3个月，其他教师须参加社会实践累计12个月及以上(具备博士学位的累计6个月及以上)；须提交社会实践总结或行业调研报告1篇(字数不少于3 000字)	探索建立应用型本科评价标准，突出培养实践应用能力；根据不同学科、不同岗位特点，坚持分类评价	实践能力
		科研创新能力
	探索建立应用型本科评价标准，突出培养相应专业能力	专业水平
		计算机应用能力
		外语能力
身心健康，能坚持教学和科研、服务社会工作		正常工作能力
系统指导过1名及以上中级及以下职称的教师		

(三) 教育教学条件

教育教学是每一个高校必须履行的职责，是高校教师岗位的工作要求，没有受到高校分类的影响，《深化新时代教育评价改革总体方案》对育人工作、教学工作量和教学质量3个方面都有相对应的要求。《深化新时代教育评价改革总体方案》对于育人工作体现了全员育人的思想，要求所有教师晋升高级职称都必须有相应的育人工作，重在解决近年来比较普遍出现重教学轻育人的问题；教学工作量规定教授必须承担一定量本科生授课时长，还列出了应该纳入教学工作量的内容，教学工作量的计算各校有不同的方式，有的学校甚至由二级学院做相应的规定，总体体现相对灵活的要求，可以满足不同特点的教师需求，但不论如何计算，教师必须承担一定的教学工作量；教学质量没有具体的要求，但是在结果应用上比较明确"对未达到要求的给予年度或聘期考核不合格处理"，对于教师而言，年度或聘期考核不合格是很重的处罚，就教学质量的重要性而言，这样的处罚一点也不为过。

案例高校有关教育教学条件，虽然符合教育评价和前文梳理新建本科高校职称晋升聘任条件的特征，但是育人工作和教学质量的要求还有更加"刚性"的空间(详见表5-9)。随着"三全育人"和教学质量评价改革的不断深入，这两项工作的评价至少都有等级的存在，这种等级可以作为不同类型、不同岗位教师的分类要求，比如说，用教学类业绩达到职称晋升聘任的，"三全育人"和教学质量评价结果的等级可以提出更高的要求。

表5-9　教育教学条件与教育评价要求和理论梳理的条件特征对比

案例高校	教育评价要求	理论梳理的条件特征
育人工作经历1年以上或第一导师	高校青年教师晋升高一级职称，至少须有一年担任辅导员、班主任等学生工作经历。坚决克服重教书轻育人等现象	育人工作

续表

案例高校	教育评价要求	理论梳理的条件特征
每学年不低于81标准学时	把参与教研活动,编写教材、案例,指导学生毕业设计等计入工作量。落实教授上课制度,高校应明确教授承担本(专)科生教学最低课时要求	教学工作量
教学档案完整规范,教学效果良好;教学质量评价不合格者,实行"一票否决"	确保教学质量,对未达到要求的给予年度或聘期考核不合格处理	教学质量

(四)教学科研业绩条件

《深化新时代教育评价改革总体方案》有关职称晋升聘任教学科研业绩条件方面的精神,归纳起来有以下5条:一是应用型本科评价标准处于探索阶段,应从突出培养相应专业能力和实践应用能力探索评价标准;二是应考虑学科和岗位特点开展分类评价;三是开展代表性成果评价,注重个人评价与团队评价相结合;四是突出质量和贡献,淡化数量指标,重点评价学术贡献、社会贡献以及支撑人才培养情况;五是强化人才培养中心地位,鼓励多出教学研究、教材等教育教学类成果,不得将人才称号作为职称评聘的限制性条件,坚决克服重科研轻教学、重教书轻育人等现象。

1.量化形式

案例高校首版晋升副教授和教授的要求以定性形式描述,修订版晋升副教授的要求为B类及以上的业绩累计120分及以上,晋升教授的要求为A类的业绩累计240分及以上。就学术论文而言,修订前后版同一类别的刊物基本上是一致的,没有大的变化。从条件的质量要求来看,首版还有C类以上刊物的论文数量要求,综合选项的质量要求也是比较低的,修订版只有较高质量的业绩要求,对较低质量的业绩没有要求,契合《深化新时代教育评价改革总体方案》开展代表性成果评价的思想,更加重视业绩的质量。

案例高校首版这种较低质量的条件又有较多的数量要求,是很多学者将它归结为重数量轻质量的情形之一,修订版的条件如果用定性的表达形式,晋升副教授要求的条件一般只能做到B类的业绩3项,其中1项A类业绩相当于2项B类的业绩,晋升教授A类的业绩累计3项及以上,跟首版一样存在即使教师有质量很高的业绩1项也不能达到晋升的条件,A或B类业绩一定要达到一定的数量才可以。采用量化的形式,B类业绩分了40分和60分2档,A类业绩分了80分、100分、120分、160分、200分和240分6档,这种量化形式与传统意义上的量化相比没有那么精确,可以说是对教学科研业绩划分了更细等次,并方便换算的表达方式。通过不同质量的业绩赋予不同的分值,用量化的形式表述晋升的条件,教师只要达到分值就是达到要求,可以很好地解决当前许多学者提出的职称晋升聘任重数量轻质量的问题。当然,定性的形式也可以根据业绩的质量将其分更多的类,注明在类与类之间对等换算的办法,来解决"重数量轻质量"的问题,但是文件写起来非常复杂烦琐,没有量化形式表达来得直观。

2.条件内容

案例高校的教学科研业绩条件在模式的选择上,没有选择将教师分类,而是采用列出教学科研业绩标准的"菜单"供教师选择,以满足教师的多样化需求,匹配新建本科高校成果产出的多样化特征;在条件的内容上,取消了学术论文的限制性要求,避免了"唯论文"倾向,吸纳了大量的教学、服务社会的项目和成果作为必备条件(详见表5-10),较大程度上匹配了新建本科高校的办学定位。条件内容的重要性的变化,无疑增加了教学、服务社会业绩在职称晋升聘任中的"分量"，降低了科研的"分量"，也是解决了当前许多学者提出的职称晋升聘任"重科研轻教学"的问题。尽管案例高校的教学科研业绩条件没有直接地导向新建本科高校的办学定位，教学科研业绩条件还是由教师自主选择，导向的力度可能不强，但是为导向新建本科高校的办学定位解除了学术论文的"束缚"，提供了渠道，在学校目标管理、绩效工资等制度体系的配合下，导向学校的定位是必然的结果。案例高校的教学科研业绩条件既有制度创新，又能匹配教师的需求和学校定位，是案例高校职称晋升聘任条件的亮点，但还是有些遗憾，如作为与新建本科高校办学定位最匹配的教学科研业绩，只作为 B 类业绩，没有列入 A 类业绩，是比较遗憾之处。

表 5-10　案例高校 2019 年申报晋升职称人员的教学科研业绩

序号	论文	论著	教改项目	横向项目	科研项目	发明专利	咨询报告	文学著作	指导学生	教学成果奖	科研奖	业绩分
1					160+2×80							320
2		80	80		120+3×80							520
3	80		80		80		160					400
4			2×80							100+80		340
5			80		2×80							240
6	2×120+5×80				2×80	2×80						960
7	2×80		80		80							320
8	120+5×80											520
9					80+5×40							280
10					120							120
11				2×40	40				4×40	80		360
12	40				120+40+60							260
13			80		3×40							200
14			80		2×40					2×60		280
15					80+2×40							160
16					80+2×40							160
17					2×80+4×40				60			380
18	80+40				40							160
19					2×40					2×40		160
20					80+2×40					4×40		320
21			80		2×40					40		200
22	80				40					40		160
23					80+2×40					2×40		240
24	2×120+2×100				3×40+60							620
25	5×80				80					100		580
26	4×80				40					40		400
27	40				80+40							160

续表

序号	论　文	论　著	教改项目	横向项目	科研项目	发明专利	咨询报告	文学著作	指导学生	教学成果奖	科研奖	业绩分
28	40				80+40							160
29	4×80				2×80	80					120	680
30	80				2×80	80					80	400
31			80		2×40	80				40		280

资料来源:案例高校LY,申报晋升高级职称晋升聘任人员的申请表,2019年。

二、实践效果分析

(一)同行专家评价

1.代表性业绩送审结果分析

案例高校修订版的程序中将首版的代表作送审改为代表性业绩送审,首版代表作送审主要是学术论文和专著,而改为代表性业绩送审之后所有的教学科研业绩都可以送审,送审的代表性业绩没有诸如达到A类业绩的具体质量要求,只要是受评议人排名第一的教学科研业绩都可以,由受评议人自主选择。代表性业绩送审是由校外专家对受评议人的评审,其结果能够比较客观、真实地反映受评议人的学科、专业水平,是职称晋升聘任程序中"淘汰率"比较高的一个环节,是学校通过同行专家评议保证职称具备一定"含金量"的一个重要环节。代表性业绩的拓宽无疑降低了学术论文在职称晋升聘任过程中的"分量",增加了其他教学、科研和服务社会业绩的"分量",更加匹配新建本科高校的技术服务为主型定位和多样化成果特征。

修订这个程序,扩大送审代表性业绩,在校内得到广泛的认可,最担心的是送审通过率低。文件正式实施后,2019年案例高校代表性业绩送审总共64人,其中41人与首次制定一样送审的业绩是学术论文或论著,19人送审的业绩是"学术论文或论著+其他",4人送审的业绩不是学术论文、论著。送审的64人中61人"通过",通过率为95.3%,其中,19人送审的业绩是"学术论文或论著+其他"通过17人,4个送审的业绩不是学术论文、论著都"通过",未通过3人的送审业绩分别为"学术论文+教改项目""学术论文""学术论文+科研项目"(详见表5-11)。从2019年的送审结果看,对于案例高校采用代表性业绩的做法,绝大部分专家还是肯定这样的做法。

首次送审,代表性业绩增加了教改项目、科研项目、横向项目、发明专利、咨询报告和文学著作6种,拓展了送审业绩分的范围,拓展的内容除了教学、科研项目各1种,后面4种都是应用型成果,其中横向项目、发明专利、咨询报告也是技术服务高校常见的服务社会的业绩。从综合送审代表性业绩的拓展和实践结果来看,修订版达到了匹配学校定位和教师需求的根本目标。2020年,64位教师的代表性业绩全部通过专家的评审,通过率为100%,64人中用非全论著代表性业绩送审的有19人(有"论著+项目""论著+专利""论著+个人竞赛"和项目等形式),占比29.68%。相比2019年送审的情况,2020年非全论著形式业绩送审的做法获得专家更高的认可度。其中,2位教师用福建省青年教师教学技能竞赛获得一等奖的相关材料作为代表性业绩,得到所有评审专家的高度认可。

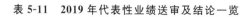

表 5-11　2019 年代表性业绩送审及结论一览

序号	结论一	结论二	结论三	最终结论	学术论文	论著	教改项目	横向项目	科研项目	发明专利	咨询报告	文学著作
1	已达到	已达到	已达到	通过	1	1						
2	已达到	已达到	基本达到	通过	1	1						
3	尚未达到	尚未达到	尚未达到	未通过	1		1					
4	已达到	基本达到	尚未达到	通过	1			1				
5	已达到	已达到	基本达到	通过			2					
6	已达到	已达到	尚未达到	通过	1				1			
7	已达到	已达到	基本达到	通过		1			1			
8	已达到	已达到	基本达到	通过	2							
9	已达到	基本达到	尚未达到	通过							2	
10	已达到	基本达到	尚未达到	通过		1					1	
11	已达到	已达到	基本达到	通过	2							
12	已达到	已达到	基本达到	通过	2							
13	已达到	已达到	基本达到	通过	2							
14	已达到	已达到	基本达到	通过	2							
15	已达到	已达到	尚未达到	通过	2							
16	已达到	已达到	已达到	通过	1				1			
17	已达到	已达到	已达到	通过	2							
18	已达到	已达到	已达到	通过	1							1
19	已达到	已达到	基本达到	通过	1				1			
20	已达到	已达到	尚未达到	通过	1				1			
21	已达到	尚未达到	尚未达到	未通过	2							
22	已达到	已达到	已达到	通过	2							
23	已达到	已达到	已达到	通过	2							
24	已达到	已达到	基本达到	通过	2							
25	已达到	已达到	基本达到	通过	2							
26	基本达到	基本达到	基本达到	通过	2							
27	已达到	基本达到	尚未达到	通过	1				1			
28	已达到	基本达到	基本达到	通过	1				1			
29	已达到	已达到	尚未达到	通过	1				1			
30	已达到	基本达到	尚未达到	通过					2			
31	基本达到	基本达到	尚未达到	通过							2	
32	已达到	已达到	尚未达到	通过	1				1			

序号	结论一	结论二	结论三	最终结论	学术论文	论著	教改项目	横向项目	科研项目	发明专利	咨询报告	文学著作
33	基本达到	基本达到	尚未达到	通过	2							
34	已达到	已达到	基本达到	通过	3							
35	已达到	已达到	基本达到	通过	2							
36	已达到	已达到	基本达到	通过	2							
37	已达到	已达到	已达到	通过	2							
38	已达到	已达到	基本达到	通过	2							
39	已达到	已达到	已达到	通过	2							
40	已达到	已达到	已达到	通过	2							
41	已达到	尚未达到	尚未达到	未通过	1				1			
42	已达到	已达到	基本达到	通过	1				1			
43	已达到	已达到	基本达到	通过	2							
44	已达到	已达到	已达到	通过	2							
45	已达到	已达到	尚未达到	通过	1					1		
46	已达到	已达到	已达到	通过	2							
47	已达到	已达到	已达到	通过	2							
48	已达到	已达到	已达到	通过	2							
49	已达到	已达到	已达到	通过	2							
50	已达到	已达到	基本达到	通过	1				1			
51	基本达到	基本达到	尚未达到	通过	2							
52	已达到	已达到	已达到	通过	2							
53	已达到	已达到	基本达到	通过	2							
54	基本达到	基本达到	基本达到	通过	2							
55	已达到	已达到	基本达到	通过	2							
56	已达到	已达到	已达到	通过	2							
57	已达到	基本达到	基本达到	通过	1				1			
58	已达到	已达到	已达到	通过	2							
59	基本达到	基本达到	尚未达到	通过	1				1			
60	已达到	已达到	基本达到	通过	2							
61	已达到	已达到	基本达到	通过	2							
62	已达到	已达到	已达到	通过	2							
63	已达到	已达到	基本达到	通过	2							
64	已达到	基本达到	基本达到	通过	2							

资料来源:案例高校LY,申报晋升高级职称晋升聘任人员送审代表作评审结果,2019年。

2.学科组专家评价

2019 年案例高校人事处在学校聘任委员会的汇报材料中有"高级职称学科组及评审委员会对我校职称制度改革充分打通各类业绩的评价方式也充分认可"的表述,2020 年的汇报材料也有类似的表述,由此可见,高级职称学科评议组和评审委员会的专家对拓展的职称晋升聘任条件还是比较认可的。

在非正式访谈案例高校参加高级职称学科评议组和评审委员会的工作人员,问他们专家除对制度改革的认可外,还有有没有其他的意见反馈。工作人员反馈,专家的其他意见很少,整理两年实践时专家的意见主要有两条:一是学科评议在评审过程中有个别专家对发明专利条件有看法,他认为:专利要转化才能体现价值,也就是说条件应该是"专利＋转化",而不仅仅是专利。这个观点从新建本科高校的技术服务为主型的定位角度,对于成果转化这种创新服务的要求相对比较低,诸如发明专利等应用型成果应是新建本科高校从技术服务为主型逐渐提升为创新服务为主型的积累过程,从新建本科高校的办学定位来看仅仅专利是可以作为职称晋升聘任条件的,当然"专利＋转化"无疑也可以,但不是新建本科高校的主要成果内容,不能因为它而放弃专利作为职称晋升聘任条件。二是也有部分学科评议组专家认为,针对案例高校已经降低了他们的评审标准,认为他们学校晋升的副教授的标准都要比案例高校晋升教授的标准高,应该承认确实存在这种情况。聘请的专家大部分是具有博士学位授予权单位的高校,按照本书的分类这些专家基本上来自引领服务型、创新服务为主型和学术型高校,这些专家提出标准偏低的看法,笔者认为应该从两个方面去看待:一是从现阶段的角度,专家存在学术偏向的"惯性",还是要坚守匹配新建本科高校技术服务为主型定位的思路;二是从长远发展的角度,应该保持对教师的科研创新要求,提高学术水平。

(二)案例高校部分办学指标变化情况分析

从表 5-12 看,省级以上学生学科专业竞赛获奖数量略有下降;案例高校横向项目及经费、授权专利和咨询报告在职称晋升聘任文件修订之后增幅较大;省级以上项目有一定的增幅,学术论文数量逐渐减少,著作数量基本维持在一个水平。省级以上学生学科专业竞赛获奖数量略有下降,主要是案例高校 2019 年规范了省级以上学生学科专业竞赛的认定办法,缩小了可以认定的范围,由于新的文件以高质量的学生学科专业竞赛作为教学科研业绩给予较高的赋分,学生学科专业竞赛在质量上有较大的突破,在第十六届"挑战杯"全国竞赛中获一等奖 1 项、二等奖 2 项。横向项目及经费、授权专利和咨询报告等服务社会的产出增幅明显,纵向项目、学术论文和著作等传统的学术产出维持在一个水平,甚至部分指标开始下降。综合这些指标,可以认为案例高校职称晋升聘任条件的应用型导向明显,基本上能够匹配新建本科高校技术服务为主型的定位。当然,这些指标的变化并非仅职称晋升聘任制度一个制度导向的结果,应该是案例高校整个治理体系"合力"的结果,但是,职称晋升聘任制度毫无疑问是"合力"中的"主力"。案例高校教学成果奖、省级重大科技项目、科研成果奖等高质量的教学科研成果没有太大的变化,总数还是偏少,职称晋升聘任制度在这些方面的导向不够明显。

表 5-12　案例高校部分办学指标变化情况

年　　份	2017	2018	2019	2020
省级以上学生学科专业竞赛获奖	380	382	326	341
横向项目	78	83	146	160

续表

年　份	2017	2018	2019	2020
横向项目经费/万元	1 386	2 254	3 016	3 530
授权专利	52	77	103	137
咨询报告	2	36	42	42
省级及以上项目	34	40	51	57
学术论文	597	565	557	404
著作	26	22	30	26

资料来源:案例高校 LY,2017 年至 2020 年部分办学指标。

三、案例高校改革后出现的问题

　　职称晋升聘任校院两级管理的核心在二级学院的考核推荐,案例高校 2019 年职称晋升聘任工作下发了高级职称晋升聘任考核推荐工作的通知,要求各学院根据核定的高级岗位数,充分考虑预留发展、动态调控的原则,结合本单位学科专业发展需要,在本单位(系列)剩余职数范围内合理规划 2019—2020 分年度晋升高级岗位职数,根据年度高级岗位职数使用方案、制定的考核推荐细则,结合本单位学科(专业)建设规划、学科(专业)师资结构情况,做好符合申报条件人员的考核推荐工作(含排名),并在年度职数范围内推荐。二级学院在通知要求下制定了考核推荐细则,从表 5-13 各学院的推荐细则可以看出,JG 和 WJ 两个学院推荐细则差不多,教学科研业绩的总分优先,然后考虑业绩的质量,从这些优先条件来看,两个学院没有体现学科专业建设规划,对师资队伍结构的内容,虽然 WJ 第三考虑科技成果转化,具有创新服务为主型的应用型本科的成果特征,但并不是新建本科高校的成果特征;ZY 首先考虑的是专家的评价,考虑个体水平,其次是高水平的成果,再次是学术水平,一定程度上考虑到学院的学科专业建设;WY 首先是对部分职务(非二级学院领导职务)进行加分,以加分的形式考虑学院的学科专业建设,然后按分数排名,一定程度上考虑到学院的学科专业建设;SX 首先考虑担任一定的职务,这些职务虽然一定程度上考虑学科专业建设的内容,但是从条件来看让人有"官本位"的感觉;SK 在考虑学科专业建设上比较充分,但只是在学科专业建设工作方面给予认可,为学校缺失这方面的聘任条件做了很好的补充,但是没有体现学科专业的标志性成果;HC 在考虑学科专业建设上也是比较充分,但是形式侧重点刚好与 SK 相反,主要考虑学科专业的标志性成果,而没有考虑学科专业建设工作方面。

　　从以上二级学院的推荐细则可以看出,部分二级学院对学科专业的建设规划、发展目标不是非常明确,或者说根本没有按照规划执行,基本上也不能体现应用型学科专业建设的成效。二级学院的决策层对新建本科高校的办学定位理解不到位,没有将学校定位反映到日常办学中。这一结果也可以说明,推进校院两级管理还是没有达到预期的目标,责权利下放给二级学院,部分二级学院认为是学校"甩包袱",给二级学院"添麻烦",二级学院"乐不乐意接""能否接得住"也是问题,"人们不知道简政放权后学校用何种方式管理学院,校部机关与二级学院如何建立新型关系,二级学院如何进行自主管理,学校把权力下放到二级学院后又应通过什么样的制度安排对学院实施监督和问责"[①]。由此可见,推进校院两级管理对二级学院班子的培训是

---

① 周光礼,郭卉.大学治理实证研究 2015—2019:特征、趋势与展望[J].华东师范大学学报(教育科学版),2020(9):200-227.

重要的环节。学科专业发展较好的两个二级学院在学科专业建设上考虑得比较充分,教师在参与学科专业建设方面的氛围比较浓厚。

表 5-13　部分二级学院推荐细则

学　院	推荐主要细则
JG	1.根据 A/B 类标志性成果累计得分高低排序;2.分数相同的,标志性成果单项分值高的优先;3.标志性成果各单项分值都一样的,根据学校绩效管理发展性指标项目的得分高低排序
WJ	1.正高以 A 类业绩总分高者优先,副高以 A/B 类业绩总分高者优先;2.A 类单项业绩高者;3.科技成果转化≥20 万元
ZY	1.代表作外审专家意见;2.省级科技成果奖和教学成果奖;3.SCI 学术论文影响因子≥10
WY	首先,对任现职以来担任一定时长的专业主任、院党委组织委员、支部书记等职务并考核合格者的教学科研业绩加分。然后,1.按教学科研业绩分值高低排序;2.学术论文级别高者优先;3.个人参赛获奖级别高者优先
SX	1.担任院领导、院长助理、系部正副主任、教工支部书记、工会正副主席、省级及以上平台负责人等职者;2.符合晋升聘任申报资格条件,申报人员总分高者;3.按要求每年完成毕业生就业签约率高者
SK	首先,申请正高级职务的前置条件:须担任过一定时长且考核合格的各级平台的正副负责人、系室正副负责人、专业群正副负责人等职务。其次,对担任以上职务的给予一定的加分;根据代表性业绩专家评审意见进行评分;这两项分值加上教学科研业绩得分为总得分,然后按总得分排名推荐
HC	2020 年之后,省级科技成果奖和教学成果奖;单篇 SCI 学术论文影响因子≥10(第一作者,且学校为第一单位);按科研成果的转化收入≥10 万元

资料来源:案例高校 LY 部分二级学院,职称晋升聘任推荐细则,2019 年。

案例高校改革后除了出现校院二级管理问题职务,还出现了以下问题:一是博士流失的数量增加,笔者认为这个现象既有人才市场竞争的影响,也有职称晋升聘任制度的影响,更多的是案例高校在人才市场竞争中不具备优势,人往高处走水往低处流这是人才市场的规律,取消了竞争性岗位,部分学院的老师因此没有职数而不能晋升职称,既成了"出走"博士的"借口",也成为这部分教师要求修订文件争取晋升机会的理由。二是高质量产出较少,看不到增长的趋势,分析这个问题的主要原因是教学、科研团队建设水平不高,不能形成合力,职称晋升聘任条件有利于团队发展的内容不多,导向不够有力,职称晋升聘任条件没有将个人评价与团队评价很好结合。

综上所述,案例高校职称晋升聘任制度基本上符合当前高校教育评价的主流思想,能够匹配新建本科高校技术服务为主型的定位,但是,在科研创新能力、计算机应用能力等能力资历条件要求缺失的情况下可能造成学校发展后劲不足、不能适应外部技术变革等环境变化的风险。教学科研业绩条件没有将个人评价与团队评价很好结合,难以产出高质量的办学成果,推动学校高质量发展动力不足,实现办成高水平的应用型大学的目标难度较大。

第六章 新建本科高校教师职称晋升聘任条件体系的探讨

职称晋升聘任制度作为高校教师的评价制度，要适应高校分类发展的需求，构建的职称晋升聘任条件的内容和结构的评价体系要能匹配教师需求和办学定位，必须为教师设计多个渠道以实现与办学定位和教师岗位要求相匹配，发挥其指挥棒作用，推动新建本科高校高质量发展。

第一节 新建本科高校职称晋升聘任条件内容的理论探讨

职称晋升聘任是对专业技术人员达到一定学术、专业水平的综合评价，职称晋升聘任作为一个选人的制度必须有完善的聘任程序。职称晋升聘任条件的内容的多样化既可以与办学定位目标和教师岗位要求相匹配，也可以使之具有可操作性。

一、聘任程序要求可操作性与条件制定科学性的关系

职称晋升聘任条件与程序相匹配能够保证职称晋升聘任顺利开展，降低学校治理成本，提高职称晋升聘任的指挥棒作用。从调研的职称自主聘任的高校来看，职称晋升聘任都要经过资格审查、代表性业绩送审、单位考核推荐、学科组评议、高级职称评审委员会、学校聘任委员会审定6个程序，每个程序评审专家都有不同的组成要求，赋予相应的职责。对于受评议人而言，职称晋升聘任至少要"过六关"，资格审查一般由职能部门和校内专家组成，主要评审受评议人的材料真实性和是否达到申请条件的基本要求；代表性业绩送审一般由校外专家组成，并且在保密的工作状态下进行，评审专家通过材料进行评价，主要对受评议人是否达到拟申请晋升职称的专业水平；单位考核推荐一般由所在单位的领导和专家组成，主要是对受评议人进行综合考核，是否达到晋升的基本要求，以及选择推荐进入下一个程序的受评议人；学科评议组和高级职称评审委员会一般由校外专家组成，并且在保密的工作状态下进行，主要对受评议人是否达到申请的高级职称进行评审；学校聘任委员会由学校和相关部门领导以及专家组成，主要是根据之前所有程序的评审意见，审定是否聘任受评议人或者选择聘任哪位受评议人。

（一）教师产出过程评价与操作层面结果评价要求的矛盾统一

职称晋升聘任是对受评议人过去较长一段时期内工作的综合评价，是对受评议人专业水

平的评价,是选择优秀人才优化师资队伍的竞争性评价。"要细化教学工作标准和评价标准,变教学质量软评价为硬评价,以人才培养和教学质量为根基,调整人事和劳动分配制度,调整奖励和激励制度,合理使用评价结果,建立质量持续提升机制"①,打造卓越的质量文化。从选择优秀人才的角度,对受评议人过去一段时期内的工作不仅有量的要求,而且还有质的要求;从优化师资队伍的角度,对受评议人不仅有学科专业方向的要求,而且还有业绩契合度的要求。量的要求相对较好解决,可以采用结果性评价;质的要求较难评价,高校教师的产出不像工厂生产的产品,通过仪器按照标准流程可以检测出产品的质量,有的产出需要通过过程性评价才能相对准确。

对于高校管理同样也有效率的要求,质与量的统一"强调消耗适当的教育资源生产出满足社会需求的高质量的人才、科研成果以及社会服务成果。只有将质与量视为高校效率共生的内涵,才能摒弃有量无质的效率观,实现高校有序、健康、可持续发展"②。从职称晋升聘任程序上看,每个程序的专家不同,每次评审不具备长时间观察的条件,基本上没有设置评审专家与受评议人之间沟通的条件,也就是说,职称评审过程中评审专家要在短时间内做出评价结论,评价的依据主要根据受评议人的材料,这种流程是因高校管理成本与效率、程序的保密性要求而必然产生的结果。职称晋升聘任过程的特点,决定了职称晋升聘任条件必须是能让评审专家在短时间内做出评价结论,适合采用结果性评价和具有可操作性的聘任条件。"结果评价的功利导向与教育测量的科学要求之间的矛盾。没有测量就没有科学,没有评价就没有管理,教育测量的科学性是教育质量现代化的内在要求"③,结果评价容易造成"五唯"的痼疾。"过程评价是对结果评价的补充和纠正,它摆脱结果评价的时间固化思维,以动态的实际追踪评价对象的发展全过程,是一种全周期、多角度、改进反馈性的评价思维。应该说,强化过程评价是破'五唯'的有效手段"④,过程评价有效地破"五唯"。职称晋升聘任评价是教育评价的一种,从科学的角度应该更多的是过程性评价,过程性评价也是教育评价综合改革政策的指导性意见之一,从实践操作的角度只有结果性评价才具有可操作性。从以上的论述来看,理论和实践二者存在不可调和的矛盾。

高等教育进入普及化,人们从对学历教育的需求转向高质量教育的需求,要求高校提供高质量的教育教学服务,教育教学质量是教师职称晋升聘任的重要条件之一。然而,教育教学质量的评价可以说只能采用过程性评价才可能有相对准确、可信度高的结果。当然,教育教学质量只是需要采用过程性评价的条件之一,而且是匹配新建本科高校办学目标必须具备的条件。职称晋升聘任的操作层面需要采用结果性评价与高校教师部分产出需要过程性评价的矛盾客观存在,但是无法回避,必须解决。职称晋升聘任条件只能采用相应评价内容的过程性评价结果,也就是将相应过程性评价的结果作为职称晋升聘任条件。因此,我们可以根据系统的理论,以职称晋升聘任制度作为人力资源管理的核心制度,根据职称晋升聘任制度需要用到的过程性评价结果和学校的办学定位目标,设计相应的过程性评价制度,形成以职称晋升聘任制度为核心的人力资源管理制度体系,这样能够很好地将结果性评价与过程性评价相结合,解决操作层面的结果性评价要求与教师产出需要过程性评价本质要求的矛盾,形成具有科学性和可操作性的职称晋升聘任制度。因此,职称晋升聘任条件不是孤立的一个指标体系,它需要众多

① 刘振天.完善高等教育评价体系 提升高等教育治理能力[J].大学教育科学,2020(1):37-42.
② 卢晓中.论高校效率与自主权[J].江苏高教,2015(1):6-10.
③④ 周光礼,袁晓萍.聚焦"四个评价"深化教育评价机制改革[J].中国考试,2020(8):1-5.

的相关制度与之配套,形成一个系统化的职称评价体系。对于高校而言,职称晋升聘任条件与组织发展目标匹配,职称晋升聘任条件是为了实现组织发展目标这一主线进行设计,与之相配套的制度也自然而然是围绕这一主线进行编制,形成一个围绕实现组织发展目标的教师评价体系,成为目标导向的高校治理体系的重要组成部分,从而推进高校治理体系和治理能力现代化。

(二) 条件的难标准化转化为可操作性的思路

职称晋升聘任的 4 类条件中,既有对教师的遵纪守法、职业道德的基本要求和能力素质要求,主要体现教师的"德、能、勤、廉",又有对教师的教育教学、科研和服务社会等业绩的要求,主要体现教师的"绩",可见职称晋升聘任是对教师的综合评价。职称晋升聘任条件是高校为聘任教师某个专业技术职务而设定的标准,对受评议人而言,是检验他们具备的能力素质以及在过去一段时期工作的表现和成效;是指导他们能力素质提升和工作努力的方向。职称晋升聘任条件既是对教师过去一段时期的评价,也是对教师未来发展的导向。职称晋升聘任涉及受评议人是否达到要求,甚至要在多位达到条件的受评议人中做选择,职称晋升聘任条件模糊、不够刚性会给职称晋升聘任工作带来很大的困扰,引发较多的争议。职称晋升聘任条件作为教师晋升职称评价的基本标准,必须具备很强的可操作性,应尽可能设定为可测量、好判断的条件。然而在职称晋升聘任条件中有很多条件难以直接测量、判断,需要将这些难以标准化的条件转化为具有可操作性的条件。与过程性评价的结果作为职称晋升聘任条件一样,同样需要相应的配套文件支撑,但是难标准化的问题在职称晋升聘任条件中更为普遍存在,类型多种多样。

对教师的遵纪守法、职业道德、师德师风等职称晋升聘任基本条件,至今没有一个能够给出一套评价等级且相对成熟和广受认可的标准,也就是说对于这些内容的评价目前的正面评价体系尚不成熟,多数单位采用设底线的方法,对踩底线的行为给予相应的处罚,以"负面清单"的模式设计这些职称晋升聘任基本条件。

能力素质条件也是无法直接测量的,更多地从能力反映出来某一个可测量的结果或者产出或者经历来进行间接测量。比如,选择的福建省 7 所新建本科高校中有些高校采用提高学历要求,可以反映教师具备的科研创新能力,在破"唯学历"的教育评价背景下,以高学历来反映教师具备的科研创新能力显然有违政策要求,可以采用教师历史上的产出模式来反映科研创新能力,作为新建本科高校的教师曾经(并非仅职称晋升聘任要求的任现职以来的教学科研业绩)发表过学术论文、主持过科研项目或者横向项目并达到一定水平的要求,可以替代学历来反映教师的科研创新能力。

二、组织目标与条件匹配的关系

(一) 达标条件和竞争条件的内容选择与组织目标匹配

职数在高校是有数量和比例结构限制的,高校发展到一定时期,高级职称职数变为稀缺资源的情形必定出现,在高级职称职数供不应求的情形下,必不可避免出现竞争的现象。职称晋升聘任条件包含了 4 类条件,形成一个高校教师职称晋升的评价指标体系,为了应对必定出现的竞争,需要能够判断受评议人的专业水平高低或者是否符合定位目标,评价指标体系中必定要设计具有可比性的竞争性条件,具有可比性、易于判断是竞争性条件必须具备的基本属性。在 4 类条件中,对照现行事业单位人员"德、能、勤、绩、廉" 5 个考核评价维度,基本条件和能力资历条件可以对应"德、能、勤、廉" 4 个维度,而教育教学工作和教学科研业绩可以对应"绩"的维度,前者较难做出高低好坏并且能体现差距的广大教师认可的评价办法,后者对高校而言已有较多教师认可的能做出高低好坏并且能体现差距的评价办法。根据教育评价综合改革用人单位应该"建立重实绩、重贡献的激励机制"的指导意见,前者最好采用达到要求即可的达标性条件,后者应采用竞争性条件为主。对于教育教学条件,可以采用先规定受评议人必须达到的最基本要求,作为达标性条件,将较突出的教育教学实绩纳入教学科研业绩,作为教学科研业绩的可选条件,而教学科研业绩则全部采用竞争性条件。

从高级职称职数的竞争范围来看,既有在全校范围内竞争的,也有在二级学院内相近学科人员竞争的。不管在什么范围内竞争,都需要有相应的竞争规则,这个规则也是决策层与教师之间博弈后的结果。竞争的规则可以有多种导向,以教学科研业绩排序推荐,可以较好地反映受评议人的学科专业水平,这种做法在制定规则时相对容易被接受,但是不利于导向学校或二级学院的办学定位目标和师资队伍结构;以学校或二级学院的办学定位目标排序推荐,这种做法在制定规则时比较不容易被接受,但是有利于导向学校或二级学院的办学定位目标,对优化师资队伍结构没有明显的导向作用;以补足师资队伍短板排序推荐,这种做法在制定规则时相对容易被接受,但是不利于导向学校或二级学院的办学定位目标。这3种的排序推荐规则各有利弊,通常以组合的形式出现,学校或二级学院处于不同时期,有着不同的迫切需求,在制定规则时应根据近期组织需求的迫切程度进行组合,形成匹配组织目标的竞争规则。

(二)定性与定量相结合模式与组织目标匹配

新建本科高校的产出可以用"量"和"质"进行描述,既存在数量的概念,也存在质量的概念,从评价的角度,数量远比质量容易比较和判断得多。评价一个高校的办学水平,首先是选取具有一定质量以上这类高校的主要产出作为评价指标,是一个定性评价的过程;其次才是根据指标的数量进行比较判断的定量评价。职称是对受评议人具备学科专业水平的综合评价,作为职称晋升聘任的评价指标,应具有能够评判学科专业水平高低的特点。定性是设计职称晋升聘任条件指标体系的核心,必须经过同行专家的定性评价这一"学术守门人"的"关卡"。

定量评价易于操作,较不容易引发争议,是决策者、管理者偏爱的一种评价方式。然而,作为教师的产出并非像工厂生产的产品,有可以统一检验的标准,具有复杂性和多样性,简单采用量化的方法会出现一些负面导向。"目前在高校盛行的量化科研评价方法,却蛮不讲理地抑制和妨害了同行评价,以致其功能弱化甚至失灵。量化科研评价在表面上看似很客观,实则是一种片面的形式化评价:只重成果不重内容,只重数量不重质量。"[1]粗暴的量化容易忽视不具有客观性而具有非可比性价值学科要素以及综合性价值要素,对工具主义的迷信使得职称晋升聘任的导向偏离应有的价值。在设计职称晋升聘任条件指标体系中,"定性方法和定量方法并不是一项单选题,二者可以兼顾……定性和定量研究方法在教育政策评估过程中均具有不可替代的作用,二者不可偏废,在后实证主义方法论中逐步趋于融合"[2]。根据职称晋升聘任条件具有达到一定学科专业水平标准的特点,结合决策者、管理者偏爱选择哪些条件采用定性指标,哪些条件采用定量指标,职称晋升聘任应是定性和定量指标相结合的指标体系。

从评价流程的角度,首先是与受评议人专业相关的成果,其次是具有一定的质量要求,最后才是达到质量要求的数量多少,是先有质的基础,后有量的概念。在制定职称晋升聘任条件

① 周川.怎样的科研才能有益于教学[J].江苏高教,2017(3):1-4.
② 黄明东、陈越、姚宇华.教育政策效果评估指标体系构建研究:基于后实证主义方法论的视角[J].教育发展研究,2016(1):1-6.

指标体系的过程亦是如此,先确定指标的标准,再有数量要求。从 4 类条件中二次分类后条件的要求角度,根据福建省 7 所新建本科高校和案例高校的实际,基本条件、能力资历条件和教育教学条件是达标性条件可选择性少,教学科研业绩条件是竞争性条件可选择性多,意味着用穷举的形式表达达标性条件不会让人觉得文件冗长,竞争性条件则反之。从高校二元权力结构来看,制定基本条件和能力资历条件的标准应以行政权力为主导,教育教学条件和教学科研业绩条件的标准应以学术权力为主导,特别是教学科研业绩条件应在学校确定的可参照基准的基础上完全由学术权力确定条件的标准。

综合以上分析,职称晋升聘任条件指标体系不宜采用定量的方式,应采用定性和定量指标相结合的指标体系。基本条件、能力资历条件和教育教学条件采用定性的指标更为合适,教学科研业绩条件可以采用定量的指标。新建本科高校教学科研业绩的学术水平和贡献度的判定,更多的是判断一种比较的高低,判断的结果更多的是等级的概念,如果采用定量的形式,还是更多地从等级的角度去考虑问题,不应追求"精准",而应重在考虑定量形式在编制制度文本和操作上的优势。

(三) 个人业绩和个人在团队的贡献与组织目标匹配

在职称晋升聘任条件中,个人业绩与团队业绩问题主要表现在教学科研业绩条件上,解决这个问题的核心是确定个体在团队的贡献度。从福建省 7 所新建本科高校和案例高校的实践来看,不论是定性还是定量的模式更多的是采用教师在产出中的排名来确定贡献度,体现的是团队之外的人规定个体在团队的贡献度的模式,而非根据教师的实际贡献来确定,这种做法在高校教师的评价中比较常见,容易出现排在前面的"用不着"、排在后面的"用不上"的情况;其实还有一种模式可以解决个体在团队的贡献度问题,那就是学校的规则范围内由团队负责人分配团队人员的贡献度,这种做法在以定性模式编制的职称晋升聘任条件中难以实现,在定量的模式中容易实现,这种方式能够解决前者出现的各种弊端,但是也容易"被认为"教师贡献度"不真实",在文件编制过程中容易被诟病。

除教学科研业绩条件外,教师的学科专业水平也是个体在团队的贡献度的一个体现,这里所说的团队更为宏观,通常是学科和专业的概念。学科专业水平的要求在福建省 7 所新建本科高校和案例高校首次制定的职称晋升聘任条件中大部分有相应的要求,但是在修订的职称晋升聘任条件中基本上都被删除。没有相应的学科专业水平要求会带来定性评价没有一个标尺、学科专业建设被弱化等负面影响。专业水平、学科建设是由于条件过于柔性、在职称评审操作过程中出现难以评判、可操作性不强而被删除的,体现了过度功利主义倾向,是简单化地、绝对化地选择的结果,而并非从教师必须具备的学科专业水平和有利于实现学校办学定位目标出发。因此,学科专业水平理应是教师能力资历的基本要求之一。

三、新建本科高校职称晋升聘任条件指标的考察内容及其观测点

根据新建本科高校教师岗位职业基本要求、能力素质经验要求和工作业绩要求特征,结合对福建省 7 所新建本科高校制度文本的分析,职称晋升聘任分为基本条件、能力资历条件、教育教学条件和教学科研业绩条件 4 类条件。

(一) 基本条件的考察内容及其观测点

职称晋升聘任基本条件主要源于作为高等学校教师职业的基本要求,这些底线要求是聘任或者解聘、晋升、奖励或者处分依据的重要组成部分。职称晋升聘任条件必须体现高等学校

教师职业的这些底线要求,作为职称晋升聘任基本条件。由于遵纪守法、遵守规章制度、具有良好的职业道德等要求的"度"较难衡量,现有高校基本上采用越过底线必须惩罚的方法,在职称晋升聘任基本条件一般采用"负面清单"的模式,将是否有违纪、违法情形被处理;是否有违职业道德情形被处理;年度考核是否合格等情形,作为一段时间内不得申报或者延迟申报的依据,也就是相当于"一票否决"的"门槛"条件,不论教师的工作业绩如何,只要属于"一票否决"的就不能申报,以此守住教师职业底线要求。职称晋升聘任基本条件是必备的条件,是一种达标性条件要求而非竞争性条件要求。

综上所述,基本条件可以归纳为遵纪守法、职业道德、履职情况和职务责任4个方面,4个方面的评价可以从相应主要观测点开展(详见表6-1)。

表6-1 职称晋升聘任基本条件主要观测点一览

条件内容	主要观测点
遵纪守法	根据出现违纪违法受到处罚的情况,提出不得申报或者限制申报的要求
职业道德	根据出现的违反师德师风或学术道德情况,提出不得申报或者限制申报的要求
履职情况	根据年度考核的结果,出现"基本合格""不合格"的,提出不计算任职年限,甚至延长任职年限或限制申报的要求
职务责任	根据履职过程中出现的工作事故,提出不得申报或者限制申报的要求

(二) 能力资历条件的考察内容及其观测点

人才培养目标、规格的要求是教师知识、能力、资历等条件的依据,为了方便研究的开展,本书将这些条件归为"能力资历"条件。

1. 资历

资历包含了资格和经历,经历又包含了积累的经验、学历和任职年限,可以反映高校教师从业所具备的能力和经验。

(1)资格。对于高校教师而言,所具有的资格通常有两种,一种是高校教师职业资格;另一种是除了高校教师资格,可以从事专业相关的其他行业的职业资格,本书称之为专业资格。当然,还有职务资格,从目前高校职称晋升聘任制度改革来看,现在的职称晋升聘任模式是评聘合一,不需要像评聘分开模式那样先取得职务资格再聘任,因此不再专门讨论职务资格。

(2)经验。经验是在实践中产生的,在评价一个人的经验是否丰富,通常是对其工作的情况做出定性的判断,难以直接衡量是否达到某个标准。因此,对于一个人经验评价通常有两种方式,一种是直接评价的方式,通过考察被评价人的工作进行评价,比如说面试、答辩等;另一种是间接评价的方式,通过其经历的描述材料做出判断。职称晋升聘任基本上是采用材料评审的方式,对经验的要求只能是采用教师的职业、专业相关经历作为条件。

(3)学历。具有本科学历、获得学士学位是高校教师学历的最基本要求,讲师以上职称虽然没有明确提高学历的要求,但是要求"确认已掌握硕士研究生主要课程内容",也就是说高校的主讲教师最好是研究生学历硕士学位。新建本科高校对学历的要求应该可以比学术型、研究型高校低一些。当前,新建本科高校博士学位总体比例不高,主要原因一是新建本科高校的本科办学历史较短,二是在我国博士的市场供给不足,新建本科高校竞争力不强较难引进博士。因此,新建本科高校高级职称对学历的要求想要跟学术型、研究型高校看齐,想要跟发达国家高校接轨,还是存在现实上的差距,对教师晋升高级职称要求具有博士学位不符合新建本科高校现状,可以根据学校的实际情况降低要求。从现有高校教师的学历结构来看,新建本科高校大部分教师具有研究生学历硕士学位,可以作为职称晋升聘任的学历要求。

（4）任职年限。《高等学校教师职务试行条例》对教师晋升高一级职称都有任现职的年限要求,而且年度考核必须合格及以上等次才能计算年限,也就是说通过任职年限可以考察教师晋升职称在教育教学等方面必要的有效的经验积累,达到高一级职称岗位的相应要求。

2.能力

根据新建本科高校人才培养的需要,高校教师需要具备一定的专业知识和多种能力,由于这些难以直接判断,通常采用间接指标加以证明。

（1）实践能力。《高等学校教师职务试行条例》对教师晋升高级职称要求"对本门学科具有系统而坚实的理论基础和比较丰富的实践经验,能及时掌握本门学科发展前沿的状况"[①]。从新建本科高校的学科现状去理解,这里的实践经验应是与本专业相关的行业实践经验。因此,校外实践经历可以作为新建本科高校教师是否具备实践能力的观测点之一,是职称晋升聘任的必备条件,应根据教师所承担的任务不同进行分类,不同类型的教师要求应有所不同,但是专业课程教师必须要有较高的要求。

（2）专业水平。《高等学校教师职务试行条例》的副教授职责规定"掌握本学科范围内的学术发展动态,参加学术活动并提出学术报告,参加科学研究、技术开发、社会服务及其他科学技术工作,根据需要,担任科学研究课题负责人,负责或参加审阅学术论文"[②]。从上述职责和任职条件来看难以直接判断,通常可以从是否具备某个级别学术头衔,是否为学科负责人和专业负责人等反映,这种方式适用于对少数人的判断。参加一定级别的学术活动并提出学术报告,虽然可以适用于全体教师,但是偏向反映其学术水平,却不能全面反映新建本科高校教师的专业水平,当前没有一个能够比较全面地具备反映专业水平等级的评价方式。也正因为专业水平评价难以采用统一的方式、标准,而且教师专业水平是职称晋升评价的核心内容,在现实中,许多高校删除了对教师专业水平的要求。虽然专业水平评价难以采用统一的方式、标准,但是可以作为学科专家进行定性评价的标尺,降低来自不同类型层次的专家由于没有统一的标尺而出现较大的评审结果偏差。

（3）计算机应用能力。从职称晋升聘任制度的环境来看,当下正处于技术变革时期,计算机、互联网、大数据是技术变革的要素,对教师的计算机应用已经不是之前的计算机等级考试的内容,而是变为互联网、大数据等新一代信息技术的应用,不是不要求教师具备相应计算机应用能力,而是要求的内容发生变化。在没有统一标准的现实情况下,高校应该为教师开展这些方面的培训或者参加其他机构组织的相关的专题培训,并对教师进行相应的评价,才能使得教师计算机应用能力跟上技术变革的时代步伐。

（4）外语能力。当前已经取消全国统一的职称外语等级考试,外语能力要求方面正处于各校自定标准的时期,没有相应的标准,外语能力要求不够刚性,导致部分高校对教师外语能力要求弱化,这对新建本科高校逐步走向国际化会有一定的负面影响。对外语能力还应该继续提出相应的要求,最好由所在专业的组织或专业的同行进行考核。

综上所述,有关能力资历条件,所有高校都有相应的要求,不同类型的高校要求的能力素质内容有差异;能力资历条件基本上是以高等学校的定位提出的要求,同类型高校要求的内容基本相同，但是同一内容的具体要求存在差异；也有部分条件与教师的学科、类型等相关，同一所高校存在不同学科、类型教师能力资历条件有着不同要求的情况。计算机应用能力和外语能力属于"破而后立"的内容，在没有办法统一标准的情况下，可以根据学校组织培训并考核的结果作为条件要求。

学术型、应用型本科和高职高专3类高校培养的人才有着本质的区别。新建本科高校培养的是专业性和技术性应用型人才，从事的是专业教育，主要面向专业性职业，要求具有特定专业的学科知识，能够进行自主及创造性工作，应掌握专业相关的理论和技术，具备综合运用知识解决生产实践问题的能力。对于教师的实践能力，学术型高校可以无此方面的要求，应用型和职业技术这两类高校必须有实践能力的要求；对于科研创新能力的要求，职业技术类高校可以无要求，但是必须有专业对应行业的职业技能要求，学术型和应用型高校必须有科研创新能力的要求，学术型高校应以发表学术论文（著）或者纵向项目为主，应用型高校专业教师应以横向项目为主，其他教师可以采用发表学术论文（著）和纵向项目作为要求。对于应用型高校下细分的引领发展型、创新服务为主型、技术服务为主型和教育服务为主型的4类高校，能力资历条件除了教育服务为主型对应职业技术类高校有较大差别，引领发展型、创新服务为主型和技术服务为主型的差别更多在科研创新能力的要求上，从技术服务为主型到引领发展型，科研创新能力要求越来越高，逐渐向学术型靠拢，以发表学术论文（著）或者纵向项目为主。

因此，部分能力资历条件体现同一类型高校的"共性"，也有部分条件体现不同高校的"个性"，甚至同一所高校要体现不同类型教师的"个性"。随着环境的变化，专业水平、身心健康方面没有必要单独提出相应的要求；外语能力、计算机应用能力理应继续单独提出要求，但是内容应该更加"精准"；应该增加具备相应的教育教学能力、科研创新能力的条件要求。新建本科高校对于教师能力资历条件的评价可以从相应主要观测点开展（详见表6-2）。

表6-2　职称晋升聘任能力资历条件主要观测点一览

能力资历类别	条件内容	主要观测点
资历	高校教师资格	具备高校教师资格证书
	学历	具有本科学历获得学士学位
	任职年限	具备一定的任现职有效年限
	继续教育	具备一定时长的提高教师的政治、业务水平，科研能力和教育教学水平的学习经历
能力	教育教学能力	通过一定时长教育教学能力的专门培训，并取得合格证书
	实践能力	具备一定时长的校外实践工作经历，或者具备专业相关行业的职业资格证书
	科研创新能力	发表过一定层次的学术论文，或者主持过一定级别的纵向项目，或者主持过横向项目并通过专家答辩
	专业水平	具备某个级别学术头衔，为学科负责人和专业负责人等，或者参加一定级别的学术活动、专业活动并提出报告
	计算机应用能力	参加学校认可的新一代信息技术相关培训并通过相应的考核
	外语能力	通过所在专业的组织或专业的同行考核，或者具备一定时长的留学经历

（三）教育教学条件的考察内容及其观测点

落实立德树人是新建本科高校的根本任务，培养合格的社会主义建设者和接班人是对新建本科高校的最基本要求,育人工作和教学工作都是这一根本任务的重要组成部分。

1. 育人工作

育人工作情况也是难以直接衡量的条件。"育人工作虽然在高校被提到很高的位置,所谓'全员育人',但是作为职称晋升聘任条件的较少,特别是作为必备条件和晋升教授的条件更少。"[①]当然,随着高校自主权的下放和高校在育人方面的重视,对于育人工作的考察将会出现类似班导师等多样化的条件;在高等教育内外部对育人工作的日益重视,也有可能构建相应科学的育人考核体系,可以利用育人考核的结果应用于育人工作的要求,这也是能够全面反映教师育人工作比较科学合理的方案。

2. 教学工作

《高等学校教师职务试行条例》的讲师职责规定"系统地担任一门或一门以上的课程的讲授工作,组织课堂讨论,指导实习、社会调查,指导毕业论文、毕业设计"[②],在晋升副教授的教学条件要求"教学成绩显著,能较好地对学生进行启发式教学,培养其分析问题或解决问题的能力"[③]。从职责的规定更注重教学工作的内容和数量,从晋升的条件规定更注重教学质量。教学工作既有量也有质的要求,教学工作的条件内容应该既有教学工作量,又有教学质量。

(1) 教学工作量。在我国各省统一评审时,各省区市的高校教师职称晋升聘任也有相应的教学工作量的要求,教学工作量的要求除了课程门数还有教学学时的最基本要求,改革后的情况与国外的高校相似,可以根据教师的特长调整教师的教学工作量的要求。教学工作量基本上是各高校个性化的条件,甚至是不同学科、不同课程类型教师,不同的教师类型或者在工作总量要求下个性选择的教师的条件的集合。从集合的条件角度,定位相同或相似的高校条件的内容重合程度较高,也就是条件的相似度高,但是相同条件内容的要求可能存在差异。

(2) 教学质量。"教育的本质是培养人,提高人才培养质量,必须引导教师热爱教学、倾心教学、研究教学,潜心教书育人。"[④]"教学质量、教学改革跟改革前相似,要求以定性为主,教学质量评价主要是高校内部评价。"[⑤]教学质量既可以评价高校教师工作是否达到基本要求,又可以体现教师教学工作水平,可以作为职称晋升聘任拉开教师距离的具有竞争性的条件。高校教师跟其他的人一样都是趋利的,"当这些指标有助于教师在职称、津贴体系中明显胜出时,那么,业绩评价的指挥棒就必定会有力地将教师的追求和精力引导到有助于他获得这些实利的方向上去"[⑥]。教学质量很难用外在的指标对其进行评价,教学质量的条件要求较"软",而科研业绩评价有相对成熟的质量标准,条件比较"硬",导致重科研轻教学的现象明显。当然,由于教学质量评价的复杂性和教师对评价标准的认可度问题,如果没有完善的为广大教师所接受的教学质量评价体系,以教学质量作为竞争性的条件,起不了正向激励的作用,反而可能产生负面影响。因此,采用教学质量作为竞争性的条件,需要有完善教学质量评价制度配套。教育部从2012年开始提出了高校提高教学质量的意见,各项有关教学质量评价探索了这么长的时间,理应有相应成熟的评价体系,其结果可以作为教学质量要求的条件。

(3) 教学其他工作要求。教学其他工作要求的内容基本上是参考《高等学校教师职务试

①⑤ 李泽彧、陈杰斌. 论学校教师专业技术职务聘任条件:基于地方本科院校制度文本分析[J]. 国家教育行政学院学报,2015(9):64-69.

②③ 中央职称改革工作领导小组. 高等学校教师职务试行条例(职改字〔1986〕第11号)[EB/OL]. (1986-03-03)[2023-06-18]. http://www.moe.gov.cn/s78/A04/s7051/201001/t20100129_180698.html.

④ 韩延明. 学术本位:教育评价与大学之"园"[J]. 山东教育(高教),2019(C1):71-72.

⑥ 周川. 教学质量只能靠教师内心来维护[J]. 大学教育科学,2012(4):48-50.

行条例》相应教师职责的要求。从内容上看基本上是教学常规的工作，反映教师是否按工作安排履职。

从教育教学工作的内容来看，除了教学质量评价条件带有一定的竞争性，其他的教学工作要求基本上是教师履职必须达到的教学常规要求。教育教学工作是高校教师的主责，从条件内容来看并不复杂（详见表6-3），但是从评价的角度来看又是非常复杂、难以确定的标准。

表 6-3　职称晋升聘任教育教学条件主要观测点一览

条件内容	主要观测点
育人工作	达到育人工作考核要求；或者担任班主任、辅导员等工作 1 年以上
教学工作量	达到学校、二级学院最低的教学工作量要求
教学质量	达到学校的教学质量要求

（四）教学科研业绩条件的考察内容及其观测点

上述 3 个要求以及对应的职称晋升聘任条件对于新建本科高校教师而言比较容易达到，缺乏竞争性。从职称晋升聘任的角度不仅需要达到一定条件的要求，而且还需要通过教师之间的竞争取得职称晋升的机会。高校教师职称晋升最能体现竞争力的就是在人才培养、科学研究和社会服务方面取得的业绩。为了方便研究，本书对应的职称晋升聘任条件称之为"教学科研业绩条件"。

1. 教学业绩

教学业绩从产出的主体可以分为教师的业绩和学生的业绩，教师的业绩是教师本人取得的业绩，比如教师教学技能竞赛获奖、教学成果奖等体现教师具备的教学水平的业绩；学生的业绩指的是在教师直接指导下学生取得的业绩，比如学生发表论文、学生竞赛获奖等除教学质量评价外体现教师教学效果、学生学习产出的业绩。

（1）教学水平业绩。教师具备的教学水平业绩产生，有的是通过材料评审，有的是通过比赛形式。无论采用哪种形式，相同的都是通过专家的评审，具备一定的权威性；都有一定的等级划分，具有可比性，具备作为竞争性条件的属性。

①教学成果奖。教学成果奖励是国家"为奖励取得教学成果的集体和个人，鼓励教育工作者从事教育教学研究，提高教学水平和教育质量"[①]设立的奖励项目，通常称之为教学成果奖。从教学成果奖设立的目的以及包含的内容可以看出，它是对集体或个人在教学水平和教育质量方面的综合评价，其结果体现教师个人或团队的教育教学水平。对新建本科高校而言，教学成果奖对增进学校的社会影响力有着很强的效果，是学校非常重视的成果。由于取得教学成果奖很多是团队共同努力的结果，在职称晋升聘任条件中除了获奖团队负责人，一些排名靠前的主要成员也能作为教学科研业绩。

②编写教材。教材狭义指的是教科书，是"教师和学生据以进行教学和学习活动的主要材料。既是教师用书也是学生用书的主体类别，通常按照课程标准的规定，分学科门类和年级顺序进行编辑，包括文字和视听等材料"[②]。编写教材既能体现教师学科专业水平，也能体现教师的经验积累，通常以教师编撰的字数和出版社来判断。从满足社会需求的角度，各校的专业

---

① 国务院. 教学成果奖励条例(国务院令[1994]第 151 号)[EB/OL]. (1994-03-14)[2023-06-18]. http://www.moe.gov.cn/jyb_sjzl/sjzl_zcfg/zcfg_jyxzfg/202204/t20220422_620499.html.

② 教育学名词审定委员会. 教育学名词:2013[M]. 北京:高等教育出版社,2013:29.

课程应该具有地方特色,更能体现地方性、应用型的办学定位,然而不是所有的自编教材都能够出版,对于具有地方特色、满足行业需求的教材应当给予充分认可,通过一定的校本认证或者评价体系判断其价值后,作为教师职称晋升聘任的条件,促进人才培养满足社会需求。

③教学质量工程项目。各省区市根据教育部的相关文件制定了本省的有关"本科教学工程"政策,尽管各省区市内容、名称上可能存在差别,但是基本上包含了优质或特色专业、精品课程、优秀教学团队、人才培养基地、人才培养模式创新实验区、实验教学示范中心、新教材、实践教学创新、人才培养改革创新实验区、特色专业、教学名师、教学团队等相关内容。教学质量工程项目包含的内容较多,不同时期有不同的名称或等次设置,这些内容在职称晋升聘任及相关配套文件无法直接套用时,通常需要由学校的专门机构给予认定。

④教研项目。教研项目指的是一定层次等级的有关教育教学领域的研究项目,来源于政府或本校财政计划中科研经费直接取得经费的立项项目,以及承接其他高校的子项目。教学研究项目对于教师改进教育教学、提高人才培养质量具有重要的意义,将教学研究项目置于与科学研究项目等同的地位,有利于改革职称晋升聘任重科研轻教学的现状。

⑤教学单项奖。教学单项奖主要指的是教师参加教学技能、专业竞赛等竞赛获得的奖项,在某些侧面上反映了教师的职业技能水平和专业水平。教学技能等教师职业技能的竞赛对各专业教师而言机会是均等的,但是专业竞赛并非所有专业都有举办类似的竞赛,通常是音乐、美术、体育等术科相对比较多一些。专业竞赛虽然可以在一定程度上反映教师的专业水平,但是不能代表教师的专业水平,专业竞赛获奖往往在某些方面高于教师从业的基本要求,是少部分教师能够取得的成绩。教师的职业技能竞赛获奖反映的水平往往在某些方面高于高校教师从业的基本要求,是教师少部分教师能够取得的成绩。教师的职业技能竞赛和专业竞赛获奖往往能够给学校带来荣誉,增大学校的社会影响力,因此教学单项奖具备职称晋升竞争性条件的属性。

(2)教学效果业绩。除各校的教学质量评价这个对教学效果的综合评价外,还有通过指导学生专业竞赛获奖、指导学生创新创业项目、指导学生发表论文等学生学习产出从某个方面对教师教学效果的评价,这些评价具备职称晋升竞争性条件的属性。

指导学生专业竞赛获奖。教师指导学生参加学科、技能等专业竞赛获得一定层次等级的奖励,一般要求教师作为第一导师。学生专业竞赛获奖情况在选择的福建省7所新建本科高校有专门的认定办法或认定机构。指导学生专业竞赛获奖一般由等级和数量的要求构成职称晋升条件。指导学生创新创业项目、指导学生发表论文与指导学生专业竞赛获奖有相类似的性质和要求。这些指导学生专业竞赛获奖的条件,体现了学生产出导向的理念,对新建本科高校提高人才培养质量具有重要的意义。

2.科学研究业绩

科学研究业绩通常分为成果类业绩、项目类业绩和其他业绩。

(1)成果类业绩。

①学术论文。论文指的是讨论或研究某种问题的文章。学术论文可以体现教师的科学研究能力、创新能力和学术水平。在高校职称晋升聘任上,学术论文通常指的是正式发表在学术刊物的论文,较少采用会议宣读或汇编的会议论文。在高校职称晋升聘任条件上,学术论文被广泛采用,主要因为学术论文是最传统的学术研究成果呈现形式,以学术论文认定学术水平有一套相对成熟的办法,具备职称晋升竞争性条件的属性。发表科学论文在《高等学校教师职务

试行条例》晋升副教授、教授的条件中有明确要求,在条例的指导下各省统一评审的文件基本上是对学术论文要求的细化,细化为类似在某一级刊物上发表一定数量的学术论文的要求,论文几乎成为高校职称晋升聘任的"门槛"条件。学术论文要求更适合对学术型大学教师的评价,在国家对高校分类发展、分类管理、分类评价的总体要求下,以学术论文为"门槛"评价应用型高校教师显然不太合适。

在前期研究中发现,含案例高校在内的福建省 8 所新建本科高校 2013 年首次制定的职称晋升聘任条件中,"论文在样本高校职称晋升聘任的条件要求中并没有弱化,总体还有所提高,论文作为评价教师必备条件的'门槛'"[①]。在当前要扭转"五唯"等不科学的教育评价导向,从根本上解决教育评价这一指挥棒问题的形势下,学术论文作为新建本科高校职称晋升聘任"门槛"条件的现象一定会被破除。

②专著。专著指的是就某方面加以研究论述的专门著作。专著与学术论文相似,都是在某一学术领域或者某种已知知识应用于某个特定目标的专题论著,主要区别在于专著的字数较多,超过一定字数的学术论文可以称为学术专著,具备职称晋升竞争性条件的属性。专著作为传统的职称晋升聘任条件,与论文具有相似的性质,通常以出版社和字数要求判断其学术水平。

③科技成果奖。从福建省统一评审时的文件定义,科技成果奖包括发明奖、自然科学奖、科技进步奖、星火奖、社会科学优秀成果奖等奖项,这些奖项都是通过专门的评审程序产生的,具备职称晋升竞争性条件的属性。对新建本科高校而言,科技成果奖对提高学校的社会影响力有着很强的支撑,是学校非常重视的成果。由于取得科技成果奖大多数是团队共同努力的结果,在职称晋升聘任条件中除了获奖团队负责人,其也能成为一些排名靠前的主要成员教学科研业绩。

④专利。专利指的是法律保障创造发明者在一定时期内由于创造发明而独自享有的利益,主要有发明专利、实用新型专利和外观设计 3 类专利,属于知识产权范畴。3 类专利中发明专利给某一学科或某一技术领域带来的变化更大,创新性更强,在高校教师评价中比较被认可。由于专利是经国家专利机关批准并颁发证书,因此具备职称晋升竞争性条件的属性。对于专利作为职称晋升聘任条件还是存在一定的分歧,在职称评审过程中,有的专家认为专利要转化后才能作为职称晋升聘任的条件。从新建本科高校的技术服务定位来看,发明专利应该可以作为职称晋升聘任的条件,但是对于以创新服务、引领发展定位的高校,没有转化的专利就不适合作为职称晋升聘任的条件,转化后的专利才合适。

⑤研究咨询报告。研究咨询报告更像为政府决策提供咨询的"咨政",通常以被某一级政府采纳作为评判的依据,非常契合新建本科高校的办学定位,是新建本科高校产出的主要成果之一。研究咨询报告水平相对易于判断,具备职称晋升竞争性条件的属性。

(2)项目类业绩。研究项目是呈现高校科学研究职能的一种形式。研究项目可以体现教师的科学研究能力、创新能力和解决问题的能力。研究项目是由不同单位出资委托的,具有等级或者经费的区别,具有等级的项目通常要通过专家评审,具备职称晋升竞争性条件的属性。从来源分类,研究项目可以分为纵向项目和横向项目。

①纵向项目。根据高校实际工作,纵向科学研究项目本书称之为科研项目,作为传统的职

---

① 李泽彧、陈杰斌. 论学校教师专业技术职务聘任条件:基于地方本科院校制度文本分析[J]. 国家教育行政学院学报,2015(9):64-69.

称晋升聘任条件,各校都有成熟的认定办法;纵向教学研究项目本书称之为教研项目。

②横向项目。横向项目主要来源于企事业单位委托和政府部门非科研专项财政预算的各类研究、服务项目。横向项目主要是开展技术开发、咨询和服务,为委托单位解决实际问题。横向项目既能体现教师具备专业相关的行业基础知识和掌握行业发展趋势,也能体现教师综合运用知识、解决实际问题和创新能力。横向项目研究的问题来自社会的需求,项目来源相对纵向项目更广,是项目的委托方和受托方直接根据双方协议展开合作。

由于横向项目来源较广,又是来自行业企业的真实任务,只要花少量的精力就可以将横向项目及其成果转化为真实任务、真实案例等教学内容,因此是让学生掌握专业相关的行业基础知识,了解行业发展趋势,培养学生综合运用知识能力、解决实际问题能力和创新能力的最重要的教材来源。由于横向项目是以双方协议的形式开展,没有规定需要经过一定的评审程序,从学术权威性的角度比较不被认可,通常采用经费多少的方式对横向项目进行评判。虽然横向项目更贴近新建本科高校的应用型办学定位,但是横向项目相对容易出现"造假",作为教师职称晋升聘任的条件存在较大的争议。从横向项目的属性来看,它是最契合新建本科高校办学定位的,因此不论横向项目存在怎样的缺陷都不能将之拒于职称晋升聘任条件之外。虽然横向项目相对容易出现造假,但还是可以防范,可以采用专家组答辩的方式进一步对横向项目的学术性、专业性进行评价,用增加专家评价的办法压缩横向项目造假的空间,消除"造假"现象的产生。

(3)其他业绩。科技成果转化是研发机构和高校将研发的科技成果转让给需求单位。从各单位向科技、财政行政主管部门报送科技成果转化年度报告的主要内容来看,科技成果转化涵盖面较广,既包括比如专利等成果转让给需求单位,又包含了接受企事业单位委托的横向项目,狭义上的科技成果转化指的是前者。科技成果转化体现的是价值取向,突出经济价值和社会贡献。科技成果转化虽然不是新建本科高校产出的主要成果,但是,从发展的角度来看,必须将其纳入职称晋升聘任条件体系当中,为新建本科高校提升服务地方能力和办学水平提供有力的支持。

以上基本上是新建本科高校职称晋升聘任较常见的教学科研业绩条件,当然还有制定行业标准、软件著作权等教学科研业绩条件没有一一列举。教学科研业绩条件基本上是各高校个性化的条件,甚至是不同学科、不同课程类型教师,不同的教师类型或者在工作总量要求下个性选择的教师的条件的集合。从集合的条件角度,定位相同或相似的高校条件的内容重合程度较高,也就是条件的相似度高,但是相同条件内容各校的要求可能存在差异。

职称晋升聘任条件是高校战略人力资源管理的内容,必须服务新建本科高校的目标,与新建本科高校特征相匹配。新建本科高校同样具有人才培养、科学研究和社会服务的职能,新建本科高校教师不仅需要具备高校教师的职业基本要求,还要具有能够完成新建本科高校教师职责的能力、经验和素质。新建本科高校教师职称晋升聘任条件中的基本条件主要是针对高校教师的职业要求,与其他类型高校教师相比具有较多的共性;能力资历条件是对教师应具备的能力、经验和素质等要求,就学校整体而言,在内容上新建本科高校中具有较多的共性,同时可以体现这一类型教师的特点,就教师个体而言,不同任务的教师能力资历要求存在差异;教育教学条件主要是根据人才培养职能的需要而定,既有大学人才培养的共性,又有同一类型高校培养人才特征的个性,还有在学校中不同任务教师要求的差异;教学科研业绩条件主要是根据新建本科高校职能的需要而定,有同一类型高校职能特征的个性,还有在学校中不同任务教师要求的差异。共性的条件可以通过简单借鉴其他高校的条件，高校类型个性和学校个性的条件，在借鉴时必须对高校的类型特征和学校的实际情况深入研究后转化为匹配学校定位和发展目标的条件。

在上述的新建本科高校职称晋升聘任条件中，职称晋升聘任的 4 类条件除了基本条件主要对应的是高校教师的职业要求，其他 3 类条件的内容基本上与高校的定位相关度高，可以说定位基本相同的高校职称晋升聘任条件的内容相似。实践能力等能力资历条件能够体现新建本科高校的特征，但是对于学校不同任务的教师应有不同的要求。教育教学条件基本上是各高校的通用条件内容，虽然对于学校不同任务的教师应有不同的要求，但是没能体现新建本科高校的特征，从满足新建本科高校培养人才目标规格的角度出发，培养的学生具有应用技术研究、解决技术应用领域问题能力，或者范围较广具有工作技能，能够胜任操作过程复杂且重复性较少的技术岗位；具有一定综合运用知识的能力；具备一定的专业相关行业基本知识，了解行业发展趋势，这些具有新建本科高校人才培养的特征应体现在教师职称晋升聘任条件中，至少是专业课教师必须有相应工作的要求，比如在带领学生共同参与横向项目的研究、将横向项目研究及其成果以及行业企业的实例转化为教学案例等教学内容，或者适应地方行业自编教材，列举的这些条件内容相对比较模糊，较难进行评判，可以通过一定程序组织评审，作为达到条件即可的要求，而不作为竞争性条件。学生的学习产出、横向项目和服务社会成果应是技术服务为主型高校教师教学科研条件的重要组成，这样才能真正体现新建本科高校的特征。

第二节　构建新建本科高校教师职称晋升聘任条件方案设计的建议

高校制度改革必须在外部环境要求，也就是政策要求的框架下实施，新建本科高校必须以中共中央、国务院印发《深化新时代教育评价改革总体方案》和省一级政府印发的相关政策为指导，以职称晋升聘任条件与学校办学定位目标匹配的理念为引领，根据应用型高校的分类定位和学校实际构建职称晋升聘任条件体系。

一、教师岗位多样性与职称晋升聘任多渠道匹配的聘任条件设计思路

要实现职称晋升聘任的多渠道，除了条件的内容必须是多样化，条件的结构也起着决定性的作用。职称晋升聘任条件的结构是除条件内容外，职称晋升聘任条件匹配办学定位的又一个关键因素。

（一）设计多渠道职称晋升聘任匹配多样性需求

推进高校分类评价，引导不同类型高校科学定位，办出特色和水平是《深化新时代教育评价改革总体方案》改进高校评价的思路。"学术晋升则依据具体标准来考察教师的表现。教学、服务和科研产出表现是通常所要求的三项标准；同时，对绩效数据的关注也就意味着教师们要想晋升就必须拿出更为详细具体的数据以证明自己的绩效表现。"[①]高校教师作为一种

---

① 菲利普·阿特巴赫，利斯·瑞丝伯格，玛利亚·优德科维奇，等.高校教师的薪酬：基于收入与合同的全球比较[M].徐卉，王琪，译校.上海：上海交通大学出版社，2014：71.

职业,其能力和产出具有较高的相似性。应用型高校与学术型高校相比较,应用型高校的产出多样化特征更为明显,但是学术性要求相对更低些,对社会贡献要求的偏向更多些。同属应用型高校,从技术服务为主型到创新服务为主型再到引领发展型,对学术性、创新性的要求越来越高,与学术型高校的相似度越来越高,虽然都具有产出多样化特征,但是对教师的能力资历和产出的要求存在一定的差别。从福建省7所新建本科高校的职称晋升聘任条件来看,同类型高校职称晋升聘任条件内容基本相同,但是对条件的限制性要求存在差异,导致职称晋升聘任条件的导向不同。因此,有必要进一步探讨职称晋升聘任条件体系的结构问题。

对于学术型、应用型、职业技术3类高校而言,教学科研业绩条件有着较大的差别,学术型高校除了少数有着重大贡献的教师可以不要求学术论文,大部分教师晋升必须有学术论文的要求。应用型高校不同类型有着不同的要求,引领发展型和创新服务为主型可以将学术论文作为部分教师必备的教学科研业绩条件之一,与其他教学科研业绩组合形成教学科研业绩条件;技术服务为主型高校根据教学科研业绩多样化的特征和教师多样需求的特点,可以不必有学术论文的要求,所有的教学科研业绩均可以作为必备条件,当然,不同的教师类型可以有不同的要求。职业技术高校(教育服务为主型),可以不必有学术论文的要求,大部分教师晋升应以教学类成果项目为必备的教学科研业绩条件。

对于新建本科高校的教学科研业绩条件基本上是各高校个性化的条件,甚至是不同学科、不同课程类型教师、不同的教师类型或者在工作总量要求下个性选择的教师的条件的集合,从集合的条件角度,定位相同或相似的高校条件的内容重合程度较高,也就是条件的相似度高,但是相同条件内容各校的要求可能存在差异。学生的学习产出、横向项目和服务社会成果应是技术服务为主型高校教师是教学科研条件的重要组成,这样才能真正体现新建本科高校的特征。学校职称晋升聘任条件是体现不同任务教师的集合,职称晋升聘任条件匹配新建本科高校办学定位还有条件结构的影响,出现"唯"的倾向主要是条件的限制性原因,也就是条件的结构问题。新建本科高校应根据教学科研业绩多样化的特征和教师多样需求的特点,设计多渠道的教师晋升条件要求。

(二)多渠道职称晋升聘任的设计思路

新建本科高校产出多样化和教师需求多样化,职称晋升聘任条件的标准多样化才能与之相匹配。根据不同学科、不同岗位特点坚持分类评价是《深化新时代教育评价改革总体方案》改进高校教师评价的思路。"高等院校的分类管理、分类指导、分类发展的理论应用到实践,难点是高等教育分类标准及评价体系的确立。"[1]从高校教师的分类角度以承担的人才培养任务可以分为通识课、学科基础课、专业基础课和专业课教师;根据教师所属的学科门类进行分类,通常会将一些能力要求和产出相近的学科合并在一起,比如社科类、理工农医类和艺术体育等术科类,一般都是学校根据自身学科布局的特点进行分类;还有根据教师的主要工作任务分类通常分为研究为主型、教学研究型、教学型、服务推广型等。以承担的人才培养任务分类的要求,主要在部分教师能力资历上有一定的差别,比如社会实践能力从专业课、专业基础课、学科基础课、通识课教师的要求应是越来越低;以教师的学科分类,在部分的教师能力资历和教学科研业绩都有差别,如在能力资历方面艺术体育等术科类在科研创新能力方面可以要求比较

---

① 晏开利.构建高校"二维"分类管理体系[N].社会科学报,2016-03-31(005).

低一些,但是专业技能方面可以提出相应的要求,中医学类的教师外语方面不一定做要求,但是在古文方面要有一定的要求,在教学科研业绩方面由于各个学科在成果方面有着较大的差异,可以将学科的特色转化为一般性的标准来解决学科不平衡的问题;以教师的主要工作任务分类,主要在教育教学工作和教学科研业绩方面的要求存在差别,通常来说教学型教师的教学工作量和质量要求更高,教学研究型、研究型依次递减,研究型的教学科研业绩要求更高,教学研究型、教学型依次递减。

如果根据这 3 种分类组合可以组成 48 个类别,从管理成本的角度,不可能制定 48 个职称晋升聘任指标体系。从福建省 7 所新建本科高校的实践来看,部分高校分成 6 类文件已经很冗长,并且存在不同类型之间标准的难度不一的现象。因此,如果要以分类的形式编制制度文件,那么以承担的人才培养任务分类和教师的学科分类可以在能力资历要求上直接分类,以教师的主要工作任务分类则可以在教育教学工作和教学科研业绩两类条件进行分类,但是需将不同学科的教学科研业绩归到一个标准体系之中,形成一个统一的标准。如果不以分类形式编制制度文件,可以像案例高校一样,以承担的人才培养任务分类和教师的学科分类可以在能力资历要求上直接分类,教育教学工作给出最低要求,但是必须完成二级学院分配的教育教学工作,教学科研业绩先由学校制定统一标准,再由各学部根据学科特点认定相关学科达到学校制定的哪一个标准。

教师职称晋升聘任条件基本条件一般不存在分类的情形,能力资历条件可以按承担的人才培养任务和教师的学科分类要求。教育教学工作和教学科研业绩,如果按照分类的模式可以体现新建本科高校产出多样性的特征,一定程度上满足教师的多样化需求,能够较精准地优化学校的师资队伍结构,在编制制度文件时平衡各类型的标准是难点,从文件执行层面来看,各类型的岗位设置是难点,比较适用于在学校高级职称职数充裕的情形和学校统一管理模式下;如果类似案例高校不分类的模式,可以体现新建本科高校产出多样性的特征,能够满足教师的多样化需求,在编制制度文件时相对简单,在文件执行中易于操作,但是在精准地优化学校的师资队伍结构方面的作用不明显,比较适用于在学校高级职称职数紧缺的情形和校院两级管理模式下。因此,教师分类评价是职称晋升聘任必须使用的方法,但是教师分类评价并非一定先将教师分类再根据类别特点制定条件体系,可以根据条件中不同类型教师的特点对某个或某类条件进行分类;通常我们所说的教学型等根据教师主要任务的分类,从部分福建省 7 所新建本科高校的实践来看,也只是对职称晋升聘任条件中的教育教学条件和教学科研业绩条件进行分类。

教学科研业绩分类包括层级类别和属性类别。层级类别一般是统一的标准要求,也可以根据教师分类制定不同的标准要求。根据教师分类分别制定的方式比较烦琐,还可能会因标准高低不同而产生制度不公平的感觉,这是采用教师分类制定不同的标准除体现教师分类特点外还需要特别注意的地方。属性类别可以根据教学科研业绩条件的形式分为成果类和项目类,也可以根据教师的任务分教育教学、科学研究、服务社会等类别。分为成果类和项目类,主要用于是否对这两类业绩同时要求,如果采用同时要求两类业绩则必须对产出按成果和项目进行分类,反之则不需要。如果采用教师分类评价,则需要将产出分为教育教学、科学研究、服务社会等类别,如果不采用教师分类评价则可以不分类。

因此,实现职称晋升聘任条件特别是教学科研业绩条件的多渠道设计可以有两种途径:一是构建条件的标准体系,将所有的条件纳入一个标准体系之中,规定教师晋升必须达到的标准,教师可以自由选择或者有条件地选择相应的条件内容组合;二是对教师进行分类,通过分类制定教师晋升必须达到的标准,教师可以自由选择晋升的教师类别。

二、构建新建本科高校职称晋升聘任条件框架样本

笔者根据前文研究的基础,按照基本条件、能力资历条件、教育教学条件和教学科研业绩条件4类条件分析的格式,构建新建本科高校职称晋升聘任条件样本供参考。

(一)基本条件

职称晋升聘任基本条件主要源于高等学校教师职业的基本要求,是对所有高等学校教师的基本要求,不存在教师类别的差异,不需要分别对不同类别教师做要求,在结构上是统一的标准。由于遵纪守法、遵守规章制度、具有良好的职业道德等要求的度较难衡量,在职称晋升聘任基本条件一般采用"负面清单"的模式,作为一段时间内不得申报或者延迟申报的依据,不论教师的工作业绩如何,只要属于"负面清单"的就不能申报,以此守住教师职业底线要求。新建本科高校职称晋升聘任基本条件框架样本详见表6-4。

表6-4　职称晋升聘任基本条件样本

二次分类条件	考察内容	举例或说明
遵纪守法	应拥护中国共产党的领导,热爱祖国,遵守法纪	根据出现违纪违法受到处罚的情况,提出不得申报或者限制申报的要求
职业道德	具有良好的高校教师职业道德和学术道德,能为人师表,教书育人	根据出现的违反师德师风或学术道德情况,提出不得申报或者限制申报的要求
履职情况	能全面地、熟练地履行职务职责,积极承担工作任务	根据年度考核的结果,出现"基本合格""不合格"的,提出不计算任职年限,甚至限制申报的要求
职务责任	在履职过程中尽到应有的责任	根据履职过程中出现的工作事故,提出不得申报或者限制申报的要求

(二)能力资历条件

有关能力资历条件,所有高校都有相应的要求,不同类型的高校要求的能力素质内容有差异;能力素质条件基本上是以高等学校的定位提出的要求,同类型高校要求的内容基本相同,但是同一内容的具体要求存在差异;实践能力、科研创新能力、外语能力等与教师的学科、类型等相关,因不同学科、类型教师能力资历条件有着不同要求的情况。因此,在结构上应根据能力资历条件的性质有针对性地进行设计,从而达到匹配办学定位的目标。新建本科高校职称晋升聘任能力资历条件框架样本详见表6-5。

表6-5　职称晋升聘任能力资历条件样本

二次分类条件	考察内容	举例或说明
高校教师资格	具备的职业资格	具备高校教师资格证书
学历	系统掌握本专业知识和能力	获得硕士学位或研究生班毕业证书,或大学本科毕业,取得本专业和相近专业硕士研究生6门主要课程考试合格成绩

续表

二次分类条件	考察内容	举例或说明
任职年限	在教育教学等方面必要的有效的经验积累	具备一定的任现职有效年限
继续教育	了解、掌握学科专业前沿和新技术,能够适应教育教学、学科发展和经济社会发展的需要	具备一定时长的提高教师的政治、业务水平,科研能力和教育教学水平的学校认可的学习经历
实践能力	新建本科高校培养的是具有应用技术研究、解决技术应用领域问题能力的专业性人才,必须要求专业教师具有相应的实践经验	具备一定时长的校外实践工作经历,或者具备专业相关行业的职业资格证书。应根据教师所承担的任务不同进行分类,不同类型的教师要求应有所不同,但是专业课教师必须有较高的要求
科研创新能力	具有一定的科研创新能力,能够开展科研和技术服务工作	主持过横向项目(专业课教师必备条件,如果仅有此项需要通过专家答辩),或者发表过一定层次的学术论文,或者主持过一定级别的纵向项目。艺术、体育等技能要求较高的术科可以降低以上要求,增加专业比赛获奖等技能要求。这些可以不限定在任现职内的内容
专业水平	掌握本学科的学术发展、行业发展动态,具有一定的专业水平。作为学科专家评审的标尺	具有一定专业水平的具体描述;并且具备某个级别学术头衔,或为学科负责人、专业负责人、行业专家等,或者参加一定级别的学术活动、专业活动、行业协会活动并提出报告
计算机应用能力	适应技术变革带来的环境变化	参加学校认可的新一代信息技术相关培训并通过相应的考核
外语能力	了解学科专业前沿,具备一定专业国际交流的能力	通过所在专业的组织或专业的同行考核,或者具备一定时长的留学经历(少数学科的语言要求不是外语而可能是文言文等)

(三)教育教学条件

教育教学工作是高校教师的主责,也体现为教师的业绩,它的要求与教学科研业绩模式的选择息息相关。教学科研业绩选择采用教师分类评价模式与否,要求不同的教育教学条件与之相对应。如果不采用教师分类评价,则教育教学条件可以统一要求;如果选择采用教师分类评价,那么教育教学条件就要根据类别分别要求。新建本科高校职称晋升聘任教育教学条件框架样本详见表6-6。

表6-6　职称晋升聘任教育教学条件样本

二次分类条件	考察内容	举例或说明
育人工作	对学生德智体美劳全面教育、培养	达到育人工作考核要求;或者担任班主任、辅导员等工作1年以上并通过相应的考核
教学工作量	教师必须完成的教学工作量	达到学校、二级学院最低的教学工作量要求;或者学校、二级学院对不同类型教师的教学工作量要求
教学质量	必须达到的教学质量	达到学校的教学质量等级要求;或者学校、二级学院对不同类型教师的教学质量等级要求

（四）教学科研业绩条件

新建本科高校产出多样化和教师需求多样化,职称晋升聘任条件的标准多样才能与之相匹配。教学科研业绩条件的多渠道设计可以有两种途径:一是采用量化或者等级的模式构建条件的标准体系,将所有的条件纳入一个标准体系之中,规定教师晋升必须达到的标准,教师可以自由选择或者有条件地选择相应的条件内容组合;二是对教师进行分类,通过分类制定教师晋升必须达到的标准,教师可以自由选择晋升的教师类别。根据不同学科、不同岗位特点分类评价,从理论上讲是可行的,但是在实践中会遇到各类之间的标准是否基本相同,教师分类组合多与职数分配难等难题。如果学校可用的高级职数资源多,采用教师分类的办法有利于学校的师资队伍建设,也能满足不同岗位教师的需求;反之,采用教师分类的办法起不到提高学校的师资队伍建设作用,也不能能满足不同岗位教师的需求。教师不分类可以将更多种类达到质量要求的教学科研业绩作为条件要求,条件要求需要适当限制的,在类别限制要求中也应给教师多种选择,以匹配新建本科高校产出和教师需求多样化的特点。新建本科高校教学科研业绩的学术水平和贡献度的判定,更多的是判断一种比较的高低,判断的结果更多的是等级的概念。教学科研业绩,既可以采用定量的形式,用数值描述等级,但不应追求"精准",而应重在考虑定量形式在编制制度文本和操作上的优势;采用定性的形式,以质量等级进行定性描述,存在制度文本冗长和操作上相对烦琐的缺点。不论采用哪种形式,应有相对较多的等级,重在体现"质"的要求。在职称晋升聘任教学科研业绩条件的结构上,学校可以根据师资队伍建设情况以及决策层和教师的偏好,选择表6-7所列的模式。

表 6-7　职称晋升聘任教学科研业绩条件主要模式组合

模 式	具体模式	举例或说明
1	教师不分类,不分成果项目要求,定性描述	副教授:B1 类业绩达到多少项 教授:A1 类业绩达到多少项
2	教师不分类,不分成果项目要求,定量描述	副教授:B 类以上业绩达到多少分 教授:A 类业绩达到多少分
3	教师不分类,不分成果项目要求,按任务分类分别要求,定性描述	副教授:B1 类达到多少项,其中教育教学、科研、服务社会 3 类业绩分别至少达到多少项 教授:A1 类达到多少项,其中教育教学、科研、服务社会 3 类业绩分别至少达到多少项
4	教师不分类,不分成果项目要求,按任务分类分别要求,定量描述	副教授:B 类以上业绩达到多少分,其中教育教学、科研、服务社会 3 类业绩分别至少达到多少分 教授:A 类业绩达到多少分,其中教育教学、科研、服务社会 3 类业绩分别至少达到多少分
5	教师不分类,成果项目分别要求,定性描述	副教授:B1 类成果类、项目类业绩分别达到多少项 教授:A1 类成果类、项目类业绩分别达到多少项
6	教师不分类,成果项目分别要求,定量描述	副教授:B 类以上成果类、项目类业绩分别达到多少分 教授:A 类成果类、项目类业绩分别达到多少分
7,8	教师不分类,成果项目分别要求,按任务分类分别要求(定性,定量)	不建议采用的模式。教师个体难以达到这么全面的要求,如果增加按任务分类分别要求,势必要降低教学科研业绩的质量要求,不符合职称代表一定学术水平和贡献度的角度的本质

续表

模 式	具体模式	举例或说明
9	教师分类,不分成果项目要求,定性描述	副教授:教学型,B1 类达到多少项,其中教育教学、科研、服务社会 3 类业绩分别至少达到多少项;教学科研型……科研为主型……服务推广型…… 教授:教学型,A1 类达到多少项,其中教育教学、科研、服务社会 3 类业绩分别至少达到多少项;教学科研型……科研为主型……服务推广型……
10	教师分类,不分成果项目要求,定量描述	副教授:教学型,B 类以上业绩达到多少分,其中教育教学、科研、服务社会 3 类业绩分别至少达到多少分;教学科研型……科研为主型……服务推广型…… 教授:教学型,A 类业绩达到多少分,其中教育教学、科研、服务社会 3 类业绩分别至少达到多少分;教学科研型……科研为主型……服务推广型……
11,12	教师分类,成果项目分别要求(定性,定量)	不建议采用的模式。根据任务分类侧重于任务的特点,必须通过按任务分类的业绩要求进行区分,如果 3 类都要求或者要求其中 2 种,再增加成果项目分别要求,势必要降低教学科研业绩的质量要求,不符合职称代表一定学术水平和贡献度的角度的本质;如果只要求教育教学、科研、服务社会的其中一类,那么教学科研型这一新建本科高校师资队伍的主体没有办法要求

总之,构建职称晋升聘任条件体系是一个复杂的工程,职称晋升聘任条件与学校的定位目标和教师需求双边匹配是须遵循的基本理论。制定的职称晋升聘任条件内容必须符合新建本科高校产出和教师需求多样化的特征,但是并非所有的产出都可以作为条件内容,必须具有一定的学术水平和社会贡献;职称晋升聘任条件结构也就是条件的限制性,决定了制度的导向。新建本科高校教师职称晋升聘任条件中,基本条件主要体现教师职业标准的基本要求;能力资历条件是师资队伍发展的基础;教育教学条件体现教师岗位职责的基本要求;教学科研业绩条件是实现办学定位目标的关键。前 3 类条件基本上以划底线的达标性条件为主,教学科研业绩条件则以重激励的竞争性条件为主。职称晋升聘任条件必须为教师晋升设计多个渠道,才能实现职称晋升聘任条件与办学定位目标和教师需求双边匹配。构建的职称晋升聘任条件体系样本只是作为新建本科高校制定相应制度的设计参考,最终的制度文件还要取决于学校的发展基础、制度环境以及决策层和教师的偏好。

后　记

在高校职称晋升聘任自主权的体制机制变革下，2017年以来高校职称自主聘任成为治理体系改革的重要组成部分。以高校分类定位、战略人力资源管理、高校制度改革等理论为依据，选择2012年率先实施职称自主聘任的福建省7所新建本科高校职称晋升聘任条件进行匹配分析，以我所在高校为案例，根据质性研究方法，对已有的研究成果和福建省7所新建本科高校制度的文献进行分析，在案例高校开展行动研究。

经过5年多的实践和写作，本书即将付梓。2013年福建省开始将职称聘任自主权下放给高校，由各高校自主制定职称聘任条件和自主聘任，我全程参与了职称聘任改革，主笔案例高校职称聘任文件的制定和修订工作。2014年，我有幸进入厦门大学教育研究院深造，攻读博士学位。有关高校职称聘任的问题一直是我学习期间关注的重点，在我的学业导师、人生导师李泽彧教授和教育研究院的所有老师熏陶和教导下，在2014级同学们的无私帮助下，我不仅顺利完成了学业要求，而且为本书的成稿奠定了基础。

本书在调研过程中，得到福建省相关高校的大力支持，感谢福建省7所新建本科高校的人事处同行提供翔实的材料。感谢案例高校给我实践的机会，感谢单位领导和同事们在我学习过程中给予的关心、帮助和支持，给本书提出很好的意见建议和对实践案例的指导。本书得到龙岩学院2023年博士科研启动项目"新建本科高校教师职称聘任研究"（LB2023017）资助，得以顺利出版，在此表示感谢。

本书基于高等教育分类发展、战略人力资源管理、大学制定改革等理论基础上，调研了福建省7所新建本科高校，并在案例高校开展行动研究，一定程度上反映了新建本科高校职称晋升聘任的现实问题，提出并论证了职称晋升聘任条件与办学定位匹配的职称构建的观点，并在此基础上梳理了新建本科高校职称晋升聘任条件的内容与观测点以及条件的基本框架样本。高校教师职称晋升聘任涉及方方面面，不同类型高校定位、不同群体教师差异、不同时期学校的内外部环境影响使得教师职称晋升成为复杂而又艰巨的系统工程。无论是理论上还是实践层面，本书研究还显得浅陋，如对于教师分类评价的各类教师的主要特点是什么，要编制出什么样的条件才能与类型的特点吻合等方面有待进一步研究。本书旨在抛砖引玉，期待更多的同人对高校职称聘任问题的关注。限于学识，书中错漏难免，恳请读者和同行批评指正。

2023年8月